키에르케고어와 리쾨르의

'미학적 자기됨'

키에르케고어와 리쾨르의 '미학적 자기됨'
— 미적 가능성과 미메시스론을 중심으로

2024년 2월 22일 처음 펴냄

지은이 | 신사빈
펴낸이 | 김영호
펴낸곳 | 도서출판 동연
등 록 | 제1-1383호(1992년 6월 12일)
주 소 | 서울시 마포구 월드컵로 163-3
전 화 | (02) 335-2630
팩 스 | (02) 335-2640
이메일 | yh4321@gmail.com
인스타그램 | https://www.instagram.com/dongyeon_press

Copyright ⓒ 신사빈, 2024

ISBN 978-89-6447-816-5 93100

키에르케고어와
리쾨르의
미학적 자기됨

미적 가능성과 미메시스론을 중심으로

신사빈 지음

동연

이 책은 2020년 이화여자대학교 기독교학과에서 획득한 박사 학위 논문 "키에르케고어와 리쾨르의 '미학적 자기됨' 연구: 미적 가능성과 미메시스론을 중심으로"를 일반 독자들이 읽기 수월하도록 편집한 것이다. 논문의 목적은 종교개혁 이후 프로테스탄트 신학에서 배제된 미와 예술 특히 '시각예술'의 영역을 다시 회복하는 방법론을 마련하는 것이었으며 그 직접적인 동기는 필자의 실제 유학 경험으로 소급된다.

독일에서 미술사와 신학을 공부하며 필자는 서구의 미술사가 신학에 대한 근본적 이해 없이는 설명이 안 될 만큼 그리스도교와 밀접한 관계를 지니며 발전해왔다는 것을 배울 수 있었다. 그러나 정작 대학의 신학과나 교회의 신자들은 이상하게도 그 방대한 그리스도교의 문화적 자산을 충분히 향유하지 못하고 때로는 애써 외면한다는 현실을 점차 깨닫게 되었다. 이 모순된 현실을 필자는 매우 안타깝게 느꼈고 나아가 나 자신의 실존과도 연관된 문제임을 통찰하게 되었다.

대학에서 미술을 공부하며 그림을 통해 하나님을 만나 신앙의 길에 들어선 필자에게 교회의 역사에서 전개된 반미학적 경향 내지 시각예술에 대한 배타적 경계심은 하나님 앞에서 스스로의 삶을 해명하고 앞으로 어떻게 살아가야 하는지의 문제와 관련해서도 반드시 해결해야 할 실존의 당면 과제였다. 이 때문에 박사 논문을 통해 그리스도교 신학과 시각예술 사이에 항상 있어 온 갈등과 불협화음의 문제와 원인을 밝히고 해결하고자 했고, 특히 이 단행본의 발간을 통해서는 학문의 영역을 떠나 필자와 같은 의문을 지닌 일반 독자들 내지 그리스도교 신자들에게도 미와 예술을 통해 하나님을 만나고 존재에 이를 수 있다는 확신을 전해주고 싶었다.

이제 한국도 이전과 달리 물질적인 여유가 어느 정도 충족된 사회가 되었고, 이에 따라 먹고사는 문제를 떠나 미적 욕구를 채우려는 현상이 자연스럽게 자리하였다. 그러나 교회가 그 욕구를 채워줄 수 없는 상황에서 그리스도교 신자들은 문화적 삶과 신앙의 삶을 분리해야 하는 것이 현실이다.

참 그리스도인이 된다는 것은 진·선·미의 근원자인 하나님의 모습을 점차 닮아가는 것인데, 종교개혁 이후 개신교 교회는 진과 선에 치우쳐 아름다움을 망각한 채 반쪽 그리스도인의 삶을 살게 해왔다. 교회가 신자들의 미적 욕구를 충족시키지 못하는 이유는 우선 신학교에서 시각예술 교육을 받지 못한 목사들의 아름다움을 향유하는 문화적 소양 내지 미적 감각에 대한 부족을 원인으로 들 수 있겠지만, 더욱 근본적인 문제는 왜 신학대학에 시각예술 교육이 부재하는지에 대한 원인을 고찰하는 데서 찾을 수 있을 것이다.

필자는 그 원인을 다음의 몇 가지로 분석하고 있다. 첫째, 그리스도교는 말씀(Wort)의 종교이고 그 말씀을 기록한 문자 종교(Schriftreligion)라는 점이다. 둘째, 구약성서(출 20:4-5)에 명시된 바와 같이 시각적 이미지를 우상숭배와 연결시키는 율법 정신 때문이다. 셋째, 이 율법 정신으로부터 유대교로부터 그리스도교 역사에 이르기까지 성상 파괴주의(이코노클라즘)[1]가 반복적으로 등장한 점이다. 넷째, 특히 개신 교의 경우는 종교개혁 때 일어난 강력한 성상파괴운동으로 지금까지 도 미와 예술, 특히 이미지 예술을 교회에 수용하는 것을 꺼리고 있다 는 점이다.

위의 원인 중 네 번째가 이 책을 작성하는 데에 직접적인 계기가 되었다. 종교개혁으로 인해 프로테스탄트 신학과 개신교 교회에서는 성상과 성화를 비롯한 이미지 자체를 진리와 대치(對峙)되는 요소로 비하하고 부정해왔다. 간간이 현대 신학에서 신학과 미술을 접목하려 는 시도가 있기는 하지만 워낙 진과 선에 치우친 뿌리 깊은 사유체계 때문에 피상적이고 일시적인 연구에 그쳐온 것이 현실이다.

가톨릭 신학 미학자 한스 우어스 폰 발타자(Hans Urs von Balthasar, 1905~1988)에 따르면 미는 본래 신학에서 진과 선과 함께 동등한 위상

---

[1] 이코노클라즘(Iconoclasm)은 그리스어로 '이미지'를 뜻하는 eikon과 '파괴하다'를 뜻 하는 klao가 결합된 말로 '이미지를 파괴하다'라는 문자적 의미를 지니며, 출애굽기 20 장의 "너희는 너희가 섬기려고 위로 하늘에 있는 것이나, 아래로 땅에 있는 것이나, 땅 아래 물속에 있는 어떤 것이든지, 그 모양을 본떠서 우상을 만들지 못한다. 너희는 그것 들에게 절하거나, 그것들을 섬기지 못한다"(출 20:4-5)로 소급되는 유대-그리스도교 의 반미학적 성향을 가리키는 용어이다. 그래서 구약성서에는 신상을 파괴하는 이야기 가 수없이 반복해서 등장하고 유대교의 회당(시나고그)은 지금도 일체의 이미지를 배 제한 패턴으로만 장식되고 있다. 그런데 형상화될 수 없는 초월적 하나님을 섬기는 유 대교와 달리 사람의 모습으로 감각계 안에 임한 예수를 믿는 그리스도교는 좀 달라야 하지 않을까? 그러나 그리스도교 역시 초기부터 그리스도의 형상을 두고 성상옹호론과 성상파괴론이 첨예하게 대립하며 120년간 이코노클라즘 갈등이 지속된다. 제7차 니케 아 공회(787년)에서 성상파괴주의가 이단으로 규정되고 843년 성상이 공식적으로 허 용되며 중세 교회는 하나님의 성전을 성상으로 장식하는 데에 아무 문제가 없게 되지 만, 1517년 종교개혁과 함께 다시 성상파괴운동이 일어나며 그리스도교에서도 이미지 를 배척하는 이코노클라즘이 반복적으로 벌어지게 된다.

을 지닌 형이상학적 초월적 요소였다. 그리고 이러한 생각은 이미 교부신학자 아우구스티누스로 소급되며 그리스도교 미학의 근간을 이루었다. 사람이 아름다움을 지각할 수 있는 것은 경험 이전에 이미 아름다움이 선재(先在)하기 때문이라는 것이고 이러한 생각은 진·선·미의 근원자가 하나님이라는 믿음에 기원을 두었다. 중세의 토마스 아퀴나스 역시 "어떤 것이 아름다운 것은 우리가 그것을 사랑해서가 아니라 그것이 아름답고 선하기 때문에 우리로부터 사랑을 받는 것이다"[2]라고 말하며, 그리스도교 미학의 미 선재론(先在論)을 전승하고 선험적 아름다움의 기원을 하나님에게 두었다.

따라서 신학의 본래적 의미에서 볼 때 미(美)는 배제되어야 하는 요소가 아니라 하나님을 온전히 알아가고 온전한 인간으로 형성되어가는 길에 없어서는 안 되는 필연적 요소이다. 다시 말해 미를 배제할 경우 하나님도 온전히 알 수 없으며 이로부터 나의 인격도 온전해질 수 없는 것이다.

삶의 질이 높아지며 그리스도교 신자들의 문화적 향유에 대한 욕구와 미술 작품을 통해 신을 경험하고자 하는 수요도 점차 증가하는 추세이다. 그러나 이러한 추세에 발맞추지 못한 채 개신교 교회만은 유독 종교개혁의 정신을 '문자적'으로 고집하며 신자들이 더욱 풍요롭게 하나님을 만나고 온전한 인간으로 되어갈 수 있는 길을 외면하고 있다. 그리하여 미술을 사랑하는 신자들은 일상에서의 문화생활과 교회에서의 신앙생활을 서로 다른 것으로 분리해야 하는 이상한 현실을 살

---

2 "non enim ideo aliquid est pulchrum quia nos illud amamus, sed quia est pulchrum et bonum ideo amatur a nobis," De div. nomin. IV. lect. 10. n. 439. 김율(2005), "토마스 아퀴나스의 존재론적 미 개념,"「미학」43집, 70.

아가고 있다.

이에 필자는 종교개혁과 이에 근거하여 탄생한 프로테스탄트 신학에서 미와 예술을 다시 회복하는 길이 무엇인지 사상의 근원적 차원에서 고심하였고, 그 길을 두 명의 프로테스탄트 사상가인 쇠얀 키에르케고어(Søren Kierkegaard, 1813~1855)와 폴 리쾨르(Paul Ricœur, 1913~2005)를 통해 찾을 수 있었다.

키에르케고어는 신학자이고 철학자지만 동시에 실존하는 시인이었다. 시(詩) 같은 글로 신학과 철학을 사유하며 그는 자기 자신과 세상을 통찰했으며, 하나님 앞(Coram Deo)에서 하나님이 부여한 본래적 자기 자신의 모습으로 회복되어가길 추구했다. 이러한 시인으로서 삶의 방식이 키에르케고어의 독창적인 실존 사상을 낳았고, 이성과 논리적 사변으로는 해명되지 않는 죄와 구원 등의 심오한 실존 문제를 시(詩)의 언어로 기술하며 기존의 형이상학적 신학으로부터 사유의 지평을 미학의 영역으로 확대하였다. 시인 키에르케고어에게 미학은 실존 문제를 해명하는 언어였고, 동시에 지양될 수 없는 실존의 한 원리(principle)였다. 기존 신학에서는 진과 선을 위해 보통 미를 지양해왔지만 키에르케고어는 반대로 미학적 단계를 통해 윤리적·종교적 단계에 이르는 길을 열어놓고 있다. 키에르케고어에게 미학은 존재에 이르기 위한 존재 가능성의 범주였다. 필자는 이 '가능성'(Möglichkeit) 범주를 미학의 독립 범주(category)로 확보하는 것을 이 책의 첫 번째 방법론으로 삼았다.

기존의 전통 신학에는 미학을 위한 독립 범주라는 것이 부재했다. 그 때문에 미는 진과 선의 논리에 늘 함몰되어 지양되는 것이 일반적이었다. 이로 인해 미학의 영역에서 신과 인간을 탐구하는 일은 불가능했으며 연구도 일시적이고 단편적인 이슈에 그쳤다. 그리하여 필자는 미와 예술을 통해 신과 존재에 이르는 연구의 지속성과 체계성을 보장받기 위해서는 신학 내에 미학의 독립적 범주를 마련하는 일이 가장 시급한 일이라고 보았다. 그럴 때만이 안정적인 토대 위에서 신학 내 미학 연구가 이루어질 것이며 나아가 형이상학적 사변(speculation)으로는 해명되지 않는 인간 실존의 문제들을 미학의 영역에서 밝혀낼 수 있을 것이기 때문이다.

미와 예술을 통해 신과 존재에 이르는 두 번째 방법론은 리쾨르의 삼중 미메시스론(triple mimesis)이다. 키에르케고어의 실존 사상에서 미와 예술의 독립 범주로서 '가능성'을 확보하더라도 가능성이란 현실성으로 이행하여야만 '인간됨'으로 관철될 수 있는 범주인데 키에르케고어의 사상 내에서는 그 부분을 설명할 수 없기 때문이다. 실존(Exis-tenz)이란 신과 존재 앞에 인간이 홀로 서는 것이다. 키에르케고어의 "실존하라" 혹은 "자기가 되라"는 요청은 신 앞에 단독자(das Einzelne)가 되라는 것이며 이것의 궁극적 이념은 참 인간, 즉 참 그리스도인이 되는 것이다. 참 그리스도인이 되는 것이 자기 자신(sich Selbst)이 되는 것이며 하나님이 본래 놓아주신 나(Ich)가 되는 것이다. 이것을 설명하기 위해서는 가능성이 현실성으로 이행하는 것을 설명할 수 있어야 한다.

'자기'가 된다는 것은 존재 가능이 존재 현실로 이행하는 것을 의미하고 이것이 실존의 과제인데, 키에르케고어는 이 실존 과제에 대한 답으로 오직 '믿음'만을 제시한다. 믿음은 논리적으로 설명할 수 없는 비약(Sprung)의 범주이기 때문에 이론(theory)도 실천(praxis)도 불가능하다. 그래서 키에르케고어의 사상 안에서는 가능성이 현실성으로 이행하는 문제를 이론적으로는 사실상 해명할 수 없다. 이 한계 때문에 필자는 이 책의 두 번째 방법론으로서 리쾨르의 '삼중 미메시스론'을 연결시켰다. 즉, 가능성이 현실성으로 이행하는 비약의 지점에서 예술작품의 창작과 해석을 대입시켜 말로 다할 수 없는 실존의 영역을 해명하고 새로운 자기 이해에 이르는 길을 마련하였다. 새로운 자기 이해에 이를 때 '해석학적 순환'이라는 것이 일어나는데 이때 인간은 실존에서 존재로 나아가고, 가능성은 현실성으로 이행한다.

이렇게 키에르케고어의 가능성 범주와 리쾨르의 삼중 미메시스론을 연결해 산출되는 인간됨의 길이 '미학적 자기됨'의 길이며, 이 길의 확보로 기존 신학에는 부재했던 미의 영역에서 참 그리스도인이 되는 길이 마련되었다.

'미학적 자기됨'은 기존 신학에는 없는 길이기 때문에 따옴표로 제안의 의미를 담았다. 그러나 이 새로운 제안은 신학뿐만 아니라 철학에도 해당한다. 즉, 이제까지 신학과 철학에서 우위를 차지해온 존재론은 '실체적 존재론'(substantial ontology)인데 '미학적 자기됨'은 그와 다른 방식으로 존재에 이르는 길을 제시하기 때문이다. 필자는 이 새로운 존재론을 '가능과 현실의 존재론'으로 이론화하였다. 즉, 여기에는 이제까지 이성 중심의 형이상학적 신학과 철학이 간과해온 인간의 불안이나 절망 등의 '실존' 문제를 미학의 가능성 범주로 끌어안고 존재 현실로 나아가는 길을 제시하고 있다. 이 새로운 존재론의 확보로 이제 일상에서 경험되는 개인의 다양한 미적 경험이 신학으로 수용되는 길이 열린 것이다.

이처럼 이 책은 키에르케고어의 가능성 범주와 리쾨르의 미메시스론의 두 가지 방법론을 통해 미학의 영역에서 신과 존재에 이르는 '미학적 자기됨'의 길을 제시하고 있다. 이 길의 산출로 개인의 내면에서 일어나는 독특한 미적 경험들은 신과 존재에 이르는 데에 일상 속의 잠재된 가능성이고 계기들이 된다. 이 점에서 '미학적 자기됨'의 길은 프로테스탄트 신학에서 특히 강조하는 일상의 삶 속에서 하나님을 만나는 종교적 경험과도 연결된다. 개인의 독특한 미적 경험을 통해 신의 숭고함을 경험하는 방식으로 미와 예술을 신학으로 수용한다면, 그 길이야말로 개인의 신앙을 통한 하나님과의 관계를 강조한 종교개혁의 정신에 부합하는 길이며 프로테스탄트 정신에 입각한 미와 예술을 회복하는 방식이라고 할 수 있는 것이다.

구약성서에 시각적 이미지와 우상숭배를 연결한 점 그리고 이를 통해 그리스도교 역사에서 반복적으로 등장한 성상파괴주의(이코노클라즘)는 현재 개신교 신학과 교회의 반미학적 경향을 야기하였다. 이것은 신학과 교회의 문제이기 전에 한 개인이 온전한 인간으로 되어가고 자기 자신의 모습으로 살아가는 길에 반드시 해결해야 하는 문제이다.

하나님은 진·선·미의 근원자이고, 그러한 하나님의 형상을 따라 창조된 본래적 인간의 모습으로 변화되어가는 것이 자기 자신이 되는 것이며, 참 그리스도인이 되는 길이다. 그런데 이 길이 기존 신학에는 부재한다. '미학적 자기됨'은 미(美)를 통한 인간됨, 자기됨의 길이고, 미와 예술을 통해 신과 존재에 이르는 하나의 길이다. 그림을 사랑하고 예술을 통해 하나님을 만나고 싶지만, 그 방법을 모르는 분들에게 이 책은 하나의 안내서가 되어줄 것이다.

성서는 상징(symbol) 언어이고, 상징은 문자 이면(裏面)에 더욱 풍부한 의미를 담고 있다. '미학적 자기됨'은 보이는 문자에 하나님을 가두는 것이 아니라 뜻이 풍부한 상징의 세계로 하나님을 해방하고, 하나님을 향유(frui)하는 길이다. 참됨과 선함을 넘어 미와 예술을 통해 하나님을 만나고 향유하여 온전한 나로 되어가고자 하는 독자들에게 이 책은 "그래도 된다"는 긍정의 길에 동반자가 되어줄 것이다.

2023년 겨울
실존의 한 가운데서
신사빈

| 차례 |

3부 | '미학적 자기됨'과 새로운 존재론

| 그림 도표 사진 차례 |

머리글

　'미학적 자기됨'의 길은 가톨릭 신학에서 미와 예술을 수용하는 방식과는 차별화되는 프로테스탄트 미학의 방법론으로 수용될 수 있다. 가톨릭 신학에서 미의 기준은 신의 영광(Herrlichkeit)이다. 그러나 '미학적 자기됨'의 새로운 존재론에서는 개인의 내면에서 일어나는 주관적인 미적 경험이 미의 기준이 된다. 전자가 신적 관점에서 완전성, 조화, 명료성을 기준으로 미를 판단하고 예술을 회복한다면, 후자는 인간 실존의 관점에서 불완전성, 모순, 불확실함을 기준으로 한다. 프로테스탄트 미학이 가야 할 길은 후자이다. 이 길에서 실존하는 개인의 주관적이고 내적인 신앙을 강조한 종교개혁의 정신이 반영된다.

　가톨릭교에서 미를 수용하는 방식은 위로부터의 수용 방식이다. 가톨릭의 신학적 미학자 발타자에게 아름다움은 곧 하나님의 "영광"(Herr-lichkeit)이다.[3] 하나님의 영광을 미의 기준으로 삼음으로써 발타자는

---

[3] Balthasar(1961), *Herrlichkeit*, 49-50. 발타자에게 "영광"은 성서적 개념이며 구약의 히브리어 *kabod*, 신약의 그리스어 *doxa*, 루터의 독일어 *Herrlichkeit*에 해당한다. 발타자가 하나님의 아름다움을 '영광'으로 표현한 것은 사실 칼 바르트(Karl Barth)에게서 온 것이다. 바르트는 '영광'을 하나님을 지시하는 개념으로 사용하며 이를 미학적 문맥에서 설명한다. 즉, 하나님의 영광이란 단지 권세(power)만으로는 적절하게 표현될 수 없으며, 아름다움(beauty)의 개념으로 보충되어야 한다고 말한 것이다. 심지어 바르트는 하나님을 즐거움, 욕망, 향유, 쾌락의 원천이라고도 말하며, 하나님 존재의 내적 즐거움이 시간 속으로 표출된 것이 하나님의 영광이라고 본다. 그래서 신학은 본질적으로 환희(delectatio)의 작업이며, 논쟁과 변증은 이차적인 과제라고 말한다. 이로부터 그는 하나님의 '아름다움'을 증언하는 학문인 신학을 모든 학문 중 가장 아름다운 학문이라고 주장한다. 이러한 바르트의 미학적인 '영광' 개념으로부터 발타자는 신학적 미학의 영감을 받았고 아름다움(pulchrum)을 신학의 중심에서 다시 회복하는 작업을 기획하며 바르트의 '영광' 개념을 수용한 것이다.

처음부터 불가피하게 "신학적 미학"과 "미학적 신학"을 이분법적으로
구분하고 미학적 신학은 저급한 것으로서 배제해야 했다. 발타자에게
"미학적"이라는 말은 "세속적"이고 "제한적"이며 "경멸적인 것"으로 규
정되어[4] 미학의 영역으로부터 신의 계시를 유추하는 일체의 가능성은
차단된다. 발타자의 생각대로라면 개인의 내면에서 일어나는 주관적
인 미적 경험은 처음부터 제한을 받아 온전한 의미의 미라고 말할 수
없게 된다.[5]

---

[4] Balthasar(1961), *Herrlichkeit*, 74; 김산춘, 『발타살의 신학적 미학 — 감각과 초월』
(경북: 분도출판사, 2003), 94; 김산춘(1999), "발타살과 신학적 미학의 구상,"「미학
예술학연구」9권, 116.

[5] Balthasar(1961), *Herrlichkeit*, 74; 김산춘(2003), 『발타살의 신학적 미학 — 감각과
초월』, 94; 김산춘(1999), "발타살과 신학적 미학의 구상,"「미학 예술학 연구」9권,
116. 이 지점에서 미(das Schöne)와 미학(Ästhetik)의 용어적 구분을 설명할 필요가
있겠다. 미는 진(das Wahre)과 선(das Gute)과 함께 인간의 경험세계 이전에 존재하
는 선험적(A priori) 차원의 개념이며 교부신학에서는 진·선·미의 기원을 하나님에게
두었다. 반면 '미학'은 인간의 경험적(A posteriori) 차원의 용어이다. 하나님이 진·
선·미의 근원자이기 때문에 하나님의 형상을 따라 창조된 인간도 진·선·미의 세 요소
를 골고루 갖추어야 온전한 인간이 된다. 그래서 인간은 참되고 선하고 아름다운 삶을
추구한다. 진리(Wahrheit), 윤리(Ethik), 미학(Ästhetik)은 그러한 인간의 경험적 삶
의 차원에서 이해되며, 선험적 범주로서 진·선·미에 각각 상응하는 용어들이다. 여기서
특히 미를 추구하는 삶을 가리켜 '미학적 삶'이라고 부른다. 본문에 등장하는 다양한
미학적 개념들인 감각, 상상력, 공상, 미학적 직접성, 미학적 무관심성, 미학적 무시간
성, 미학적 고통(Leiden), 미학적 경험 등은 '미학적 삶'의 방식에서 이해되는 용어들이
라고 볼 수 있다. 나아가 '미학'을 한글로 번역하는 데에 다양한 용어가 등장하는 현상에
대해서도 추가 언급을 하고자 한다. 영어 에스테틱(aesthetics)은 원래 플라톤에서 '감
각인식'을 뜻하는 아이스테시스(aisthesis)에 기원을 두며 독어권에서 Ästhetik, 불어
권에서 esthétique로 각각 사용한다. 그런데 한국에서는 '감각인식'의 의미보다는 아
름다움의 학문이라는 뉘앙스가 강한 미학(美學)의 용어를 사용함으로써 이를 형용사
로 번역할 때 인식론의 의미가 강한 '미학적'을 꺼리고 그 대신에 '미적', '감성적', '심미
적', '미감적' 등으로 번역된다. 칸트 학자들의 경우에는 인식에 비중을 두기 때문에 '감
성적'을 선호하고, 키에르케고어 학자들은 인식보다는 실존과 삶의 방식을 강조하며
'미적', '심미적', '미감적' 등의 번역을 선호한다. 본문에서는 책의 문맥에 따라 '미학적'
을 '미적' 혹은 '심미적'으로도 번역할 것임을 알려둔다.

발타자의 한계는 곧 가톨릭 미학의 한계를 보여준다. 발타자의 신학적 미학은 "선한 것이 아름답다"라는 명제하에 선(善) 안에서 미를 보고자 한 중세 가톨릭 신학의 선미(善美) 사상을 바탕으로 한다.[6] 선미 사상에서 미적 경험은 항상 진과 선이 전제된 경험이고 그래서 미는 완전함(perfectio), 조화(proportio), 명료함(claritas)을 갖추어야 했다.[7] 진·선·미의 근원이신 하나님은 완전하고 도덕적으로 선한 존재이기 때문에 인간에게 경험되는 미도 도덕성과 진리를 전제한 완벽한 미로 현상한다는 것이다. 이는 가톨릭 신학의 근간인 "존재의 유비론"(Analogy of Being)과 미의 유비론(Analogy of Beauty)으로 소급된다. 즉, 세상에 나타나는 모든 아름다움은 하나님의 아름다움과 유비적 관계를 지니고 나타난다는 생각이다. 어머니의 사랑에서 느껴지는 아름다움이 세상에 나타나는 대표적인 하나님과의 유비 관계에서 오는 아름다움이다.

발타자의 신학적 미학의 업적은 미의 위상을 진과 선과 '동등한' 형이상학적 요소로 회복시킨 점이다. 신의 영광을 미와 동일시함으로써 진과 선이 위주였던 신학에서 미의 위상을 끌어올린 점은 신학 내 미학 연구의 큰 진전이다. 그럼에도 불구하고 애당초 미를 하나님의 영광과 동일시함으로써 세상에 계시되는 미를 위로부터의 아름다움에 한정한 점은 분명한 한계로 나타난다. 즉, 미의 담지자인 예술작품을 신학에 수용하는 데에 있어 개인의 주관적인 미적 경험을 계시의 자리

---

[6] 김율(2005), "토마스 아퀴나스의 존재론적 미 개념," 76-77.

[7] *Ibid.*, 80-85. 미의 세 내용 중 '완전성'은 '조화'와 '명료성'에 비해 선과 미를 묶어주는 훨씬 근원적인 개념이다. 선이 욕구될 수 있는 것(appetibile)으로 정의될 때, 선이 욕구될 수 있는 까닭은 그것이 완전하기 때문이다. *Ibid.*, 82.

로 보는 부분을 배제함으로써 '예술 전반'을 신학이 수용하는 데에 한계를 지닌 이론으로 나타난다.[8]

발타자와 같이 하나님의 아름다움으로부터 세상의 아름다움을 규정하는 것도 필요하다. 그러나 일상에서 개인이 경험하는 미적 체험들로부터 출발해서 종교성에 도달하는 작업도 필요하다. 그래야 신학이 종교 예술이 아닌 일반적 예술작품을 품을 수 있다. 전자가 위로부터의 아름다움이라면 후자는 아래로부터의 아름다움이다. 이들은 서로 배제하고 대립하는 관계가 아니라 서로 보충하는 상호보완 관계이다. 가톨릭 미학이 '존재의 유비론'으로부터 미를 설명함으로써 한편으로는 신학적 미학과 미학적 신학을, 다른 한편으로는 소위 성스러운 미술과 세속적 미술을 구분하고 후자를 '제약적'이고 '경멸적'으로 보는 한계를 지닌다면, 그 한계는 아이러니하게도 가톨릭에 대항하며 출현한 프로테스탄트 신학에서 해결된다.

프로테스탄트 신학은 존재의 유비론 대신 '오직 신앙'을 통해서만 하나님과 관계할 수 있다는 "신앙의 유비론"(analogia fidei)을 내세운다.[9] 신앙은 개인의 내면에서 일어난다. 미적 경험도 그러하다. 프로테

---

[8] 발타자가 이분법적으로 구분하는 '신학적 미학'과 '미학적 신학'의 관계에 대해 손호현은 다음과 같이 말한다. "미학적 신학이 미학에서 출발하여 신학을 향해 움직이는 방향성, 미학의 안경을 통해 신학을 보는 것이라면, 신학적 미학은 신학에서 출발하여 미학을 향해 움직여나가는 방향성, 신학의 안경을 통해 미학을 보는 것을 가리킨다." 손호현, 『아름다움과 악 1권: 신학적 미학 서설』(서울: 한들출판사, 2009), 25. 발타자는 '미학적 신학'이 세계 내적 기준을 가지고 하나님의 계시의 미를 재는 치명적인 과오를 저질렀다고 비판한다. 김산춘(2003), 『발타살의 신학적 미학 ─ 감각과 초월』, 93. 따라서 발타자의 '위로부터의 아름다움'을 기준으로 해서는 인간의 경험세계의 다양한 예술 현상 전반을 수용하는 데에 한계를 지닐 수밖에 없다.

[9] '신앙의 유비론'은 칼 바르트에 의해 이론적으로 부각되었지만, 루터가 종교개혁 때 내세운 오직 신앙(sola fidei)의 정신을 반영한 이론이라고 볼 수 있다. 루터의 영향을

스탄트 미학이 가야 할 길은 개인의 내면에서 일어나는 미적 경험이 신의 은총과 구원의 경험으로 연결되는 길을 밝히는 것이다. 여기서 경험되는 미는 신의 영광이 기준인 객관적인 아름다움이 아니라, 개인의 내면 즉 미적 경험에서 매번 새롭게 산출되는 아래로부터의 미이고 주관적인 미이다.

개인의 주관적인 미적 경험과 내적 신앙을 연결하는 일은 전통 신학의 형이상학적 틀을 벗어난다. 그것은 신 앞에 홀로 선 단독자 개인의 실존적 차원에서만 해명된다. 개인의 실존에서 새롭게 열리는 미의 가능성을 끝까지 추적하고 신학으로 연결되는 길을 밝히는 일이 이 책에서 주장하는 '미학적 자기됨'의 길을 밝히는 일이며 이 길에서 일상의 다양한 미적 경험들은 신학으로 수용될 수 있다. 이것이 종교개혁을 거친 프로테스탄트 신학에서 미와 예술을 회복하는 일의 진정한 의미이다. 여기서 일상의 미적 경험에서 하나님을 경험하는 길이 열리고 일상적 삶을 계시의 자리로 본 종교개혁의 정신과 만나게 된다.

그리스도교는 초기 교부신학에서부터 중세를 거쳐 형이상학적이고 선험적인 아름다움의 존재를 말해왔고 그 기원을 하나님에게 두었다. 그 결과 중세 천 년은 아름다운 예술작품을 통해 신을 찬양하고 신앙을 증명하는 노력들로 점철되었으며 그러는 가운데 교회 권력과 세속 권력의 주문을 통해 화려한 미술품들이 제작되는 시스템이 자연스럽게 형성되었다. 그런데 아이러니한 것은 인간 중심의 이념을 표방하며 출현한 르네상스 미술 역시 교회를 선전하는 수단으로 이용되며

받은 키에르케고어 역시 "나는 믿는다. 고로 존재한다"라고 말하며 종교개혁 정신을 실존적으로 자기화한다. 키에르케고어(2007), 『죽음에 이르는 병』, 188.

이후 서민들의 삶을 착취하는 계기가 되었다는 사실이다.[10] 그 대표적인 사례가 로마 가톨릭교회의 대대적인 성전 개축공사(1506-1626)였다.[11] 이 공사에 드는 비용을 충당하기 위해 면죄부가 판매되자 서민들의 삶은 피폐해졌고 이러한 가톨릭교회의 모순과 부패에 맞서 일어난 것이 루터의 종교개혁이었다. 따라서 프로테스탄트 교회에서는 가톨릭교회의 방대한 성례전을 대폭 축소하였고 이에 수반되는 일체의 미술품과 교회 장식들을 성전에서 추방하였다. 종교개혁자 중에서도 루터의 경우는 신앙에 도움이 되는 한 미술을 어느 정도 수용했지만, 칼뱅의 경우는 성상파괴운동을 직접 주도하며 성전을 장식하고 있던 모든 성상과 예술품, 공예품들을 철거하고 파괴하였고 예술가들의 성상

---

[10] 르네상스의 라틴어 어원은 're-nescare'이며 '다시 태어나다'라는 의미를 지닌다. 인간이 다시 태어난다는 의미이다. 이에 따라 중세 천 년간 지속되어온 신 중심의 미술은 르네상스 시기에 이르러 인간 중심의 미술로 전환했고, 그 모델은 고대 그리스 로마의 미술이었다. 프로타고라스가 만물의 척도를 인간으로 보았듯이 고대 미술에서는 신상(神像)도 인간의 완벽한 신체 비율에 따라 8등신으로 제작되었다. 이러한 인간 중심의 자연주의 미술 양식은 그리스도교의 도래와 함께 완전히 사라졌고 중세 천 년의 미술은 하나님의 말씀을 최소한의 기호나 상징으로만 시각화한 신 중심의 미술로 점철된다. 그러나 르네상스 미술과 함께 중세 미술에서 무시했던 자연주의 양식과 인간의 감정 표현이 다시 나타나기 시작했고, 인간 중심의 관점을 재현하는 원근법(perspective) 기술이 발견되었으며, 교회 건축에서도 십자가 평면도로부터 인간의 신체를 강조한 고대 비트루비안맨(vitruvian man)을 모델로 한 중앙집중식의 원과 정방형 형태로 바뀌게 된다. 그 결과물이 바티칸의 베드로 대성당이다. 르네상스 교황들은 르네상스 미술 현상에 부응하여 구 베드로 대성당(324년)을 개축하고자 했고 여기에 드는 비용을 충당하고자 면죄부를 판매하며 서민들의 고혈을 빨아들였다. 이로써 인간을 중심에 두었던 르네상스 미술이 인간을 억압하는 미술로 작용하는 아이러니한 상황이 생겨난다.

[11] 로마 가톨릭교회는 313년 콘스탄티누스 황제의 명으로 기독교가 공인되자 베드로 성인의 유골이 묻힌 자리에 324년 구 베드로 성전(Old Peter's Basilica)을 건립한다. 이후 성전이 오래되고 낡아 르네상스 교황인 율리우스 2세는 1506년 야심적인 대규모 개축공사를 명하였고 1세기가 넘는 공사 기간을 거쳐 1626년 현재 바티칸 성전의 모습이 완공되었다.

제작을 금지하였다. 따라서 신교 국가의 화가들은 새로운 그림 소재를 찾거나 성화 제작이 가능한 구교 국가로 이주해야 했다.

네덜란드 화가 피터 산레담(Pieter Jansz. Saenredam, 1597-1665)은 성상 파괴로 뼈대만 남은 당시 프로테스탄트 교회의 썰렁한 모습을 주요 테마로 그린 화가이다.[12] 〔그림 1〕 산레담의 그림이 상징적으로 보여주듯이 종교개혁 이후 프로테스탄트 교회와 신학은 미와 시각예술의 요소를 일체 배제함으로써 진과 선의 반쪽 신학이라는 비판에서 자유로울 수 없게 된다.[13]

미와 시각예술을 회복하고자 하는 일련의 노력이 프로테스탄트 신학 내에서도 간헐적으로 있어는 왔다. 그러나 종교개혁 때 대대적으로 추방한 것을 다시 회복하는 일은 결코 쉬운 일이 아니다. 가톨릭교에 대항하여 탄생한 교회이기 때문에 가톨릭교회와의 차별을 위해서라

---

[12] 16세기 네덜란드 지역은 강력한 칼뱅주의의 영향 아래 있었기 때문에 신교의 모든 교회는 그야말로 뼈대만 앙상하게 남아 있었다. 산레담의 〈아센델프트 교회의 내부〉를 보면 아무것도 없는 하얀 벽과 차가운 바닥의 광경이 그로테스크하기까지 하다. 유일하게 남아 있는 장식은 오른쪽 벽에 설치된 설교대이다. 그 맞은편 바닥에 옹기종기 앉아 목사의 설교를 경청하는 신도들의 소박한 옷차림이 신교의 경건함을 보여주고 있다. 당시 네덜란드 화가들에게는 전통적인 성화를 그리는 것이 금지되었기 때문에 그들을 대체하는 준(準)종교화들이 대거 등장한다. 산레담을 비롯해 대 피터 브뤼헐(Pieter Brueghel de Oude, 1525-1569)의 우화나 풍속화, 소 한스 홀바인(Hans Holbein the younger, 1497-1543)의 상징적 초상화, 야콥 반 루이스달(Jacob van Ruisdael, 1629-1682)의 상징적 풍경화, 삶의 무상함을 표현하는 다양한 바니타스(Vanitas) 정물화 등 일상의 모티브 안에 종교적 의미를 간접적으로 담는 방식으로 당시 신교의 화가들은 독창적인 준종교화들을 대거 제작하였고 그럼으로써 미술사에서는 오히려 미술의 새 시대를 여는 계기로 작용하게 된다.
[13] 이에 대해 발타자는 "프로테스탄트교의 탈미학화(Entasthetisierung)" 내지 "미적 거세" 등의 표현으로 미와 예술이 사라진 프로테스탄트 교회를 강하게 비판한다. Balthasar, *Herrlichkeit. Eine Theologische Ästhetik Bd. 1: Schau der Gestalt* (Einsiedeln: Johannes Verlag, 1961), 42-66.

[그림 1] 피터 산레담, 〈아센델프트 교회의 내부〉, 1649년, 암스테르담 국립미술관.

도 배척한 것을 다시 수용하는 일은 힘든 여정을 예고한다. 즉, 프로테스탄트교는 자신의 정체성 확립을 위해서라도 화려한 전례와 이에 수반되는 미술품을 배척하며 철저하게 성서의 '말씀'으로 돌아가려 했고 그 문맥에서 성상 금지와 우상숭배 금지의 율법을 다시 만나며 이 정신을 더욱더 강화한 것이다. 이처럼 말씀으로의 철저한 회귀에서 온 여러 가지 제약으로 프로테스탄트 신학에서 시각예술을 회복하는 일은 더욱 어려워졌고 개신교회는 지금까지도 미와 시각예술을 통한 하나님과의 만남을 극도로 꺼리는 건조한 교회로 남아 있다.

그러나 신학과 교회가 아무리 미와 예술을 배척한다 해도 미를 사랑하고 시각예술을 통해 하나님을 경험하고 싶어 하는 신자들의 미적 욕구마저 금지할 수는 없는 노릇이다. 문자 중심의 예배를 중시해왔지만, 종교적 진리가 말로 다할 수 없는 신비한 차원을 지녔음을 부정할 수도 없다. 예술은 언어 이상의 언어로서 말로 다 표현할 수 없는 삶의 진리와 종교성을 표현하는 중요한 수단인 것이다. 이에 개신교회도 그림과 조각 같은 비문자적 예술이 인간의 자유와 사랑에 주는 효과를 충분히 신학화할 필요가 있다.

필자는 이러한 문제의식에서 이 책을 작성하였다. 게다가 기왕 미와 예술을 회복하는 것이 현대 프로테스탄트 신학의 당면한 과제라면, 가톨릭교와는 차별된 방식 즉 개인의 미적 경험에서 시작하는 길을 찾는 것이 개인의 내적 신앙을 강조하는 프로테스탄트 정신에 상응하는 방식이라고 보았다. 이에 실존하는 개인의 내면을 강조한 쇠얀 키에르케고어와 폴 리쾨르를 소환하여 신학에 미와 예술을 수용하는 철학적 기반을 모색한 것이다. 키에르케고어와 리쾨르는 서로 다른 시대에 속하지만, 사유하는 방식에서는 프로테스탄트 신앙이라는 공통분모를 지니고 있고, 또한 신학을 인문학적 차원에서 사유하고 인간의 미적 욕구를 각자 독특한 방식으로 신학적 사유에 통합시켰다는 점에서 이 글의 취지에 적합한 사상가들이다.

이 두 사상가를 통해 신학에 미와 예술을 회복하려는 노력은 아래로부터의 회복을 의미한다. 내면에서 미를 경험하고 미를 판단하는 주체인 개인으로부터 출발하여 신과 존재에 이르는 길이다. 개인의 독특한 미적 경험을 통해 신을 사유하고 경험하는 방식으로 예술작품을 신학으로 수용한다면, 이야말로 개인의 신앙을 통한 하나님과의 관계를 강조한 종교개혁 정신에 상응하여 미와 예술을 회복하는 길이라고 말할 수 있을 것이다.

프로테스탄트 문화신학자 폴 틸리히는 독일의 신즉물주의(Neue Sachlichkeit) 회화를 가리켜 종교미술이라고 말한다.[14] 신즉물주의의

[그림 2] 오토 딕스, ⟨The Skat Players⟩,
1920년, 베를린 구 국립미술관.

대표적 화가인 오토 딕스(Otto Dix, 1891-1969) 같은 화가의 강렬한 표
현주의적 그림(〔그림 2〕)은 전통적 시각에서의 종교미술로 생각하기 어
렵다. 하지만 틸리히는 인간의 실존적 시각에서 삶의 고통과 일상의
생활 감정을 표현한 작품을 과감하게 종교미술이라고 보았다.[15] 틸리

---

14 Michael Palmer, *Paul Tillich's Philosophy of Art* (Berlin, New York: Walter de
Gruyter, 1984), 17-18.

15 틸리히는 "종교는 문화의 내실이고 문화는 종교의 형식이다"(religion is the sub-
stance of culture, culture is the form of religion)라는 말을 남기며 종교와 문화
사이의 상호적 내재성을 열어둔다. Tillich, *Theology of culture* (Oxford UP, 1964),
42. 틸리히에 따르면 문화신학의 과제는 종교적 의미가 문화의 영역 안에서 표현되는
과정을 조사하고 기술하는 것이다. 이 문맥에서 그는 신즉물주의 같은 표현주의 미술
양식에서 "형식과 내실의 인상 깊은 예시"를 발견한다. Tillich, *Gesammelte Werke
Bd. IX* (Stuttgart: Evangelische Verlangwerk, 1978), 26. 틸리히에게 표현주의
양식은 형식에 대해 내실의 지배가 돋보이는 양식이다. 그것은 20세기 실존의 무의미,

히가 제시한 종교미술에 대한 새로운 시각은 아래로부터의 미와 예술의 회복 방식을 보여주고 있으며 '미학적 신학'의 연구를 위해 매우 중요한 전거가 된다.

현대에는 종교미술이라고 보기 어려운 미술 작품이 많이 존재한다. 그러나 기존의 그리스도교 도상(Christian Iconography)의 틀을 벗어나 인간 실존의 시각에서 현대미술을 감상하면 위로부터 나눈 성과 속의 구분은 사라지고 인간에 대한 깊은 이해로 예술을 바라보게 된다. 그리하여 예술작품 안에 담겨 있는 신의 뜻을 곰곰이 사색하며 신앙의 지평을 인간학적 지평으로 더욱 넓혀가는 계기로 예술은 작용한다. 종교가 인간의 미적 경험을 품는 길이 거기에 있다. 한 개인의 내면에서 일어나는 미적 경험이 더욱 풍요로운 신앙생활로 이어질 수 있는 것이다.[16]

불안, 소외의 상황에 가장 성실히 대응한 예술 양식이었다. 실존주의 철학이 개인의 종교적 물음을 근원적으로 제기하는 사상일 때, 표현주의 미술은 20세기 인간의 불안한 실존 상황을 표현하고 그로부터 구원에 대한 물음을 간접적으로 제기한 미술이고 이 점에서 틸리히는 종교미술이라고 여기는 것이다. 틸리히는 다른 종교가 어려워하는 것이 프로테스탄티즘에는 "기회"라고 말한다. 그는 프로테스탄티즘이 "세속성을 추구하는 정열"(ein Pathos für das Profane)을 지녔다고 말하며 불성실하게 그려진 종교적 상징물보다는 입체파 화가의 정물화 한 점에 더 큰 종교적 표현력이 담길 수 있다고 과감하게 말한다. Tillich(1961), "Zur Theologie der bildenden Kunst und der Architektur," 413; 김산춘(2010), "폴 틸리히, 예술의 신학," 「미학예술학 연구」 32집, 237. 틸리히는 예술, 종교, 철학 모두가 인간의 궁극적 실재(ultimate reality)를 표현하는 방법들이라고 생각했다. 그래서 폭력과 불안과 절망이 난무하는 세상에서 "승리를 뽐내는 신앙"이나 "모든 이해를 초월한 평화"를 말하는 예술은 오히려 "불성실한 사카린적 아름다움"이라고 말한다(Ibid., 241). 그래서 그는 20세기 현대미술에서 나타나는 종교적 모티브의 빈곤에도 불구하고 오히려 비종교적인 현대미술에서 종교가 놀라운 힘을 가지고 표현된다고 말하는 것이다. 필자는 현대미술에 내재하는 그러한 종교적 잠재성을 발견하고 재평가하는 것이 프로테스탄트 미학의 과제이자 '미학적 신학'의 과제라고 생각한다.

이콘화나 웅장한 고딕 성당 등의 전통적인 교회미술 외에도 우리의 주변에는 개인의 다양한 미적 경험이 종교적 경험으로 연결될 수 있는 문화적 자산들이 생각보다 많이 산재해 있다. 이들을 신학으로 수용하기 위해서는 무엇보다 '이론적 근거'를 마련하는 것이 중요하다. 한국 신학계의 경우는 서강대의 김산춘 교수(가톨릭)와 손호현 교수(연세대) 그리고 심광섭 전 감신대 교수 등이 그러한 노력을 해왔다. 각자 미학을 연구하게 된 배경과 동기는 다르지만, 모두 적극적으로 신학을 아

[그림 3] 산드로 보티첼리, 〈성모자와 찬양하는 천사들〉, 1447년, 베를린 국립미술관.

16 미적 경험이 종교적 경험으로 연결되는 사례로 틸리히의 실제 경험을 소개하고자 한다. 틸리히는 2차 세계대전 당시 군인으로 소집되었고 잠시 베를린의 고향으로 휴가를 나와 베를린 소재의 미술관을 방문한다. 그리고 거기서 보티첼리의 〈성모자와 찬양하는 천사들〉([그림 3])이라는 작품을 보고 신적 계시를 경험한다. 그는 이 경험을 다음과 같이 기술한다: "그 순간은 나의 삶 전체를 감동시키며 인간 실존을 해석하는 열쇠와 같았고 생명의 기쁨과 정신적 진리를 느끼게 한 선물과도 같았다." Tillich (1987), *On Art and Architecture*, 235. 틸리히는 그 그림을 보는 순간 신적 원천의 무언가가 자신을 관통하는 것 같았다고 말하며 미적 경험을 하나님의 계시 경험과 연결한다. 전쟁의 포화와 폭력이 난무하는 세상의 비참한 현실 속에서 그는 아마도 그림 속에 재현된 성모의 얼굴에서 신의 얼굴을 보았을지 모른다. 아름다우면서도 슬픈 비애가 담긴 성모의 표정에서 하나님이 인류를 바라보는 마음을 읽었을지도 모른다. 틸리히의 이 일화는 예술작품 앞에서 일어나는 미적 경험이 어떤 방식으로 종교적 경험으로 연결되고 신학에 수용될 수 있는지 잘 보여주는 사례이다.

름다움의 시각에서 연구하고 있다. 김산춘의 경우는 가톨릭 미학자 발타자와 연관하여 가톨릭 영성을 미적 체험과 연결하는 연구를 주로 하고 있다. 손호현은 신학적 미학과 미학적 신학의 관계를 조직 신학적 관점에서 분석하며 아름다움과 신학의 근본적 문제를 연구한다. 심광섭의 경우는 이성 위주의 신학을 강하게 비판하며 예술을 통한 감성의 신학과 예술신학의 연구 영역을 넓히고 있다.

이 가운데 이 글이 지향하는 방향은 '예술 신학'과 맞닿아 있다. 예술 신학(theology of art)은 틸리히로 소급되며 그의 논문 「조형예술과 건축의 신학에 대하여」(1961)에서 "예술을 통해 계시되는 하나님의 교리"로 정의된 "문화 신학"의 한 영역이다.[17] 필자는 틸리히 같은 신학자들의 미학적 발상이 더 적극적으로 수용되어 신학 내 미학과 예술 연구가 지속적으로 이루어져야 한다고 보고 이를 위해서는 미적 경험을 통해 진리를 체험하고 신과 존재에 이르는 것이 가능하다는 이론적 근거를 확보하는 것이 매우 중요하다고 여긴다. 이 책도 결국 이러한 필요 때문에 진행되었다.

필자가 특별히 시급하게 본 것은 위에서도 언급하였듯이 신학 내에 미와 예술의 독립 범주(category)를 마련하는 일이었다. 신학 내에 미와 예술의 독립 범주가 확보되지 못하면 진과 선의 내적 논리와 미의 내적 논리가 서로 뒤섞여 혼란에 빠지고 연구의 지속성도 보장받지 못한다. 이런 관점에서 보면 현재 한국 신학계의 미학과 예술 신학 연구도 여전히 신학 내부의 진과 선의 논리에서 크게 벗어나지 못하는 아

---

17 Tillich(1961), "Zur Theologie der bildenden Kunst und der Architektur," In: Christian Danz, Werner Schuler, Erdmann Sturm (hrsg.), *Paul Tillich Ausgewählte Texte* (Frankfurt a. M: Walter de Gruyter, 2008), 408.

쉬움을 지닌다. 이 점에서 미와 예술의 독립 범주를 확보한 본 연구는 철학과 신학의 근원적 차원에서 일보 진척한 것으로 볼 수 있다.

　이제까지 신학에서 미의 고유한 범주라는 것은 존재하지 않았다. 미는 늘 진과 선의 인식을 위한 보조적인 역할을 담당해왔고 그 임무를 마치면 곧 지양되고 사라지는 요소로 여겨졌다. 이는 비유하자면 마치 집이 없는 사람과 같다. 멀리 길을 떠났다가 다시 돌아올 집이 없는 사람은 길을 잃고 어디론가 헤매게 된다. 신학 내의 미의 운명도 이와 같고 사실상 있어도 그만 없어도 그만인 요소로 치부되어왔다.[18] 그런데 이는 바꾸어 말하면, 미와 예술에 자신만의 고유한 독립적 범주가 확보된다면 진과 선의 인식에 기여한 후 지양되더라도 다시 자신의 집으로 돌아와 독립적인 미의 위상을 유지할 수 있다는 말로 이해

---

[18] 철학 내 미학의 위상도 마찬가지이다. 근대 미학의 창시자 바움가르텐(Alexander Gottlieb Baumgarten, 1714-1762)은 미학이라는 학문을 정초할 때 그 목적을 인식의 완전함에 두었다. 즉, 진과 선의 인식을 보충하는 차원에서 미학적 인식이라는 것을 따로 마련했고 그 결과 미학적 인식은 "유사이성"(analogon rationis) 즉 진과 선의 "하위 인식능력"으로 규정되었다. 즉, 미학은 시작부터 미의 독립적 위상을 지니고 출현했다기보다는 이성으로 밝히지 못하는 인식의 어두운 부분을 밝히기 위한 '보조' 역할로 출현했다. 바움가르텐은 라이프니츠의 형이상학과 예정조화설의 전통을 계승한 사상가로, 신은 존재자 가운데 '가장 완전한 존재자'(ens perfectissimum)이며, 따라서 신이 창조한 우주 전체는 완전할 수밖에 없다는 낙관론에서 출발했다. 따라서 바움가르텐의 미학 역시 그 형이상학적 프레임에서 이해된다. Paetzold, *Ästhetik des deutschen Idealismus. Zur Idee ästhetischer Rationalität bei Baumgarten, Kant, Schelling, Hegel und Schopenhauer* (Wiesbaden: Franz Steiner Verlag, 1983), 8-55. 칸트에 이르러 현대 미학이 정립되고 미학이 자율성을 지닌 독자적 위상을 획득한 듯 보이지만 이 역시 크게 보면 이성의 테두리에서 벗어나지 못한다. 즉, 이성의 인식을 보조하는 차원에서 미적 경험이 타당성을 지닌다는 점에서 칸트 미학 역시 바움가르텐 미학의 전통을 크게 벗어나지 못한다. *Ibid.*, 56-118; 크리스토프 멘케, 김동규 옮김, 『미학적 힘: 미학적 인간학의 근본개념』(서울: 그린비, 2013), 119-139.

할 수 있다.

그리고 이 문맥에서 키에르케고어는 커다란 업적을 남겼다. 그는 미학을 인식의 수단이나 진과 선의 보조적인 역할이 아니라 실존의 한 원리(principle)로 여겼다. 그리고 그 원리를 '가능성' 범주로 규정하였다. 즉, 미학적 요소는 인간이 실존하는 한, 실존의 한 원리인 가능성 범주에서 보장되고 여기서부터 인간이 되고 자기가 되는 길이 열린다. 가능성이 미와 미학의 독립 범주가 됨으로써 예술은 인간이 실존하는 한 실존의 사라지지 않는 한 원리가 되는 것이다.

그럼에도 불구하고 키에르케고어의 미학에는 분명한 한계가 있다. 그 스스로 설정한 믿음의 높은 벽에 가로막혀 가능성이 현실성으로 이행하지 못하는 한계이다. 가능성은 현실성으로 이행하지 못하면 존재하지 않은 것으로 곧 사라진다. 가능성 자체는 비존재(Nicht-sein)이다. 비존재(가능성)가 존재(현실)로 변화하기 위해서는 믿음의 힘이 요청된다. 키에르케고어에게 믿음은 비약(Sprung/leap) 개념으로 설명된다. 비약은 이성적 논리로부터의 비약이라는 말이다. 따라서 믿음은 실천 불가능하다.

키에르케고어는 미학에 가능성이라는 독립적 범주를 부여하고 있지만, 가능성이 현실성으로 이행하는 부분에서 실천 불가능한 초월적 믿음의 높은 벽을 설정해 미학(가능성)과 신학(현실성)을 연결하는 데에 실패한다. 미학이 담지하는 존재의 가능성이 인간이 되고 자기가 되는 존재 현실로 이르려면 초월적 믿음이 필요한데, 가능성은 이 힘을 지니지 못한다. '가능성이냐 믿음이냐'의 양자택일 상황에서 미학적 실존은 믿음으로 나아가지 못하고 가능성의 절망에 주저앉는다. 이것이 "가능성의 절망"이며 미학적 실존의 죄이다.[19]

키에르케고어의 이러한 미학적 한계를 리쾨르의 삼중 미메시스론으로 해결하는 것이 사실상 이 책의 중요한 관건이다. 리쾨르는 미학적 실존이 가능성으로부터 신학적 현실성으로 이행하는 데에 도움을 주는데, 이 이행은 해석학적 지평에서 이루어진다. 해석학적 지평에서 이루어지는 가능성으로부터 현실성으로의 이행 과정을 총칭하는 개념이 삼중 미메시스(triple mimesis)이다. 이는 예술작품을 해석하고 이해하면서 새로운 자기 이해에 도달하는 실존의 한 방식인데, 이 방식을 통해 키에르케고어의 미학적 실존은 '가능성이냐 믿음이냐'라는 양자택일 상황에 맞닥뜨릴 필요 없이 자연스럽게 현실성으로 나아간다. 초월적 믿음의 선택을 강요받지도 않는다. 해석학적 지평에서 이루어지는 믿음은 미학적 상상력에 근거한 "해석학적 믿음"인 것이다. 이 준(準)믿음의 형태로 작품 안에 내재하는 초월성과 관계하며 미학적 실존에게는 새로운 자기 이해가 일어나고 존재 가능성은 점차 현실의 자기로 변화한다. 이것이 삼중 미메시스의 과정에서 전개되는 '미학적 자기됨'의 길이다. 이 길은 개인의 내면과 일상 속에서의 신앙을 강조한 종교개혁 정신에 상응하는 미와 예술의 회복 방식으로 실존의 지

---

19 루터 사상을 계승하고 있는 키에르케고어에게 믿음은 인간 스스로의 힘으로 행할 수 있는 것이 아니다. '오직 은총'으로만 믿음은 이루어진다. 그래서 믿음은 실천 불가능하다. 실천(Praxis)에는 이론(Theory)이 있어야 하는데, 믿음에는 이론이 없는 것이다. 가톨릭의 경우는 좀 다르다. 인간의 업적(work/Werk)에 따라 믿음에 이르는 길을 열어두기 때문이다. 이 점을 종교개혁에서 강력하게 부정한 것이다. 키에르케고어는 종교개혁 신학을 대변한다. 그래서 믿음을 위해 오성(Verstand)을 십자가에 못 박으라고까지 말한다. 믿음의 대상은 그리스도이다. 키에르케고어에게 그리스도는 '내재성 안의 초월성', '시간 안의 영원'이다. 이것을 오성은 도저히 이해할 수 없다. 그래서 믿음이 요청된다. 이 요청을 미학적 실존은 스스로의 힘으로 실천할 수 없다. 그래서 이러지도 저러지도 못하는 사이에 자신이 거하는 가능성에 주저앉는다.

평에서 전개되는 프로테스탄트 미학의 방법론으로 제시될 수 있겠다.

1. 키에르케고어 미학에 관한 연구와 이에 대한 비평

키에르케고어의 실존 미학에 리쾨르의 미메시스 개념을 연결하는 연구는 최근에 이루어지기 시작했고 대부분은 신진학자들에 의해 활발히 진행 중이다. 키에르케고어의 미학에 대한 평가는 리쾨르의 미메시스론과 연결하기 전에는 사실상 제대로 이루어지지 않았다. 신과의 관계를 대부분 진과 선을 통해서만 이룰 수 있다고 여긴 기존 신학의 시각에서 키에르케고어의 미학과 미학적 실존은 부정적으로 평가절하되었고, 없어도 되는 실존 단계로 배제되어왔다.

우선 기존 신학의 관점을 대변하는 연구들을 살펴보면, 신학에서의 예술 비판을 위해 키에르케고어의 미학을 차용한 연구들이다. 즉, 키에르케고어가 기술한 미학적인 것의 한계를 부각하며 신학에서의 미와 예술의 배제를 정당화하는 연구들이다. 우선 에드워드 팔리(Edward Farley) 같은 신학자는 그의 책 *Faith and Beauty: A Theological Aesthetic*에서 키에르케고어의 미학을 단순히 감각적인 것으로 연결해 실존적 인간학 전체에서의 미학에 대한 통찰과 존재 가능성으로의 역할을 간과한다. 그리하여 미가 윤리적·종교적 삶으로 나아가는 데 방해 요소가 된다고 주장한다.[20]

---

20 Peder Jothen(2009), "Moral Moments: Søren Kierkegaard and Christian Aesthetics," Dissertation from the Faculty of the Divinity School, Chicago, 32, 52.

다음으로 신학자 프랭크 버치 브라운(Frank Burch Brown)은 그의 책 *Good Taste, Bad Taste & Christian Taste*에서 키에르케고어의 미적 실존의 삶을 종교적인 삶과 완전히 반대되는 것으로 해석함으로써 종교적 삶에서의 미와 예술의 역할을 무용한 것으로 주장하고 나아가 종교에서 예술을 배제해야 한다고 주장한다. 그는 미학적 무관심성을 거론하면서 종교란 삶의 변화를 목적으로 하는데 예술은 오히려 삶에 무관심하다고 말하며 예술과 종교의 양립 불가를 강하게 주장한다.[21]

저명한 키에르케고어 전문가인 조지 패티슨(George Pattison) 역시 미학의 영역에서만큼은 부정적인 견해를 표출한다. *Kierkegaard: The Aesthetic and the Religious*에서 그는 F. B. 브라운과 마찬가지로 키에르케고어의 미학은 종교적 삶과 양립할 수 없다는 주장을 내세운다. 예를 들어 십자가의 이미지를 계속해서 제작하고 감상하고 그로부터 미를 추구하고 발견하는 행위는 결과적으로 회개하는 그리스도인의 실존이 되는 것과는 반대 방향으로 움직인다고 말한다. 그리하여 패티슨은 인간 실존에서 예술이 차지하는 자리는 없으며 미적 실존을 떠나야 그리스도인의 실존이 될 수 있다고 주장한다.[22]

첫 번째 연구 방향과 비교해 두 번째 연구 방향은 덜 보수적이고 극단적이지 않다. 그러나 키에르케고어의 미학을 실존의 한 단계(stage)에 한정한다는 점에서는 한계를 지닌다. 이는 키에르케고어가 인간의 실존을 미적 실존, 윤리적 실존, 종교적 실존, 그리스도인의 실존으로 구분한 실존 단계론을 반영한 연구 방향으로 키에르케고어 미학 연구에서 가장 일반적으로 알려져 있다. 우선 문학 이론가인 테리 이글턴

---

21 *Ibid.*, pp. 33, 52.
22 *Ibid.*, 54, 55.

(Terry Eagleton)은 그의 저서 *The Ideology of the Aesthetic*에서 키에르케고어의 미학을 칸트, 니체, 프로이트, 하이데거의 미학과 비교하며 A. G. 바움가르텐 이후 전개되어온 서구 미학의 한가운데로 키에르케고어 미학을 부상시킨다. 하지만 키에르케고어의 미학을 실존의 한 형태로 한정하며 윤리와 종교로 가기 위한 디딤돌 정도로만 생각하는 점에서 미를 보조적 역할로 한정한 전통적 선·미 사상과 결을 같이 한다.[23]

키에르케고어 전문가 스티븐 더닝(Stephen Dunning)은 *Kierkegaard's Dialectic of Inwardness: A Structural Analysis of the Theory of the Stages*에서 키에르케고어의 미학적인 것을 헤겔의 『정신현상학』에 나타나는 자기 전개 과정과 비교하여 실존적 '자기'가 되기 위한 시스템의 한 과정으로 본다. 즉, 미학을 윤리와 종교로 가기 위해 거치는 한 단계로 환원한다. 그리하여 미학적인 것은 윤리-종교적 실존으로 변모된 후에 지양되어야 더 나은 인간이 될 수 있다고 여긴다. 그러나 미학적인 것을 부정해야 더 높은 윤리와 종교적 단계로 나아간다는 것은 헤겔식의 해결 방법이다.[24] 더닝의 연구는 논리로는 환원될 수 없는 '실존' 문제에 변증법적 사변체계를 강제로 부여함으로써 미적 실존의 문제를 궁극적으로 해결하지 못하는 한계에 봉착한다.[25] 이처럼 미학을 실존의 한 단계에 한정하는 연구 방향은 키에르케고어 연구자들 사이에서 주류를 이루어왔지만, 오히려 미학의 가능성을 한정하고 부정하고 지양하는 방향으로 나아감으로써 미학의 문제를 전체 인간됨의

---

23 *Ibid.*, 37, 42.
24 *Ibid.*, 46, 48.
25 *Ibid.*, 49, 50.

차원에서 해결하는 대신 배제하는 결과를 초래하여 최근에는 유효성을 상실해가고 있다.

세 번째 연구 방향은 키에르케고어의 미학을 신학이나 철학이 아닌 문학적 측면에서 접근하는 방향인데, 여기서부터 키에르케고어의 미학에 대한 평가가 제대로 이루어지기 시작했다고 볼 수 있다. 요아킴 가프(Joakim Garff), 스티븐 에반스(Stephen Evans), 존 스튜어트(John Stewart) 등의 학자들로 대변되는 이 연구 방향은 키에르케고어 저서 전체를 신학이나 철학이 아닌 문학적 관점에서 분석한다. 키에르케고어가 문학적 장치로 사용한 익명(Pseudonym)들이나 그의 저서 전체에 스며들어 있는 아포리즘, 시, 스토리텔링 같은 문학적 장치들을 부각하며 필자의 이 책에도 많은 통찰을 제공한 연구 방향이다. 특히 코펜하겐 대학의 키에르케고어 연구소에서 근무하는 신학자 요아킴 가프의 연구물들은 키에르케고어의 저서 곳곳에 발견되는 미메시스의 흔적을 부각하며 이 책에 많은 도움을 주었다.

네 번째 연구 방향은 세 번째 문학적 연구 방향과 궤를 같이하며 미학적 능력인 상상력을 통해 자기가 되는 문제를 조명하는 연구 방향으로 실비아 월시(Sylvia Walsh)와 세인트 올라프 대학(St. Olaf College) 종교학과 교수인 피더 조튼(Peder Jothen)으로 대변된다. 월시는 그녀의 저서 *Living Poetically: Kierkegaard's Existential Aesthetics*에서 키에르케고어의 미학적인 것을 자기(Self) 개념과 연결해 미학적 단계에서 자기가 되는 문제를 밝히는 데에 진척을 보여주며, 실존 이념을 실현하는 일차적 공헌자로 시적 상상력을 부각하고 있다. 나아가 포에지의 창조적 능력을 미적 실존에만 한정하지 않고 오히려 실존 전체를 아우르는 인간의 근본적인 능력으로 해방시킨다.

피더 조튼 역시 *Kierkegaard, Aesthetics, and Selfhood. The Art of Subjectivity*에서 미적 실존이 자기가 되는 길을 열정(passion)과 삶의 욕망을 불러일으키는 힘으로 설명한다.[26] 조튼은 이미 그의 박사 논문 "Moral Moments: Søren Kierkegaard and Christian Aesthetics"에서 키에르케고어의 그리스도교 미학에 대해 연구한 바 있으며,[27] 실비아 월시에 이어 키에르케고어의 미학을 자기성(selfhood)과 연결하여 심층적으로 다룬 바 있다. 조튼의 박사 논문은 특별히 이 책에서 키에르케고어 미학의 선행 연구를 조사하는 데 많은 도움을 주었다.

위의 선행 연구들에 대한 비판적 평가와 아울러 필자가 이 책에서 전개하고자 하는 새로운 연구 방향에 대해서는 다음과 같이 요약할 수 있다. 우선 E. 팔리, F. B. 브라운, G. 패티슨 등으로 대변되는 첫 번째 연구 방향은 필자가 가장 우려하는 미와 예술에 대한 보수적이고 배타적인 연구 방향이다. 물론 이 선행 연구들은 신학 내에서의 미와 예술의 현주소와 문제점을 파악하는 데에는 의미가 있지만, 곧 이 책에서 반박될 주장들이다. 키에르케고어의 실존 사상에서 미학을 종교와 양립 불가한 것으로 주장하는 것은 자체적인 논리 모순이다. 미와 종교가 양립 불가하다면 키에르케고어가 군이 미학을 그리스도인의 실존으로 가는 길에 계기(Anlass)로 설정할 까닭은 없는 것이 상식이기 때문이다.

---

26 Peder Jothen, *Kierkegaard, Aesthetics, and Selfhood. The Art of Subjectivity* (England: Ashgate, 2014).

27 Peder Jothen, "Moral Moments: Søren Kierkegaard and Christian Aesthetics," Dissertation from the Faculty of the Divinity School, Chicago, 2009.

F. B. 브라운이 "미학적 거리"(aesthetic distance)와 신앙을 대립적 구도로 설정한 것은 이 책에서 전개할 리쾨르의 미메시스 개념을 통해 반박될 것이다. 리쾨르에게 미학적 거리는 삶의 현실과 거리를 두고 작품 안에서 삶을 반성하고 삶을 다시 그리며, 새로운 현실로 나아가는 데에 필수 과정이다. 마찬가지로 G. 패티슨이 주장하는 미와 신앙의 양립 불가능성 역시 이 책을 통해 미가 어떻게 신앙의 '계기'가 되고 삶을 변화시키는 '매개'로 작용하는지 해명함으로써 반박될 것이다.

미학을 실존의 한 단계로 한정하는 두 번째 연구 방향은 키에르케고어의 미학 연구에서 가장 일반화된 시각인 만큼 이 책에서도 상당 부분 수용될 것이다. 그러나 이 책은 실존 이념 전체에서 '미학적 자기됨'을 관철한다는 점에서 실존의 한 단계에 미학을 한정한 T. 이글턴과 S. 더닝의 연구 방향과는 완전히 다른 차원에서 진행될 것이다. 이들의 주장은 단지 키에르케고어 미학의 한계가 어디이고 앞으로 어떻게 나아가야 하는지 알게 해주었다. 그러나 이 책은 그들이 연구를 멈춘 지점에 리쾨르의 미메시스 개념을 연결해 미학적 실존의 단계를 실존의 전체 단계를 포괄하는 스펙트럼으로 해방할 것이다. 그리하여 실존의 가장 낮은 단계로 평가되고 고립되었던 미적 실존도 얼마든지 자신의 미학적 능력으로 신과 존재에 이를 수 있음을 보여줄 것이다. '고립'과 '독립'은 관점의 차이일 뿐이다. 미적 실존은 실존의 한 단계에 고립된 실존이 아니라 오히려 '독립'된 실존이며 자신에게 주어진 고유한 미학적 능력을 통해 윤리-종교적 실존과는 '다른' 방식으로 신과 존재에 이르는 실존 형태인 것이다.

J. 가프, S. 에반스, J. 스튜어트로 대변되는 세 번째 연구 방향은 비판과 반박보다는 오히려 이 책과 궤를 함께할 것이다. 키에르케고어의

저서에 나타나는 다양한 익명들, 저서 곳곳에서 발견되는 경구나 아포리즘, 스토리텔링, 독자-저자의 역할 놀이 등의 현란한 문학적 기법들은 단지 미학적 저서뿐만 아니라 전 실존을 다루는 저서들에 만연해 있는데 이는 '실존' 자체가 이성의 논리적 사변체계 안에 포섭되지 않는 영역이기 때문이다. 그래서 '실존'을 이야기하는 언어는 은유나 상징 등의 미학적 언어이다. 키에르케고어가 다양한 익명(Pseudonym)을 사용하는 것 역시 한 개인에게 하나의 동일한 정체성만 존재한다는 고전적 주체 이해에 의문을 제기한 자기 정체성의 실험적 행위이며 이는 오직 문학적 기술을 통해서만 이루어지기 때문이다. 키에르케고어 저서 전체를 문학적 관점에서 분석하면 미학은 그의 사상 전체를 포괄하는 표현 장치이다. 미적 실존, 윤리적 실존, 종교적 실존, 그리스도인의 실존 모두를 기술하고 표현하는 언어가 미학적 언어라는 점에서 이 연구 방향은 이 책에서도 많은 부분 공유하고 있다.

S. 월시와 P. 조튼으로 대변되는 네 번째 연구 방향은 시적 상상력과 열정 등의 미학적 방식으로 자기가 되고 그리스도인의 실존이 되는 방식을 분석하고 있다는 점에서 이 책과 큰 틀에서 지향점이 같다. 그러나 상상력과 열정을 전통적인 철학 범주 안에 녹여내지 못했다는 점에서 이 책과 차별된다. 즉, 이 책에서는 '가능성'을 미학적인 것의 독립적인 범주로 확보한 후에 미학적 방식으로 자기가 되는 길을 제시했다는 점에서 월시와 조튼의 연구와 비교해 미학을 철학과 신학의 근본적인 차원에서 독립시키고 동시에 연결하는 길을 열어놓고 있다.

시적 상상력이나 삶의 열정만 가지고 자기가 되는 길을 이야기하다가는 다시 윤리나 종교의 큰 아치 아래 포섭될 수 있는 결과를 초래하기 쉽다. 지금까지 신학의 역사가 그래 왔고 미는 늘 진과 선에 의해 지양되어왔다. 그러나 '가능성'을 미학의 독립 범주로 확보하면 철학과 신학의 보편적 양태 범주를 공통분모로 하여 미와 예술을 전체 철학사적 문맥에서 재평가하고 나아가 입지를 계속 넓혀갈 수 있다.

아리스토텔레스 이후 '가능성'은 많은 철학자와 신학자가 자신의 사상을 전개하는 데 사용한 전통적인 양태 범주이다. 따라서 '가능성'을 매개로 미와 예술은 다양한 신학적·철학적 문맥으로 스며들어 미학의 위상을 전통 안에 굳건히 하고 나아가 철학·신학과 동등한 입장에서 대화하고 공존하며 사상을 풍부하게 할 수 있다. 이 점에서 이 책은 네 번째 유형의 선행 연구와 차별된다. 단지 시적 상상력과 열정 등의 미학적 능력을 맹목적으로 내세우기보다는 '가능성'이라는 양태 범주를 통해 철학의 한가운데로 들어가 당당하게 미학적 자기됨의 길을 개척하는 것이다. '미학적 자기됨'은 미학의 독립적인 범주가 확보된 후에야 가능한 길이다. 이 범주의 독립성이 인정된 후에 '미학적 자기됨'은 신학과 철학, 윤리와 종교의 영역과 대화하며 공존과 상생을 꾀할 수 있다.

키에르케고어와 리쾨르를 연결한 연구물들은 최근 들어 속속 등장하고 있는 추세인데, 그 대표적인 예로 세 번째 문학적 관점의 연구 방향에 속하는 요아킴 가프의 작업을 들 수 있다. 가프는 키에르케고어에 대한 방대한 전기(biography)를 쓴 키에르케고어 전문가이다.[28] 그의 논문 "A Matter of Mimesis: Kierkegaard and Ricœur on Narrative Identity"(2015)에서 가프는 리쾨르의 미메시스 개념을 필터로

---

[28] Joachim Garff, *Søren Kierkegaard. A Biography*, trans. Bruce H. Kirmmse (Princeton and Oxford: Princeton University Press, 2005).

키에르케고어의 저서를 독해하고 그 안에 등장하는 키에르케고어의 다양한 익명들과 이야기 정체성(Narrative Identity)의 관계를 심층적으로 분석한다.[29] 가프는 이전에도 「나의 독자들이여! 키에르케고어의 절제된 감성의 독서」(1991), 「내가 발견한 것은 내가 아니었다 ─ 키에르케고어의 일기와 익명 저술들」(2003)[30] 등의 논문에서 책의 저자로서 키에르케고어가 저자와 독자의 역할놀이를 하는 것을 분석하며 독자의 역할이 매우 중요하게 부각되는 리쾨르의 삼중 미메시스론과 키에르케고어를 연결하는 데에 예비 자료들을 마련해놓았다.

가프와 함께 코펜하겐 대학의 신학과 교수인 이븐 담고어(Iben Damgaard)도 역량 있는 신진학자로서 키에르케고어와 리쾨르를 다양한 관점에서 연결해 비교하는 논문들을 꾸준히 발표하고 있다. 「가능성의 열정: 주체와 초월에 대한 키에르케고어식 접근」(2007), 「키에르케고어의 성서 이야기 다시 쓰기」(2010), 「메킨타이어, 테일러, 리쾨르의 이야기적 자기 접근을 통해 본 키에르케고어의 자기와 자기 상실」(2015) 등이 담고어의 대표적 연구물들이다.[31]

---

[29] Joachim Garff, "A Matter of Mimesis: Kierkegaard and Ricœur on Narrative Identity," In: *Kierkegaard Studies* Vol. 20 (Berlin: W. de Gruyter, 2015), 311-324.

[30] J. 가프의 논문들은 한글로 번역된 것이 없다. 본문에서는 필자가 제목만 임의로 번역했다. Joachim Garff(1991), "My Dear Reader! Kierkegaard Read with Restrained Affection," In: *Studia Theologica* 45, 127-147; Joachim Garff(2003), "What did I find? Not my I. On Kierkegaard's Journals and the Pseudonymous Autobiography," In: *Kierkegaard Studies* 2003, 110-124.

[31] I. 담고어의 논문들도 한글로 번역된 것이 없으며 필자가 제목만 임의로 번역했다. Iben Damgaard(2010), "Kierkegaard's rewriting of Biblical narratives," In: *Kierkegaard and the Bible: Old Testament*, ed. by Lee C. Barrett, Jon Stewart, Ashgate, 207-230; Iben Damgaard, "Passion for the Possible: A Kierkegaardian Approach to Subjectivity and Transcendence," In: *Subjectivity*

캘리포니아 주립대의 신진학자인 브라이언 그레고어(Brian Gregor)의 논문「자기성과 세 가지 R: 지시(Reference), 반복(Repetition), 재형상화(Refiguration)」(2006)는 이 책의 V장 3에서 다루게 될 '반복' 개념에서 키에르케고어와 리쾨르를 연결하는 데에 중요한 선행 연구로 작용했다.[32] B. 그레고어는 자기(Self)가 정립되는 데에 세 가지 중요한 개념인 "지시", "반복", "재형상화"를 논하며 키에르케고어의 "반복" 개념과 리쾨르의 "재형상화" 개념이 자기 정립의 문맥에서 상당히 유사한 기능을 지닌다고 말하는데, 이 기능으로 '미학적 자기됨' 내에 내재하는 구원의 문제를 해결할 수 있었다. 키에르케고어의 '반복'과 세 번째 미메시스 단계인 리쾨르의 '재형상화' 단계는 미와 구원, 미학적 가능성과 종교적 현실성 즉 기존 신학에서는 양립 불가능하다고 여긴 두 영역이 만나고 연결되는 데에 핵심 역할을 수행한 개념들인 것이다. 이처럼 키에르케고어와 리쾨르를 연결하는 연구물들은 신학, 철학, 문학, 미학의 다양한 영역에서 활발히 진행되고 있으며 필자의 연구에도 많은 통찰을 제공하였다.

---

and Transcendence, ed. by Arne Grøn, Iben Damgaard, Søren Overgaard (Tübingen: Mohr Siebeck, 2007), 177-191; Iben Damgaard, "Kierkegaard on Self and Selflessness — in Critical Dialogue with MacIntyre's, Taylor's and Ricœur's Narrative Approach to the Self," In: *Self or No Self? Claremont Studies in Philosophy of Religion*, ed. by Ingolf U. Dalferth (Tübingen: Mohr Siebeck, 2015).

[32] Brian Gregor(2005), "Selfhood and the three R's: Reference, repetition, and refiguration," In: *International Journal for Philosophy of Religion*, Vol. 58 No. 2, 63-94. B. 그레고어 교수는 이후「키에르케고어의 안티클리마쿠스를 통해 사유하기: 미술, 상상력, 모방」(2009)이라는 논문에서 미메시스의 비전을 키에르케고어의 저서에서 집중적으로 분석했다. Brian Gregor(2009), "Thinking through Kierkegaard's Anticlimacus: Art, Imagination, and Imitation," In: *The Heythrop Journal* 2009, 448-465.

끝으로 리쾨르의 해석학에 대한 국내의 선행 연구로는 필자의 지도교수인 양명수 교수의 사상이 이 책의 맥을 잡아가는 데에 큰 도움을 주었다. 양명수 교수는 한국리쾨르학회 회장을 역임한 바 있는 리쾨르 전문학자로 리쾨르에 관한 다수의 논문과 역서, 단행본을 출간하였고 난해한 리쾨르의 사상을 간결하면서도 깊이 있는 언어로 한국의 독자들이 비교적 쉽게 이해할 수 있도록 소개해왔다.[33] 그가 리쾨르를 연구하며 산출한 두 개념인 "존재의 힘"과 "해석학적 믿음"은 특히 이 책의 논리를 이끌어가는 데 핵심적인 개념이 되어주었다. 즉, 미학의 영역과 신학의 영역을 연결하는 어려운 문제에서 두 개념은 문제를 풀어가는 데에 열쇠가 되어주었다. 나아가 양명수 교수의 아우구스티누스와 하이데거의 사상에 전개되는 '시간'에 대한 깊은 사유는[34] 리쾨르의 『시간과 이야기』를 읽는 데 중요한 길잡이가 되었고, 삼중 미메시스론의 '시간성'과 '이야기' 개념을 실존으로 연결하는 데에 큰 도움을 주

---

33 양명수(1995), "말뜻과 삶의 뜻 — 리쾨르의 상징론 이해," 「문학과 사회」 겨울호 제8권 No. 4, 1549-1566; 양명수(1997), "말과 욕망: 욕망의 의미론 — 리쾨르가 본 프로이드," 「기독교언어문화논집」 제1집, 266-279; 양명수(1999), "은유와 구원," 「기호학연구」 Vol. 5 No. 1, 24-39; 양명수(1999), "은유와 인문학," 「애산학보」 22집, 83-103; 양명수(2001), "해석학적 순환에 대하여," 「애산학보」 26집, 3-23; 양명수(2004), "폴 리쾨르의 해석학과 신학: 텍스트이론을 중심으로," 「신학사상」 127집, 167-197; 양명수(2005), "인간의 자기이해는 어떻게 일어나는가?," 「철학과 현실」 통권 제66호, 95-107; 양명수(2006), "태초에 말씀이 있었다 — 언어에 대한 신학적 이해," 「본질과 현상」 4호/여름, 33-43. 역서에는 리쾨르/양명수 옮김, 『악의 상징』 (서울: 문학과지성사, 2006); 리쾨르/양명수 옮김, 『해석의 갈등』(서울: 한길사, 2012)이 있으며, 2017년에 발간한 양명수, 『폴 리쾨르의 『해석의 갈등』 읽기』 (서울: 세창미디어, 2017)는 역서 『해석의 갈등』에 대한 해설서로 방대한 리쾨르 해석학을 친근하게 접근할 수 있도록 도와주는 리쾨르 입문서이다.

34 양명수(2015), "『고백록』 11권에 나타난 아우구스티누스의 현상학적 시간론," 「신학사상」 169집(2015 여름), 207-238; 양명수(2016), "인간, 죽음을 향한 존재: 하이데거의 죽음 이해," 「신학사상」 175집, 241-279.

었다.

키에르케고어의 미학은 해석학적 관점에서 조명할 때 완전히 다르게 볼 수 있는 여지가 많은 영역이다. 이 책은 이 관점을 심화한 선행 연구와 보폭을 함께했다. 그러나 기존의 선행 연구들을 넘어서는 독창적인 부분은 미학의 독립 범주로서 '가능성' 범주를 확보하여 신학과 철학의 중심으로 들어갔고 그 토대 위에서 해석을 통해 신과 존재에 이르는 길을 밝힌 점이라고 말할 수 있다.

2. 책의 구성과 해제

이 책은 I장의 서론과 II장에서 VI장까지의 본론과 VII장의 결론으로 구성되어 있다. 연구 동기와 목적, 선행 연구로 구성된 머리말과 서론에 이어 II장에서는 키에르케고어의 실존 사상과 실존 미학을 다루고 있고 III장과 IV장에서는 리쾨르의 실존 사상과 삼중 미메시스(triple mimesis) 개념을 다루며 '미학적 자기됨'의 길을 구체화하고 있다. 그리고 V장에서는 삼중 미메시스를 통해 밝힌 '미학적 자기됨'의 필터로 키에르케고어의 미학을 재평가할 것이며 나아가 '미학적 자기됨'의 길에서 가장 중요한 미와 구원의 문제를 반복(Wiederholung) 개념을 통해 다룰 것이다. 그리고 VI장에서는 구원의 문제를 해결한 미학적 자기됨의 길을 가능과 현실의 존재론이라는 새로운 존재론으로 이론화할 것이다. 마지막으로 VII장의 "미학적 자기됨과 미술"에서는 미술작품의 해석과 관련하여 구체적인 사례들을 제시함으로써 해석의 매개가 문자언어를 넘어 시각언어를 포괄한다는 것을 보여줄 것이다. 끝으로 VIII장의 결론에서는 '미학적 자기됨'의 철학사적 의미와 해석학적 지평에서 펼쳐지는 새로운 존재론으로서 "해석학적 존재론"의 간학문적 전망을 기술할 것이다.

서문에 이어 이 책의 본격적인 내용은 II장에서 시작한다. 이 책의 기초가 되는 '실존'과 관련한 개념들을 설명한 후, 키에르케고어가 실존의 어느 문맥에서 '가능성' 범주를 실존의 한 원리로 설정하고 있는지 그의 철학적(II장 1)·신학적(II장 2) 저서들을 살펴보며 집중적으로 조명하였다. 그럼으로써 '미학적 자기됨'에서 가능성이 어떤 철학적·신학적 위상을 지니고 있으며 가능성에서 현실성으로 나아가는 것이 또한 어떤 철학사적 의미를 지니고 있는지 밝혔다.

책 전체에서 II장이 지닌 의미는 미와 예술과 미학의 독립 범주로서 '가능성' 범주를 확보한 데에 있다. 위에서도 언급하였듯이 신학에서 미와 예술을 회복하려는 시도들은 많았지만, 지속적이고 체계적인 연구로 이어지지 못한 것은 신학 내 미의 독립적 범주가 부재하기 때문이다. 따라서 체계적인 신학 내 미학 연구의 이론적 토대로서 미학의 독립적인 범주를 확보하는 것은 매우 중요한 작업이고 이 작업을 II장에서 키에르케고어의 실존 사상을 통해 수행하였다.

III장에서는 키에르케고어의 실존 개념과 가능성 범주가 리쾨르의 사상으로 어떻게 스며들어 작용하고 있는지 두 사상가의 사상적·내적 연관성을 분석하였다. 우리는 보통 리쾨르를 해석학자로 알고 있지만, 그의 해석학이 생겨난 배후에는 실존 철학이 자리 잡고 있다. 리쾨르는 자신의 철학적 소명을 가리켜 "개념을 통해 인간 실존 자체를 해명하는 것"[35]이라고 말했을 만큼 인간의 실존 문제에 천착해 있었고 나중에 해석학으로 전향한 것 역시 인간의 죄와 구원 등의 실존 문제를 해결하려는 문맥에서였다.

키에르케고어와 리쾨르 두 사상가가 사용하는 용어는 서로 다르지만, 실존을 탐구하고 해명하고자 하는 점에서 사유의 결은 같다. III장에서는 그 결을 찾아 두 사상가의 유기적 연관성을 보여주는 개념들을 찾아내었다. 이 지난한 작업이 이루어진 뒤에야 비로소 키에르케고어의 '가능성' 범주와 리쾨르의 '삼중 미메시스론'을 접목할 수 있는 이론적 토대가 마련되는 것이다.

우선 III장 1에서는 리쾨르의 실존 개념인 "의지적인 것"과 "비의지적인 것"의 대립 관계가 키에르케고어의 가능성과 필연성의 대립 관계에 상응한다는 것을 밝혔다. 키에르케고어에게 가능성과 필연성은 실존을 구성하는 두 대립적 요소이며 이 두 대립적 요소가 종합(Synthese)을 이룰 때 현실성은 정립된다. 자기(self)는 이때 정립된다. 마찬가지로 리쾨르의 경우에서도 의지적인 것과 비의지적인 것이 통합(Einheit)할 때 현실의 주체가 비로소 정립된다. 서로 용어는 다르지만, 대립하는 실존의 양극 요소들을 '종합'하고 '통합'함으로써 현실의 자기가 되고 행동하는 주체가 된다는 점에서 두 사상가의 인간 이해는 궁극적으로 같다.

III장 2에서는 리쾨르의 철학이 해석학으로 전향한 이유가 실존 문제에 있다는 것을 설명할 것이다. 실존의 한 축인 '의지적인 것'이 실현되기 위해서는 다른 한 축인 '비의지적인 것'과 통합해야 하는데, 그 통합이 죄의 문제 때문에 가로막힌다. 이 때문에 의지적인 것과 비의

---

35 "...die Berufung der Philosophie, die Existenz selbst durch Begriffe zu er-hellen." Ricœur, *Das Willentliche und das Unwillentliche*, Übergänge Band 67 (Paderborn: Wilhelm Fink, 2016), 39.

지적인 것이 통합하는 데에 '매개'가 요청되고 이 매개가 바로 '상징' (Symbol)이다. 초월성을 함축하는 상징 언어가 의지로는 어쩔 수 없는 비의지적인 것의 자리에 들어간다. 그리고 의지는 상징 언어를 해석하며 상징 안에 내재하는 '존재의 힘'과 만나 자신의 의지로는 어쩔 수 없는 실존 문제를 해결하며 비의지적인 것과 통합을 이룬다.

이제 IV장의 "삼중 미메시스"(triple mimesis)에서는 본격적으로 상징 언어의 해석을 매개로 어떻게 미학적 가능성이 존재의 현실성으로 이행하는지 분석할 것이다. 우선 IV장 1에서는 미메시스 용어의 기원을 분석하며 리쾨르의 미메시스 개념이 지닌 독특한 점을 밝힐 것이다. 즉, 플라톤, 아리스토텔레스로 소급되는 전통적인 미메시스 개념과 비교할 때 리쾨르에게 미메시스 개념은 '현실'에 뿌리를 두고 있다. 이는 말하자면 실존에 뿌리를 두고 있다는 말이다. 그리하여 IV장 2에서는 하이데거의 시간-내-존재 개념과 내시간성(Innerzeitigkeit) 개념에 주목하며 리쾨르의 삼중 미메시스론에서 기초가 되는 '이야기' (narrative)가 인간의 실존에 관한 이야기라는 것을 논할 것이다. 리쾨르에게는 실존의 현실이 텍스트(text)이고 의미 지평이다. 미메시스 I 은 실존의 현실을 텍스트로 이해하는 단계이며 창작된 이야기 '이전' 의 이야기라고 하여 전형상화(Pre-figuration) 단계이다.

IV장 3에서는 텍스트로 이해한 실존의 현실을 실재 이야기로 창작하는 미메시스 II 단계를 다루고 있다. 실존은 일상 속에 우연적이고 이질적이며 파편적인 요소들로 내재한다. 이들에게 일관성을 부여하여 말이 되게 하는 것이 이야기 창작이다. 창작 과정에서 실존의 분산된 시간은 '이야기된 시간'으로 형상화되는데, 이 '이야기된 시간'이 '인간의 시간'이다. 예술작품은 우주적 시간에서 탄생한 인간의 시간이며 그 안에는 실존의 문제를 해결해가는 인간의 노력과 저쪽으로부터 다가오는 존재의 힘이 살아 숨쉰다.

미메시스 I이 일상의 실존 현실을 텍스트로 바라보는 전형상화 단계라면, 미메시스 II는 그 텍스트를 이야기로 창작하는 형상화(con-figuration) 단계이다. 그리고 이제 미메시스 III은 창작된 이야기를 매개로 독자가 자신의 현실을 다시 이야기하는 재형상화(re-figuration) 단계이다. 한 개인의 새로운 자기 이해는 여기서 일어난다. IV장 4는 이 과정을 다루고 있다.

실존의 이질적이고 파편적인 요소들이 일관성 있는 이야기로 전개되는 종합체로서의 창작물 안에는 실존 문제를 해결하려는 인간의 시간과 삶의 체취가 느껴진다. 그 이야기를 따라가고 내면화하면서 독자로서 우리는 각자의 실존 문제를 이해하고 새로운 자기 자신을 발견하며, 새로운 현실을 꿈꾸고 기존의 현실을 다시 이야기한다. 미메시스 II의 주체가 창작하는 작가라면 미메시스 III의 주체는 해석하는 독자이다. 독자가 새로운 자기 이해에 이르며 현실을 '다시 이야기'하고 재구축(re-construction)하며 기존 현실에는 '변화'가 일어난다. 이 변화가 가능성이 현실성으로 이행했다는 증거이다. 새로운 현실을 산출하는 주체가 독자라는 점에서 리쾨르의 삼중 미메시스론에서 독자의 역할은 매우 중요하다.

그리하여 IV장 4의 1)에서는 "독자의 수용 미학과 텍스트 이론"을 주제로 다룬다. 리쾨르에게 '텍스트'는 프랑스의 구조주의에서 이해하는 닫힌 언어 체계가 아니라 실존 현실에 뿌리를 두고 나아가 독자의 해석을 통해 새로운 현실로 열려 있는 살아 있는 텍스트이다. 리쾨르에게 예술작품은 하나의 스케치일 뿐이다. 작품의 완성은 독자에게 일

어나는 새로운 자기 이해와 이를 통해 독자의 삶이 '변화'할 때 이루어
진다. '미학적 자기됨'은 독자의 '미학적 자기됨'이다. 독자의 현실에 변
화가 일어났다는 것에서 우리는 존재의 가능성이 새로운 현실로 이행
했음을 알 수 있다.

Ⅳ장 4의 2)에서는 독자에게 일어나는 정체성의 변화에 대해 다룬
다. 리쾨르는 작품 해석을 통해 일어나는 독자의 정체성 변화를 동일
정체성(identité-idem)과 자기정체성(identité-ipse)의 두 개념을 통해
설명한다. 성격과 같이 좀처럼 변하지 않는 정체성은 동일정체성이다.
반면 자기정체성은 이야기를 통해 새롭게 발견된다고 하여 이야기 정
체성이라고도 하는데 해석을 통해 계속해서 변화하는 미래의 정체성
이다. 인간은 동일정체성과 자기정체성의 부단한 변증법적 종합의 과
정을 통해 성숙해간다. 해석학적 지평에서 일어나는 독자의 새로운 자
기 이해와 정체성의 변화는 이제 키에르케고어의 미적 실존에서 나타
난 한계에 대한 해결책이 된다.

Ⅴ장에서는 리쾨르의 삼중 미메시스론을 통해 키에르케고어의 미
적 실존과 미학을 재평가할 것이고 나아가 아름다움을 통한 구원의 문
제를 다룰 것이다. 키에르케고어에게 미학적 실존은 현실의 자기됨에
실패하는 가능성의 실존이다. 즉, 공상과 상상의 가능성에 머물고 구
원의 현실성으로 연결되지 못하는 실존이다. 그러나 리쾨르의 삼중 미
메시스론을 통하면 공상과 상상의 미학적 능력만으로도 자기가 되는
길이 열린다. Ⅴ장에서는 이 길을 다루고 있다. 이제까지 왜곡되어온
키에르케고어의 미학과 미적 실존에 대한 이해를 리쾨르의 관점에서
재평가할 것이고, 키에르케고어 내에서는 불가능한 미적 실존의 구원
문제를 '반복' 개념을 통해 다룰 것이다.

'반복'(Wiederholung)은 키에르케고어가 최초로 철학의 역사에 끌고 들어온 새로운 개념이며 그 본질은 그리스도교의 초월적 믿음이다. 반복에 성공했다는 것은 하나님이 놓아준 믿음의 자기가 되었다는 것이고 구원을 의미한다. 미적 실존은 공상과 상상의 가능성에 고립되어 그 믿음의 현실로 나아가지 못한 채 반복에 실패한다. 그러나 해석학적 지평에서는 초월적 믿음의 자리에 "해석학적 믿음"이 들어선다. 해석학적 믿음으로 텍스트 안에 내재하는 존재의 힘과 관계하며 새로운 자기 이해에 이른다. 해석학적 믿음으로 이루어지는 새로운 자기 이해의 해석학적 순환이 곧 반복이며 이를 통해 미적 실존은 가능성의 실존에서 현실성의 실존으로 이행한다.

미적 실존이 반복에 성공했다는 것은 미학의 영역에서 이루어지는 구원을 의미한다. 이는 키에르케고어가 생전에 이루지 못했던 미학과 종교의 연결이라는 과제를 리쾨르가 이루었음을 의미한다. 키에르케고어와 리쾨르를 통해 제시되는 '미학적 자기됨'의 길은 미와 예술을 통해 신과 존재로 이르는 길이다. 이 길의 확보로 필자는 이 책에서 프로테스탄트 신학에서 배제된 미와 예술을 회복하는 하나의 길을 실존적 해석학적 지평에서 제시했다고 본다.

VI장에서는 가능성에서 현실성으로 이행하고(키에르케고어) 의지적인 것이 비의지적인 것을 거쳐 존재로 나아가는(리쾨르) 것이 어떻게 존재론적으로 설명되는지 살펴보았다. 철학사에서는 형이상학의 '실체적 존재론'이 전통적으로 우위를 차지해왔지만, 키에르케고어가 '실존' 개념을 철학적 사유의 중심으로 옮겨놓으며 실체적 존재론으로는 해명되지 않는 실존 문제가 출몰하였고 그 문맥에서 리쾨르는 실체적 존재론에 대한 대안으로 '가능과 현실의 존재론'을 새로운 존재론으로 제시한다. 이것은 형이상학이 해명하지 못하는 실존 문제를 존재론으로 포섭하는 이론으로 그 시작이 가능성이라는 점에서 미학적 실존의 자기됨, 즉 '미학적 자기됨'을 대변하는 존재론이다.

VII장에서는 미학적 자기됨의 길을 통해 신학에서 회복할 예술의 장르 문제를 다루고 있다. 리쾨르의 삼중 미메시스론에도 일차적으로는 시나 소설 등의 '문자'언어를 소재로 하고 있다는 점에서 시각예술 언어를 따로 다룰 필요가 있다고 생각했기 때문이다. 이에 리쾨르가 시각예술에 대해 논하고 있는 "미적 경험"[36]이라는 글을 바탕으로 그 안에 담긴 미술작품들이 어떻게 이야기 텍스트(narrative text)가 될 수 있는지 해명하고 구체적인 미술작품의 예시를 통해 삼중 미메시스가 단지 시나 소설 등의 문학작품에 한정된 것이 아니라 회화, 조각, 사진, 건축 등의 시각예술 장르에서도 일어나는 것임을 밝힐 것이다.

마지막으로 VIII장의 결론에서는 '미학적 자기됨'의 길이 '가능과 현실의 존재론'으로 이론화되며 그 핵심에 '해석'이 자리하고 있다는 점에서 '해석학적 존재론'이기도 함을 말할 것이다. 그런데 '해석'을 매개로 가능성에서 현실성으로 이르는 방식은 자칫 키에르케고어가 맹렬하게 비판한 헤겔의 중재(Vermittlung) 방식으로 돌아가는 것은 아닌가 하는 의구심을 낳을 수 있다. 그러나 리쾨르의 해석학적 '매개'는 헤겔의 사변적 '중재'와는 방식이 완전히 다르다. 즉, 개념 언어를 통한 논리적 중재가 아니라 미학적 언어의 중재라는 점에서 공상과 상상력이 바탕하는 중재의 방식이다.

---

36 Ricœur, *Critique and Conviction*, trans. Kathleen Blamey (New York: Columbia University Press, 1998), 171-186.

이 점에서 해석학적 존재론의 '매개'는 키에르케고어를 설득하고 헤겔을 넘어선다. 즉, 키에르케고어는 인간의 죄와 구원 등의 실존 문제를 헤겔이 사변의 논리 안에서 설명하는 것에 반발하였고 실존의 심연을 건너는 유일한 방법으로 논리의 비약으로서 '믿음'을 설정함으로써 헤겔의 논리적 중재 방식으로부터 그리스도교의 진리를 보호하고자 하였다. 이 점에서 리쾨르의 '해석학적 믿음'은 키에르케고어를 설득하고 헤겔의 논리적 중재 방식을 넘어선다. 해석학적 존재론은 말하자면 믿음과 이성 사이에 놓인 제3의 존재론이다. 해석의 매개물인 상징으로서 예술작품이 존재하는 한 공상과 상상력의 미학적 방식으로 자기가 되고 인간이 되는 길을 보장하는 새로운 존재론이다.

감명 깊은 미술작품을 보거나 아름다운 선율의 음악을 들으며 우리는 어떤 저 세상의 느낌을 받고는 한다. 그러나 이러한 '미적 경험'은 대부분 시적 느낌이나 단편적인 인상에 그치고 구원으로까지 연결되지는 않았다. 그 '길'이 이제까지는 신학과 철학의 영역에서 사실상 없었기 때문이다. 길이 있어야 길을 가는데, 길이 없기 때문에 개인의 미적 경험은 우연이나 순간의 파편으로 치부되고 지양되어온 것이다. 이에 이 책에서는 개인의 미적 경험이 진과 선의 문맥에서는 지양되더라도 실존의 영역에서는 존재로 나아갈 수 있는 '가능성'이라는 짐을 마련해주었고 '해석'을 매개로 현실성으로 연결되는 '미학적 자기됨'의 길을 확보하였다. 이 길의 확보로 이제 미와 예술은 더 이상 진과 선을 위한 보조적인 역할에 그치거나 지양되는 우연의 요소가 아니라, 가능성이라는 독립 범주에서 자기가 되고 인간이 되는 새로운 존재론의 '초석'으로 자리 잡게 되었다.

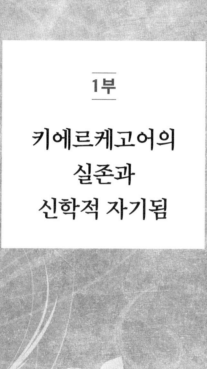

1부

키에르케고어의
실존과
신학적 자기됨

1장

키에르케고어의
실존 사상에서 가능성과 자기

신학의 지평에서 미와 예술을 회복하는 데에 가장 우선하여야 하는 과제는 미와 예술의 독립 범주를 확보하는 것이다. 이 과제의 해결을 위해 키에르케고어의 실존 사상에 등장하는 '가능성' 범주를 주목할 만하다. 가능성, 필연성, 현실성의 세 양태 범주(modal category)는 아리스토텔레스 이래 서구의 사상가들이 자신의 사상을 피력하는 데에 적극적으로 사용해왔다. 키에르케고어 역시 자신의 실존 사상을 설명할 때 이 세 범주를 적극적으로 활용하고 있는데 그의 실존적 인간학은 사실상 그 세 범주 사이에서 움직인다고 해도 과언이 아니다.[1] 이때

---

1 양태 범주를 중심으로 키에르케고어의 실존사상을 분석한 자료들은 다음과 같다. M. 토이니센(1979), "죽음에 이르는 병에 나타난 인간상,"(Michael Theunissen, "Das Menschenbild in der Krankheit zum Tode") In: Michael Theunissen, Wilfried Greve (hrsg.), *Materialien zur Philosophie Søren Kierkegaards* (Frankfurt a. M.: Suhrkamp, 1979), 496-510; 요하네스 슬록의『키에르케고어의 인간학』에 기술된 양태 범주 부분, Johannes Sløk, *Die Anthropologie Kierkegaards* (Kopenhagen: Rodenkilde und Bagger, 1954), 35-52; P. 뤼브케의 "키에르케고어와 하이데거에 나타난 양태범주와 시간,"(Poul Lübcke, "Modalität und Zeit bei

하나의 범주는 다른 두 범주와 뗄 수 없는 관계에 놓인다. 하나의 범주만으로는 복잡한 인간 실존을 온전히 설명할 수 없기 때문이다. 그러므로 가능성을 이해하기 위해서는 다른 두 양태 범주인 현실성과 필연성과의 관계에 대한 이해도 필수적이다. 그러한 점을 고려하여 II장에서는 키에르케고어가 자신의 철학적·신학적 저서들에서 현실성, 필연성, 가능성의 세 양태 범주를 각각 어떻게 설명하며 인간 실존을 규정하고 있는지 살펴볼 것이다. 그리하여 가능성이 그의 실존적 인간학에서 어느 위상을 차지하고 있으며 어떤 근거에서 미와 예술이 인간 실존의 독립 범주로 자리하게 되는지 분석하여 가능성 범주를 실존적 인간됨의 한 원리로 확보하고, 나아가 III장에서 전개할 리쾨르의 인간학과 연결하는 데에 철학적 기반을 마련할 것이다.

1. 『철학적 조각들』에 나타난 가능성: 존재의 계기

『철학적 조각들』(1844)은 키에르케고어가 요하네스 클리마쿠스 (Johannes Climacus)라는 철학적 익명으로 쓴 책이다.[2] 여기서 그는 철

Kierkegaard und Heidegger") In: *Die Rezeption Søren Kierkegaards in der deutschen und dänischen Philosophie und Theologie*, hrsg. v. Heinrich Anz (Kopenhagen: Fink, 1983), 114-134. 그리고 한국에서는 임규정(1993), "철학적 단편에서 분석되고 있는 가능성과 필연성에 대한 논리적 고찰: 생성(werden)에 관하여," 「철학연구」 16집, 123-145; 임규정(2009), "가능성의 현상학 — 키르케고르의 실존의 삼 단계에 관한 소고," 「범한철학」 제55집, 범한철학연구회, 281-325 등을 키에르케고어의 양태 범주에 대한 선행 연구로 활용하였다.

2 키에르케고어는 저서들을 신학, 철학, 문학, 미학의 경계를 넘나들며 다양한 관점에서 쓴 만큼 다양한 익명들을 사용한다. 요하네스 클리마쿠스(Johannes Climacus)는 철학적 저서들을 집필할 때 사용하는 익명이다. 이와 대조적인 뉘앙스를 지닌 안티 클리

학의 역사에서 새롭게 제시된 실존(Existenz)이라는 개념이 형이상학의 전통 철학에서 차지하는 위치를 설명하고 나아가 '실존' 개념이 어떻게 새로운 철학의 지평을 열고 있는지 분명히 보여준다.[3]

우선 그는 실존적 삶이란 "자유"에 의해 형성되어가는 것이라고 말하며 실존이 이성에 근거한 헤겔의 사변 철학적 차원과는 완전히 다른 것임을 천명한다. 19세기에 역사철학을 통해 거대한 사변 체계를 완성하며 전통 형이상학을 집대성한 헤겔에 대항해 키에르케고어는 '실존'을 전면에 내세우는데 이는 역사의 거대한 사변 체계에 대한 개인의 출현이고 사변의 논리적 필연성에 대한 결단하는 자유의 가능성이 전면에 대두한 것을 의미한다. 그래서 키에르케고어의 실존 사상은 전통 철학을 집대성한 헤겔 비판에서 출발한다.[4]

키에르케고어에게 중요한 것은 개인의 실존사이지 헤겔이 말하는 인류 정신의 역사가 아니다. 후자를 설명하는 필연성의 범주는 이미 정해져 있는 인류 정신의 실체(Wesen/substance)를 사유하는 논리적 범주이며 모든 일은 이미 그렇게 되어 있기 때문에 일어난다고 설명하는 범주이다. 그러나 실존의 역사는 개인의 자유로운 결단으로 생성된다.

마쿠스(Anti Climacus)는 신학적 저서들을 집필할 때 사용하는 익명이다. 대부분 그의 익명들은 라틴어로 표기되며 각 저서들이 표명하는 관점에 적합한 상징적인 의미들을 함축하고 있다. 철학적 익명인 요한네스 클리마쿠스의 작품들로는『철학적 조각들』과『비학문적 후서』를 들 수 있고, 신학적 익명인 안티 클리마쿠스의 대표적 작품으로는『죽음에 이르는 병』을 들 수 있다.

3 한나 아렌트는 전통 철학의 존재(Sein) 개념을 실존(Existenz)이 대체하며 현대 철학의 근본 문제가 시작되었다고 여긴다. Hanah Arendt, *Was ist Existenz-Philosophie?* (Frankfurt a. M.: Hain, 1990), 5.

4 Kierkegaard, *Philosophische Brosamen und Uuwissenschaftliche Nachschrift*, hrsg. v. Hermann Diem und Walter Rest mit Mitwirkung von Niels Thulstrup (München: Dtv, 1976), 86-93.

그리고 그 생성은 고난(Leiden)을 특징으로 한다. 실체 사유에는 고난이 부재하지만 실존은 고난의 시간을 수반한다. 자유의 결단은 가능성을 낳고, 가능성이 현실성으로 이행하는 과정에서 개인의 실존은 필연성과 부딪히며 고난의 시간을 수반하는 것이다.[5]

이러한 개인의 실존사를 가리켜 키에르케고어는 게쉬히테(Geschichte)라고 말한다. Geschichte는 독일어로 '발생하다'라는 동사 geschehen에서 파생된 명사로 자유로운 결단으로 발생한 사건(Geschehenis)의 축적을 가리킨다. 이것이 곧 개인사이고 실존사(Geschichte)이다.[6] 이로부터 키에르케고어는 실체(Wesen)와 존재(Sein)의 용어를 확실하게 구분한다. 개인 실존의 자기실현은 실체가 아닌 존재의 영역에서 일어난다. 그런데 존재(Sein)의 근원은 비존재(Nicht-sein)이다. 키에르케고어에게 비존재는 존재하지 않는 것이 아니라 '아직' 존재하지 않는 것을 말한다. 비존재는 말하자면 가능성이고, 존재는 가능성이 현실화된 현실성이다. 개인 실존의 자기실현은 비존재가 존재로, 가능성이 현실성으로 '운동'하고 '변화'하고 '생성'하는 것이다. 이 생성 과정에서 실체 사변에 부재하는 '고난'의 시간이 수반된다. 키에르케고어는 실존을 가능성이 현실성으로 되고 비존재가 존재로 되어

---

5 반면 헤겔의 사변 체계 안에서 악과 고난이란 필연적 긍정을 위한 부정성에 지나지 않는다.

6 키에르케고어는 사변적 산물인 헤겔의 관념적 역사(Historie)를 거부하고 개인의 자유와 결단에 근거하는 실존의 역사를 주장한다. 죄와 용서, 은총과 구원은 모두 개인의 실존 문제인데 헤겔은 이것을 사변적 변증법의 전체 역사 속에 묻어버렸기 때문이다. 키에르케고어는 심지어 개인이 곧 인류이며 개인의 실존사가 곧 인류의 역사와 연결된다는 주장을 펼치며 아담의 죄가 인류의 죄로 된 것을 설명한다. 키에르케고어, 임규정 옮김, 『불안의 개념』(서울: 한길사, 2008), 135. 인류의 역사를 개인의 실존사에서 파생되었다고 여길 만큼 키에르케고어에게 개인은 중요하다.

가는 생성 과정의 고난으로 설명하며 개인의 실존사가 필연성에 근거한 인과의 법칙(causality)이 아니라 인간 자유의 결단에 의해 새로이 생성(werden)되는 것임을 분명히 한다.[7]

키에르케고어가 철학적 저서인『철학적 조각들』에서 가능성(비존재)과 현실성(존재)으로 실존을 설명하는 것은 이 문맥에서 이해할 수 있다.[8] 현실성의 시각에서 가능성은 아직 존재하지 않는 비존재이다. 그럼에도 가능성 없는 실존과 존재는 있을 수 없다. 키에르케고어에게 가능성은 실존 현실에서 결코 지양될 수 없는 실존의 한 원리이고 인간됨의 한 원리이다.[9]

---

[7] "어떤 생성도 필연적이 아니다. (…) 모든 생성은 필연성에 의해서가 아니라 자유를 통해 일어난다. 생성되는 어떤 것도 논리적 근거(Grund)에 의해서 일어나지 않으며 원인(Ursache)에서 일어난다. 그리고 모든 원인은 자유롭게 작용한다." Ibid., 89; 키에르케고어, 황필호 역,『철학적 조각들: 혹은, 한 조각의 철학』(서울: 집문당, 1998), 194.

[8] 키에르케고어는 하나님의 창조 활동과 구원 활동도 하나님의 자유에 근거시킨다. 하나님의 자유는 절대적 자유이고 세상에 절대적으로 영향을 미친다. 반면 자연의 역사(Naturgeschichte)와 세상의 역사(Weltgeschichte)는 상대적 자유에 근거한다. 따라서 이 둘의 역사는 신적 자유의 절대적 역사 아래에 있다고 말할 수 있다. Kierkegaard(1976), *Philosophische Brosamen und Uuwissenschaftliche Nachschrift*, 90-91의 §2. "역사적인 것(Das Geschichtliche)"에서. Theunissen, *Der Begriff Ernst bei Søren Kierkegaard*, Symposion 1 (Freiburg i. Br: Alber Karl, 1958), 29.

[9] 반면 실체(Substanz) 사변에서 가능성은 현실성에 흡수되어 지양되는 범주에 불과하다. 이는 아리스토텔레스 당시 궤변주의자이자 소피스트들이었던 메가라학파(Megarian school, 기원전 4세기 활동)가 이미 주장하였고, 이에 대항해 가능성 범주를 독립적으로 부각시킨 최초의 철학자가 아리스토텔레스였다. 키에르케고어가 이러한 아리스토텔레스의 가능성 범주를 자신의 사상에 수용한 것으로 볼 수 있다. 그러나 수용과 동시에 키에르케고어는 아리스토텔레스의 한계를 넘어선다. 즉, 키에르케고어는 아리스토텔레스가 "모든 필연적인 것은 가능하다"라고 말하며 필연성을 가능성에 전제시킨 것을 지적하며 "어떤 필연적인 것도 가능한 것은 없다"라고 대응한다. Kierkegaard(1976), *Philosophische Brosamen und Uuwissenschaftliche Nachschrift*, 89. 키

가능성은 아직 존재하지 않는 비-존재이지만, 존재 가능(Sein können) 이고 존재의 근원이다. 그리고 존재는 실현된 것 같아도 다시 가능성으로 돌아오고 가능성은 새로운 존재의 근원이 된다. 이에 대해 키에르케고어는 다음과 같이 말한다:

"비-존재 역시 존재해야 한다. 그렇지 않으면 생성(das Werdende)은 생성 과정에서(im Werden) 변화하지 않고 그대로 남을 것이기 때문이다. (…) 그것은 변화가 아니다. 모든 변화는 항상 어떤 것(Etwas)을 전제한다. 그것이 비-존재이며 가능성이다. 반면 존재는 현실성이다. 생성의 변화는 가능성으로부터 현실성으로의 이행이다."[10]

에르케고어는 아리스토텔레스의 명제가 지닌 모순을 지적함으로써 한편으로는 가능성과 필연성을 분리하고, 다른 한편으로는 실존(자유)과 실체(사변)를 분리한다. 그리고 실존 범주로 가능성과 현실성을 짝지우고, 실체 범주로 필연성을 설정한다. 그리하여 실존은 필연성과 상관없이 가능성(비존재)으로부터 현실성(존재)으로의 이행과 생성으로 설명되는 것임을 말한다. 키에르케고어는 실체 사변의 영역과 실존의 영역을 뒤섞는 순간 철학적 범주들은 대혼란에 빠진다고 말한다. "(헤겔의) 새로운 사변이 세계 역사를 파악하는 데 필연성을 짜 맞춘 이래로 가능성과 현실성과 필연성 사이에는 대혼란이 야기되었다." *Ibid.*, 510. 요약하면 가능성은 아리스토텔레스로 거슬러 올라가는 범주이며 처음에는 실체 사변의 영역과 엮이었으나 키에르케고어는 그 점을 지적하며 가능성을 필연성으로부터 분리하고 현실성과 짝 지우며 존재 이해에 새로운 실존의 지평을 연다.

10 Kierkegaard(1976), *Philosophische Brosamen und Uuwissenschaftliche Nachschrift*, 87-88. 가능성으로부터 현실성으로의 이행과 변화는 존재(Sein)의 영역에서 일어나는 것이지, 실체(Wesen)의 영역에서 일어나는 것이 아니라는 걸 강조하기 위해 키에르케고어는 비존재의 존재를 강조한다. 그렇지 않으면 변화(Veränderung)가 아니라 창조(Schöpfung)가 되기 때문이다. Sløk, *Die Anthropologie Kierkegaards* (Kopenhagen: Rodenkilde und Bagger, 1954), 37. "현실성의 존재에 앞서고 비현실(Nicht-Wirklichkeit)로서의 비존재(Nicht-Sein)인 존재 형태는 가능성의 존재이다." *Ibid.*

가능성은 현실 변화의 전제인 어떤 것(Etwas)이다. 존재의 확실성이 드러나기 전에 불확실성을 포괄하는 범주이다. 아직 존재하지 않지만 존재하지 않는다고도 말할 수 없는 어떤 것이 가능성이다. 실존 철학에서 가능성은 불안이나 절망, 두려움이나 공포, 떨림 등 실존의 여러 불안정한 상황과 함께한다. 실존은 가능성으로부터 현실성으로 이행하는 운동과 변화와 생성의 과정이기 때문에 속성상 불안정할 수밖에 없다. 실존의 라틴어 어원은 'ex-istare'이며 '밖에 서다'라는 문자적 의미를 지닌다. 더 구체적으로 말하면 매일 똑같이 반복되는 일상의 '밖'에 서는 것인데 밖에 서면 어디론가 향하는 목적지가 있어야 한다. 이 목적지가 존재이다. 실존자는 매일 반복되는 일상의 '밖'에 서서 존재로 향하는 자로 일상과 존재 사이의 경계인이다. 경계인이기 때문에 실존은 불안정함(unstable)을 특징으로 하고 불안이나 절망 등의 실존 감정을 수반한다. 그러나 이 감정들은 단지 파괴적인 것이 아니라 오히려 실존하고 존재하는 가능성의 한 모습이자 불완전한 실존의 문제를 극복하고 존재로 나아가는 계기들이 된다.[11]

가능성은 존재 가능(Seinkönnen)이다. 그것은 인간의 내면에 잠재하는 존재의 계기들이다. 이러한 존재 가능의 영역은 이성적인 개념 언어로는 기술할 수 없고 오직 상상력에 근거한 미학적 언어로만 가시

---

11 키에르케고어의 비-존재를 플라톤의 분유설이나 신플라톤주의의 유출설에서 말하는 비-존재로 오해하면 안 된다. 플라톤주의자들에 따르면 가장 완벽한 존재가 신이고 그 아래로 내려올수록 존재의 함유량이 점점 떨어져 존재가 하나도 남지 않은 바닥 상태의 무에 이른다. 신-천사-인간-동물-식물-광물 등의 순서로 존재의 함량이 떨어지며 가장 바닥이 비존재이고 무이다. 이러한 형이상학적 하이라키의 존재론에서는 무와 비존재가 악(惡)이다. 그러나 키에르케고어에게 비존재는 오히려 존재의 가능성이고 계기이다. 그러한 것으로서 비존재는 실존의 한 원리이지 덜 존재하는 것도 악을 가리키는 것도 아니다.

화할 수 있다. 이것이 예술의 역할이다. 그래서 키에르케고어의 실존 사상에서는 미학의 역할이 중요하다. 실존의 미세한 감정들을 해명하는 것을 미학이 한다. 그래서『철학적 조각들』의 해제와도 같은『비학문적 후서』에서 키에르케고어는 가능성을 미학의 범주로 규정한다. 즉, 존재의 근원인 비존재의 가능성이 보이지 않게 존재한다는 것을 증명하는 문맥에서 미학을 언급한다. 그리고 이 문맥에서도 키에르케고어는 가능성, 현실성, 필연성의 세 양태 범주를 모두 적극적으로 사용한다.

2.『비학문적 후서』에 나타난 가능성: 시(時)와 미학

『철학적 조각들』(1844)에서 키에르케고어는 실존을 기존의 전통 철학에서 어떻게 사유해야 하는가에 대한 철학적 예비 작업을 하고 있다. 그리고『비학문적 후서』(1846)에서는 그 예비 작업을 더욱 구체화하여 실존을 미학, 윤리, 종교, 그리스도교 실존과의 관계에서 체계적으로 조명한다.『철학적 조각들』에서 가능성을 비존재의 형식(Form)으로 규정하고 있다면,『비학문적 후서』에서는 가능성에게 미학이라는 새로운 내용(Inhalt)을 부여한다. 아직 발생하지 않았지만 현실로 발생할 수 있는 잠재된 세계를 가시화하는 것은 시(詩) 언어이다. 철학의 개념 언어로 표현할 수 없는 영역에 접근할 수 있는 인간 능력은 이성과 오성이 아니라 상상력이고, 상상력의 산물이 예술작품이다. 예를 들어 인간의 내면에서 급작스럽게 생겨나는 불안이라는 실존 감정은 그 어떤 이성적 개념으로도 설명할 수 없다. 그러나 뭉크가 그린 그림

[그림 4] 뭉크, 〈절규〉, 1893년, 오슬로 뭉크 미술관.

한 장에서 우리는 그 불안이 엄연히 존재한다는 것을 직감할 수 있다 (〔그림 4〕). 불안은 가시적인 현실 세계에서는 인식되지 않기 때문에 존재하지 않는 것처럼 보이지만, 사실은 자유의 가장 큰 위협 요소로 인간 내면에 분명히 존재한다. 그 비존재의 존재를 화가는 민감한 감수성과 상상력으로 작품화하여 세계에 보여주고 있는 것이다. 그래서 『철학적 조각들』에서는 비존재의 어떤 것(Etwas)으로 뭉뚱그려 규정되었던 가능성이 『비학문적 후서』에 오면 시와 미학의 범주로 되어 비존재의 영역을 구체화한다. 이에 대해 키에르케고어는 아리스토텔레스의 『시학』을 인용하며 다음과 같이 말한다:

"아리스토텔레스는 『시학』에서 시(Poetik)가 역사(Historie)보다 더 우월하다고 말한다. 역사는 단지 일어난 것을 기술하는 반면, 시는 일어날 수도 있는 것 혹은 일어나게 되어 있는 것을 묘사하기 때문이다. 시가 주관하는 것은 가능성이다. 시적 지성(poetisch-intellektuell)에서는 가능성이 현실성보다 높다. 그러나 윤리에서는 현실성이 가능성보다 더 중요하다. 시와 미학의 이상(Idealität)이 가능성이면 윤리의 이상은 현실성이다."[12]

여기서 키에르케고어는 비존재와 존재를 대변하는 두 범주인 가능성과 현실성을 미학과 윤리의 영역으로 소급하고 있다. 시(예술)와 미학의 영역은 가능성에 소속되고, 윤리와 역사의 영역은 현실성에 소속된다. 그러나 가능성은 현실성이 정립되며 지양되는 범주가 아니라, 시와 미학의 고유한 영역으로 인간이 실존하는 한 실존의 한 원리가 된다.

키에르케고어는 미학의 특징을 "무관심성"(Interesselosigkeit)이라고 말한다.[13] 현실과 거리를 두는 자세에서만이 일상의 제약을 벗어나 실존의 내면에 내재하는 가능성을 편견 없이 바라보고 상상의 언어로 기술할 수 있는 것이다. 키에르케고어는 미학적 무관심성이야말로 데카르트의 코기토 사유에 반(反)하는 요소라고 말한다. 무관심성에서는 언제든 사변과는 다른 결과(etwas anderes)가 나타날 수 있고 그로부터 지성은 불안해지고(beunruhigt) 사변은 곤란해진다(beleidigen).[14] 그

---

12 Kierkegaard(1976). *Philosophische Brosamen und Unwissenschaftliche Nachschrift*, 480.

13 미학적 "무관심성"은 칸트에게서 온 용어이다. 그러나 칸트의 경우 무관심성은 미적 판단(Ästhetischer Urteil)의 결과이자 인식의 측면에서 이해되는 개념인 반면 키에르케고어에게 무관심성은 실존의 차원에서 이해되며 미적 실존의 특징으로 수용된다.

14 "Diese Gleichgültigkeit ist in dem Cartesianischen cogito-ergo sum vergessen, was das Intellektuelle in seiner Interesselosigkeit *beunruhigt* und die Spekulation *beleidigt*, als sollte aus ihr *etwas anderes* folgen." Kierkegaard

리하여 미학적 무관심성은 일상과 거리를 두고 존재로 향하는 실존의 첫 단계로서 미적 실존의 기본적 자세가 된다.

키에르케고어는 미학과 윤리, 시(詩)와 역사, 가능성과 현실성의 대립 관계에서 어느 것이 더 높다고 보지 않는다. 각각의 독립된 영역과 역할을 인정한다. 가능성은 미학이 대변하는 범주이기 때문에 미학의 시각에서는 가능성이 현실성보다 높다. 하지만 현실성은 윤리에 의해 대변되는 범주이기 때문에 윤리의 시각에서 보면 현실성이 가능성보다 높다는 식이다. 이렇게 키에르케고어는 가능성과 현실성, 미학과 윤리의 두 영역에 각각 독자적인 존재 이유와 역할을 부여하고 서로 혼동될 수 없도록 확실히 영역을 구분한다. 그리하여 두 영역은 인간의 실존 영역에서 다음과 같은 긴장과 대립의 관계로 나타난다:

"미학적 지성(ästhetisch-intellektuell)에서 현실이란 오직 가능성(posse)으로 될 때만 이해되고 사유될 수 있다. 반면 윤리에서 가능성이란 실제 현실(esse)로 될 때만 이해될 수 있다. 그래서 미학은 가능성이 부재하는 모든 현실에 대해 저항하고(protestieren), 윤리는 현실화되지 않는 모든 가능성을 심판한다(verurteilen)."[15]

첫 번째 인용문에서 가능성과 현실성에게 미학과 윤리, 시와 역사의 독자적 영역을 부여하고 있다면, 두 번째 인용문에서 키에르케고어는 미학과 윤리, 가능성(posse)과 현실성(esse) 사이에 놓인 긴장 관계를 기술하고 있다. 윤리는 가능성이 현실(esse)로 되어 모두에게 공유

(1976), *Philosophische Brosamen und Unwissenschaftliche Nachschrift*, 480.
[15] *Ibid.*, 487.

되는 한에서만 가능성을 인정하지만, 가능성 자체는 윤리적 잣대로 심판한다. 반면 미학은 가능성(posse)이 내재하는 현실만 인정하고 윤리적 현실 자체에는 '저항'하며 자신의 존재 영역을 지킨다. 미학은 새로운 가능성에 의해 변화하는 현실만 예술 행위의 대상으로 인정하고, 윤리는 인간 세상에서 실제 구현될 수 없는 가능성은 비윤리적이거나 탈윤리적인 것으로 내버린다. 현실(esse)로 되지 않은 가능성은 개인의 내면에만 존재할 뿐 윤리적으로 공유되지 않기 때문이다.[16]

미학은 변화의 여지를 두지 않은 채 도덕적 규범으로 무장한 윤리적 현실에 대해서 '저항'함으로써 자신의 존재 영역을 주장하고, 윤리는 현실에 맞지 않는 가능성을 '심판'함으로써 자신의 존재 권리를 주장한다. 이처럼 키에르케고어에게 미학과 윤리는 각각 '가능'과 '현실'을 자신의 이상(Idealität)으로 여기며 상대의 영역을 긴장과 대립으로 관계한다. 그리고 이 관계는 실존하는 개인의 내면에서 일어나는 실존적 변증법의 양축으로 내면화된다. 즉, 인간의 내면에는 두 측면이 모두 자리 잡고 있고 이 두 측면을 하나로 통합해가는 것이 실존의 과제이다.

사람은 사람으로 되어가는 존재이다. 두 가지 상반되는 요소들을

---

16 미적 실존의 내적 은밀함과 자기 폐쇄적 성향에 대해서 키에르케고어는『이것이냐 저 것이냐』의 미적 저서에서 다음과 같이 말한다: "아무도 그대를 이해하지 못하고, 모두 가 그대를 부러워하고, 어떤 친구도 그대를 자기 자신에게 매어두지 못하고 어떤 여인 도 그대를 사랑하지 못하고 어떤 은밀한 동정도 그대의 외로운 고통을 알아차리지 못 하고 어떤 눈도 그대의 아득한 비애를 꿰뚫지 못하고 어떤 귀도 그대의 은밀한 탄식을 추적하지 못하기를 기원하는 우리의 소원을 받아들이라." 키에르케고어(2012),『이 것이냐 저것이냐 1』"가장 불행한 사람" 중, 383. 그러나 바로 같은 이유로 신학적 저서 에서는 미학적인 것(das Ästhetische)을 악마적인 것(das Dämonische)이라고도 말한다. 신 앞에서는 모든 것이 투명해야 하는데 그렇지 않기 때문이다.

종합해가는 것이 인간이다. 인간 내면의 대립과 긴장은 온전한 인간으로 형성되어가는 데 오히려 중요한 실존의 계기들이 되는 것이다. 키에르케고어의 실존적 변증법에서 종합은 사변적 변증법의 논리에 따라 이루어지는 것이 아니라, 인간을 구성하는 두 대립 요소가 팽팽한 긴장으로 관계하며 자유의 결단에 의해 이루어진다. 이것은 헤겔의 사변적 변증법의 종합과는 완전히 다르다.

헤겔의 사변적 변증법에서는 테제(These)에 대한 반테제(Anti-these)가 지양(Aufheben)됨으로써 종합의 개념이 산출된다. 그러나 키에르케고어의 실존적 변증법에서는 실존을 구성하는 두 대립 요소가 팽팽한 긴장 관계에 놓여 있는 가운데 자유의 결단(Entschluss) 즉 "비약"이 일어나며 역설적으로 이루어진다. 여기서는 사변적 변증법에서 요구되는 부정과 지양의 방식이 아니라, 두 요소 중 어느 하나 부정되거나 지양됨이 없이 종합을 이룬다.[17]

이것이 사변적 변증법에 대한 키에르케고어의 실존적 변증법이다. 여기서는 현실의 정립을 위해 가능성이 지양되는 것이 아니라 오히려 가능성이 새로운 현실의 근원으로 자리 잡고 비약을 통해 가능성과 현실성은 계속해서 순환한다. 헤겔의 사변적 변증법에서는 종합을 통해 역사 현실이 산출되지만, 키에르케고어의 실존적 변증법에서는 종합을 통해 자기(Selbst)가 산출된다. 전자는 필연성의 논리에 따른 귀결이지만, 후자는 자유의 결단에 따른 귀결이다. 자기는 자유의 가능성

---

17 키에르케고어에게 결단(Entschluss)과 비약(Sprung)은 믿음을 가리키는 말들이다. 그는 회의주의의 의심(Zweifel)을 극복하는 것은 오직 믿음의 결단을 통해서라고 말한다. 믿음의 결단과 비약만이 인과의 고리를 끊고 대립적 요소들을 종합하는 것이다. Kierkegaard(1976), *Philosophische Brosamen und Uuwissenschaftliche Nachschrift*, 99-100.

이 현실화된 것이다.

키에르케고어에게 미학은 윤리와 종교의 근원이라고 볼 수 있다. 가능성이 새로운 현실의 근원이기 때문이다. 미학은 가능성에 거하며 윤리적 현실과 대립하고 있지만, 윤리적 현실은 미학을 배제할 수 없다. 오직 상상력을 통해서만 보이지 않는 실존 감정을 해명할 수 있기 때문에 윤리-종교적 실존도 미학을 계기로만 현실을 갱신할 수 있는 것이다. 이 때문에 키에르케고어는 전통 신학에서 미를 배제하고 진과 선의 신학을 추구한 것과 다른 행보를 보이고 있다. 그에게 미는 오히려 진과 선의 근원이다. 첫사랑이 있기 때문에 윤리적 결혼의 삶이 존재한다는 식으로 키에르케고어는 그 관계를 소박하게 설명한다. 키에르케고어에게 미학은 있어도 되고 없어도 되는 것이 아니라, 이성이 해명할 수 없는 보이지 않는 실존의 계기들을 새로운 현실의 가능성 범주에서 밝히는 중요한 역할을 한다.

『철학적 조각들』과 『비학문적 후서』에 나타난 가능성 범주를 통해 우리는 키에르케고어가 논리적 사변에서 잡히지 않는 인간 실존의 미세한 영역을 가능성 범주에 할당하고 있다는 것을 알 수 있다. 첫째, 존재하지 않는 것처럼 보이지만 존재하는 인간 실존의 비존재 영역을 그는 가능성의 범주로 할당하고 있고, 둘째 이것을 가시화하는 역할을 예술과 미학의 몫으로 설정하고 있으며, 셋째 미학적 가능성을 윤리적 현실과 명확하게 분리함으로써 미가 진과 선에 의해 지양될 수 없는 실존의 한 독립된 원리임을 분명히 하고 있다. 그 독립된 실존의 원리가 가능성이다.

키에르케고어가 실존을 미적 실존, 윤리적 실존, 종교적 실존(종교 A), 그리스도인의 실존(종교 B)으로 점차 상승하는 것처럼 구분하고 있지만,[18] 이 구분에서 미적 실존을 가장 낮은 단계라고는 말할 수 없다. 오히려 키에르케고어는 각 실존 단계를 그 특징에 따라 동등하게 구분하며, 모든 실존이 그리스도인의 실존을 궁극적 실존의 형태로 본다는 점에서도 같다.

키에르케고어에게 모든 사람은 죄인이다. 내가 죄인이라는 의식에 도달한 실존이 그리스도인의 실존이다. 그래서 그리스도인의 실존이 최고의 실존이자 최고의 자의식(Selbstbewusstsein)에 도달한 실존이다. 최고의 자의식은 자신이 죄인이라는 죄의식(Sündenbewusstsein)이기 때문이다.[19] 죄의식은 나의 힘을 넘어 초월적 힘이 작용할 때만 이를 수 있는 의식이다. 그리고 그 힘은 믿음을 통해서만 관계된다. 미적 실존과 윤리-종교적 실존은 모두 그리스도인의 실존이 되는 것을 실존 이념으로 지닌다는 점에서 동등하다.

윤리적 실존은 죄책감(Schuldbewusstsein)을 지닌 존재이지만, 이것이 미적 실존에 대한 장점으로 부각될 수는 없다. 윤리적 실존의 죄책감 역시 죄의식과는 차원이 다르기 때문이다. 죄책감은 사람을 변화

---

[18] 키에르케고어에게 윤리적 실존은 칸트와 헤겔에게서의 이성 주체 내지 인륜적 주체와 유사한 의미로 이해된다. 종교 A는 헬레니즘 내지 불교적 의미의 모든 일반 종교를 가리키고, 종교 B는 그리스도교를 가리킨다. 윤리와 종교 A가 인간 자신의 힘으로 진리에 이를 수 있다고 여기는 반면에, 종교 B는 자신의 힘이 아니라 오직 초월성의 빛에 의해 비약이 일어남으로써 진리에 이를 수 있다고 생각한다. 키에르케고어에게는 그리스도인의 실존이 가장 높은 실존이자 모든 실존의 이념이다.

[19] "죄의식은 실존의 역설적 변화에 대한 표현이다. 죄는 새로운 실존의 매개(Medium)이다. (…) 죄의식으로 인간은 죄인이 된다. 죄책감은 아무리 강해도 내재성 안에 머문다. 반면 죄의식은 내재성과 단절 한다: 비록 순간(Augenblick)일지라도 죄인이 되는 것은 완전히 다른 사람이 되는 것이다. (…) 죄의식은 주체 자체(Subjekt selbst)를 변화시킨다. 이것은 주체 밖에 다른 힘이 존재한다는 것을 의미한다. (…) 이 힘이 시간 안의 신(Gott in er Zeit)이다." Kierkegaard(1976), *Philosophische Brosamen und Unwissenschaftliche Nachschrift*, 792-793.

시킬 수 없지만, 죄의식은 사람을 완전히 다른 사람으로 변화시킨다.[20] 그리스도인의 현실성은 죄를 용서받는 은총의 높은 초월적 현실성 (Transzendenz)이다. 반면 윤리적 실존의 현실성은 여전히 내재적 현실성(Immanenz)이다. 윤리적 실존에게는 죄책감이 있지만, 여전히 그에게 실존의 근본적 변화는 일어나지 않는다. 그래서 그의 실존 과제는 죄책감을 죄의식으로 고양하여 죄와 은총의 높은 현실로 비약하는 것이다.

결국 키에르케고어의 실존 단계론에서 미적 실존과 윤리적 실존은 우열을 따지는 관계가 아니다. 많은 신학자가 미적 실존에 대한 윤리-종교(A)적 실존의 우위를 주장하는 것과 달리 정작 키에르케고어는 미학과 미적 실존을 결코 윤리-종교적 실존보다 더 낮거나 비(非)그리스도적이라고 생각하지 않으며 실존의 더욱 근원적 차원에서 각각의 실존 단계에 고유한 실존 과제를 부여한다. 윤리적 실존이 죄책감을 넘어 믿음에 근거한 죄의식의 인간으로 다시 태어나는 것을 실존의 과제로 지닌다면, 미적 실존은 상상력의 영역에서 믿음을 통해 그리스도인의 실존으로 다시 태어나는 실존 과제를 지닌다. 그리고 이는 가능성이 현실성으로 이행하는 것으로 설명된다.

---

20 "죄책감에서 인간은 여전히 같은 주체(dasselbe Subekt)이다. 이 주체는 죄책감을 영원과 연결시키지만, 자신을 다른 것으로(zu einem anderen) 만들지 못한다. 다른 것은 단절(Bruch)이다. 단절은 실존의 역설이고 실존과 영원의 관계에서는 나타나지 않는다. (⋯) 단절은 영원이 시간성으로 규정될 때만 성립된다. 그러할 때 실존자는 영원을 시간 안에서 관계할 수 있고 시간 안에서 단절이 나타난다." Kierkegaard(1976), *Philosophische Brosamen und Unwissenschaftliche Nachschrift*, 731-732. 키에르케고어에게 궁극적 변화란 영원이 시간으로 침투해 들어온 초월적 순간에만 일어난다. 다시 말해 그리스도를 통해서만 변화는 일어난다. 그리스도가 "시간 안의 영원"이기 때문이다.

『철학적 조각들』에서 가능성은 실존의 운동, 즉 가능성(비존재)으로부터 현실성(존재)으로의 이행과 변화와 생성을 설명하는 실존의 원리였다. 그리고『비학문적 후서』에서 가능성은 비존재의 영역을 가시화하는 시(時)와 미학의 범주였다. 그리고 신학적 저서『죽음에 이르는 병』에 오면 가능성은 이제 한 개인의 인간됨, 자기됨의 문제와 연결된 실존의 원리로 설정된다. 그리하여 본격적으로 인간학의 문맥에서 미학과 신학과의 관계성이 논해진다. 다음 장에서는 신학적 차원에서 자기가 되고 인간이 되는 과정에서의 가능성을 분석하고 동시에 그 한계를 밝히며 그리스도인의 실존이 되는 과정에서 드러나는 키에르케고어 미학의 한계를 논할 것이다.

3.『죽음에 이르는 병』에 나타난 가능성: 자기됨의 원리

1) 자기(Selbst)

키에르케고어에게는 세 양태 범주 중 현실성이 실존을 대변하는 포괄적 범주이다.『철학적 조각들』(1844)에서 현실성은 비존재(가능성)에 대한 존재(현실성)로 규정되고,『비학문적 후서』(1846)에서 현실성은 미학적 가능성에 대한 윤리적 현실로 규정되어 있다. 윤리적 현실이란 시적 허구에 대한 실존 역사의 현실을 말한다. 그리고 이제 신학적 저서『죽음에 이르는 병』(1849)에 오면 현실성은 한 개인이 자기가 되고 신 앞에 온전한 인간으로 형성되는 길에서 실존적 변증법의 "종합" 범주가 된다.[21]

인간이 되고 자기가 되는 것은 실존의 두 대극 요소를 종합하는 것

인데 이 종합의 양태 범주가 현실성이다.[22] 그리하여 『죽음에 이르는

---

21 키에르케고어의 현실성(Wirklichkeit) 개념에서 야기될 수 있는 혼란을 방지하고자
몇 가지 사항을 분명히 해두고자 한다. 키에르케고어에게 실존을 대변하는 포괄적 범
주는 현실성이다. 그런데 실존에는 미적 실존, 윤리적 실존, 종교적 실존, 그리스도인
의 실존 등 여러 형태가 있다. 따라서 현실성에 대한 관점과 범위도 실존의 형태에 따
라 조금씩 달라진다. Sløk(1954), 36. 슬록은 "키에르케고어의 양태 개념들은 다양한
문맥에 등장하기 때문에 그때마다 의미가 달라진다. 따라서 그들로부터 하나의 고정
된 의미를 찾고자 하면 오해를 낳을 뿐이다"라고 말하며 키에르케고어의 양태 범주들
이 저서마다 다르게 나타나고 있음을 지적한다. 토이니센 역시 키에르케고어의 현실
성 개념이 저서들마다 다르게 전개된다고(Wandel der Wirklichkeit) 분석한다.
Theunissen, *Der Begriff Ernst bei Søren Kierkegaard* (Symposion 1. Freiburg
i. Br: Karl Alber, 1958), 24. 키에르케고어는 실존 형태에 따라 다양한 익명을 사용
한다. 그래서 『철학적 조각들』과 『비학문적 후서』에서는 철학적 익명을, 『죽음에 이르
는 병』에서는 신학적 익명을 사용하며 전자에서는 철학적 차원의 현실성을, 후자에서
는 신학적 차원의 현실성을 각각 표명한다. 철학적 차원의 현실성에서는 '윤리'(das
Ethische)가 중심에 있지만, 신학적 차원의 현실성에서는 '신앙'이 중심에 있다. 이로
부터 윤리적 현실과 믿음의 현실이라는 두 현실의 차원이 생겨난다. 그래서 그레브는
『죽음에 이르는 병』에서는 윤리가 사라졌다고까지 말한다. Wilfried Greve, "Wo
bleibt das Ethische in Kierkegaards Krankheit zu Tode?," In: *Dialektischer
Negativismus*, hrsg. v. Emil Angehrn (Frankfurt a. M.: Suhrkamp, 1992),
323-341. 즉, 신학적 차원의 현실에서는 윤리가 사회적 당위의 의미로서 필연성 개념
으로 쪼그라들고 가능성과 함께 믿음의 현실을 구성하는 실존적 변증법의 한 축이 된
다. 뤼브케는 이처럼 의미가 축소된 필연성을 가리켜 상대적 필연성(relative Not-
wendigkeit)이라고 부른다. Lübcke, "Modalitat und Zeit bei Kierkegaard und
Heidegger," In: Anz Heinrich (hrsg), *Die Rezeption Søen Kierkegaards in der
deutschen und dänischen Philosophie und Theologie* (Kopenhagen: Fink, 1983),
119-125. 이에 대해서는 필자의 석사 논문에서 자세히 설명했다. 신사빈(2012), "키
에르케고르가 본 미적 실존과 윤리적 실존에 관한 연구: 신학적 미학을 위하여," 이화
여자대학교 석사학위 논문, 22-36, 70-76. 요약하면, 키에르케고어에게는 현실성이
종합 범주이다. 철학적 차원에서는 가능성으로부터 생성, 변화된 현실성만 논해지고
있다면, 신학적 차원에서는 가능성과 필연성의 종합으로서 변증법적 현실성이 논해
진다. 본문에서 야기될 수 있는 양태 범주의 오해와 혼란은 키에르케고어 저서들에
등장하는 관점의 다양성 때문이라는 점을 밝혀둔다. 그러나 키에르케고어가 궁극적
으로 지향하는 현실성은 결국 믿음에 근거한 현실이며 이 책의 주제인 '미학적 자기됨'
역시 믿음의 현실을 기준으로 이해되는 것임을 알려둔다.
22 키에르케고어는 『죽음에 이르는 병』에서 "현실성은 가능성과 필연성의 종합"이라고

병』에서 미학과 윤리는 실존의 두 대극적 요소인 가능성과 필연성으로 축소되고, 현실성은 가능성과 필연성을 종합한 새로운 차원의 현실성이 된다. 이 차원에서 인간은 궁극적으로 인간이 되고 자기가 된다. 미적 실존과 윤리적 실존이 각각의 영역에서 믿음의 실존으로 도약한 결과이다. 다시 말해 미학과 윤리의 영역 자체 내에서는 종합을 이룰 수도 없고 현실성을 정립할 수도 없으며, 온전한 인간도 자기 자신도 되었다고 말할 수 없다.

키에르케고어에게 인간됨은 곧 자기됨이며, 자기가 되는 결단이 실존의 출발이다. 자기가 되는 결단을 하며 인간은 자신의 삶을 책임지는 실존 주체로 선다.[23] 자기가 되는 것은 자기 자신과 '관계'하는 일이다. 키에르케고어는 그 자기 자신과의 관계에 대해 다음과 같이 말한다:

"인간은 정신이다. 정신은 자기이다. 자기는 자기 자신과의 관계이다. 인간은 또한 무한과 유한, 시간과 영원, 자유와 필연의 종합이다. 자기 자신과 관계하는 일은 정신이 되어 종합을 이루는 것이다. 이것이 자기이

말한다. 키에르케고어, 임규정 옮김, 『죽음에 이르는 병』(서울: 한길사, 2007), 95. 그런데 이 공식은 헤겔이 "필연성은 가능성과 현실성의 종합"이라고 말한 것(헤겔, 『철학백과사전』(*Encyclopädie der philosophischen Wissenschaften*), 제1부 "논리학," 『전집』 VI, 292)에 대한 반박이다. 즉, 순수한 사유 범주로서 필연성을 종합 범주로 여긴 헤겔의 사변적 변증법에 대항한 현실성 우위의 실존적 변증법의 반박이라고 할 수 있다. 그리하여 논리적 사변이 중심에 있는 헤겔의 이성철학으로부터 인간의 실존이 중심에 있는 실존 철학으로의 이행을 천명하고 있다. 실존 철학에서 인간이 되고 자기가 되는 종합 범주는 사유의 필연성이 아니라 실존의 현실성인 것이다.

23 키에르케고어는 근대 사상가답게 진리의 전유에 있어 주체를 강조한다. 하지만 그가 강조하는 주체는 칸트적 의미의 이성 주체가 아니라 실존 주체이다. 실존 주체는 신 앞에 홀로 선 단독자(das Einzelne)이다. 그러한 것으로서 주체는 불완전하고 스스로의 힘으로 진리에 이를 수 없다. 오직 신과의 관계를 통해서만 진리에 이른다. 이 관계가 자기이다.

다. 자기 자신과의 관계는 대극 요소의 양자 관계가 아니라 정신이 개입
된 삼자 관계이다. 예컨대 영혼이라는 규정 밑에서 영혼과 육체의 관계는
부정적 통합의 관계지만, 이 관계는 자기 자신과의 관계가 아니다. 정신
이 개입하여 실존의 대극 요소와 관계하며 종합을 이루는 것이 자기 자
신과 관계하는 자기(Selbst)이다."[24]

전통 신학과 철학은 인간을 영혼과 육체로 구성되어 있다고 여긴다.
그러나 키에르케고어에게는 영혼과 육체가 인간의 모두를 설명할 수
없다. 신의 은총으로 믿음을 가지면서 인간은 정신(영적 인간)이 되고,
영혼과 육체가 그 정신과 관계하는 것이 자기 자신과 관계하는 '자기'이
다. 따라서 자기는 영혼과 육체의 양자 관계가 아니라, 그 양자 관계가
다시 정신과 관계하는 삼자 관계이다. 전통 신학과 철학에서는 영혼이
육체를 누를 때 참 인간이 된다고 보았다. 키에르케고어에게서 참 인
간은 영혼과 육체 중 어느 하나 부정되는 것이 없이 정신과 관계하여
종합을 이룬다. 이렇게 실존을 구성하는 두 대극적 요소가 정신과 관
계하며 생겨나는 삼자의 복합적 관계가 '자기'이다.[25]

---

24 본문의 인용문은 원문의 난해함과 이해의 편리를 위해 독어 번역과 한글 번역을 종합
해서 필자가 의역한 것임을 알려둔다. 키에르케고어(2007), 『죽음에 이르는 병』,
55-56; 키에르케고어, 임춘갑 옮김, 『죽음에 이르는 병』(서울: 치우, 2011), 21-22;
Kierkegaard, *Krankheit zum Tode*, übers. v. Emmanuel Hirsch (Gütersloh:
Gütersloher Verlagshaus Gerd Mohn, 1982), 8-9.

25 키에르케고어는 인간을 정의하는 새로운 개념인 '자기'를 도입하면서 전통적으로 인간
을 설명하던 영혼과 육체의 개념을 끌어들인다. 그리고 '자기'가 새로운 철학의 자아
개념이라는 것을 대조적으로 부각시킨다. 전통적으로는 영혼이 육체를 억누르며 통
합을 이루는 반면, 키에르케고어에게 영혼과 육체는 전자의 우위로 통합되는 관계가
아니라, 정신과 관계하며 종합되어야 하는 양자의 요소이다. 이 점에서 실존을 구성하
는 두 대극 요소인 무한과 유한, 자유(가능)와 필연, 시간과 영원은 전통적 개념인 영

키에르케고어는 전통 신학과 철학에서 말하는 영혼과 육체의 부정적 통합 관계를 그리스적이고 유아기적인 상태라고 말한다. 반면 영혼과 육체가 정신과 관계하는 역동적 관계는 그리스도교적이고 성숙한 자기 관계라고 여긴다. 전자는 아직 정신이 깨어나기 전의 통합 관계로 겉으로는 평화롭고 조화롭게 보이지만 사실 무정신적 상태의 통합이다. 이것은 정신이 깨어나는 순간 언제든 깨질 수 있는 통합이고 위장 평화의 상태이다. 그러나 정신이 개입한 삼자 관계는 역동적 관계이고 건강한 관계이다. 이 관계가 믿음이다. 이 관계를 통해서만 인간은 성숙해지고 어른이 된다.[26]

혼과 육체의 현대적 버전이라고 할 수 있다.

26 키에르케고어는 위장 평화의 상태가 불안을 야기한다고 여기고 『불안의 개념』에서 여러 관점으로 불안의 현상을 분석한다. 그리스인이 지니는 불안을 키에르케고어는 "정신이 부재하는 불안"이라고 규정한다. 키에르케고어, 임규정 옮김, 『불안의 개념』(서울: 한길사, 2008), 274. 하지만 키에르케고어는 정신의 부재가 "무정신성"보다는 낫다고 말한다. 무정신성은 불안을 느끼지 못하는 우상숭배자들을 일컫는다. 키에르케고어는 당대 그리스도교계(Christentum)를 가리켜 우상숭배자들이라고 혹독하게 비난했다. 반면 그리스인들은 정신은 부재하지만 정신을 향하는 쪽으로 규정되어 있다는 점에서 정신으로부터 멀어지는 방향으로 규정된 무정신성의 그리스도인들보다는 낫다고 말한다. 그리스인들은 정신이 부재하는 불안을 "운명"으로 규정하고 마치 그것이 "필연적인 것"인양 이야기한다(Ibid., 277). 이것이 그리스인들의 "불가해한 비극성"이다(Ibid., 279). 운명은 섭리와 다르다. 섭리는 정신과 함께 정립된다. 그리스도교의 섭리에서 불안은 운명적 불안이 아니라 죄의 불안이다. 아담은 낙원에서 영육 간의 조화 가운데 살았다. 이 상태는 순진무구한 상태(Unschuld)이자 무지의 상태이다. 그러나 여기에 불안이 내재한다. 아담은 선과 악을 구별하는 죄에 대한 불안을 항상 지니고 있었다. 키에르케고어는 아담의 불안을 "꿈꾸는 정신"의 형태로 규정하며 그리스인들의 운명으로서의 불안보다는 진화된 불안으로 여긴다(Ibid., 159). 정신을 품은 불안이라는 점에서 정신이 부재하는 불안보다 진보한 불안이다. 결론적으로 정신과 멀어지는 무정신성〈 정신의 부재〈 정신이 깨어나는 죄의 불안의 순으로 정신과 가까워진다고 말할 수 있다. 키에르케고어에게 불안은 정신의 현상이며 정신이 될 때야 비로소 영과 육의 변증법적 종합이 이루어지고 인간은 어른이 된다(Ibid., 163). 영과 육의 조화는 따라서 진정한 평화가 아니라 불안이 내재하는 위장 평화의 상태이

영혼과 육체가 인간 안의 관계라면, 정신은 인간 안의 관계이며 인간을 초월하는 관계이다. 즉, 신과의 관계이다. 신과의 관계 형태는 믿음이다. 믿음은 논리적 사변으로도 개념적 중재로도 이루어질 수 없다는 점에서 '비약'이다. 믿음을 통해서 신과 정신으로 관계하면 실존의 양 요소 중 하나를 지양하는 것 없이 양자가 종합으로 관계한다. 하나를 지양하는 통합이 아니라 정신과의 종합적 관계를 이룬다. 자기 내면의 두 대극 요소와 관계하고 동시에 정신과 믿음으로 관계하며 종합을 이룬다. 이것이 자기 자신과 건강하게 관계하는 것이고 자기가 되는 것이며, 성숙한 인간이 되는 길이다. 이 복합적 자기 관계를 가능하게 하는 근원적 힘이 믿음이다. 그래서 키에르케고어는 '자기'를 믿음의 자기(Selbst des Glaubens)라고 부른다.[27]

믿음은 인간의 의지나 인식의 힘을 넘어 신의 은총으로 주어지는 것이므로, 실존의 궁극적 이념인 자기는 인간으로부터 기원하는 것이 아니라 신으로부터 기원한다. 자기의 근원자(Setzer)는 신이다.[28] 신과 믿음으로 관계할 때 실존의 두 대극적 요소인 무한과 유한, 자유와 필연,[29] 시간과 영원은 믿음의 힘으로 종합을 이룬다. 그리하여 인간은

다. 진정한 평화는 정신이 개입하는 변증법적 통일에서 이루어진다.

27 믿음의 자기는 절망 곧 죄를 근절한 상태이다.

28 "자기는 절망이 완전히 근절된 상태를 말한다. 즉, 자기 자신과 관계하고 자기 자신이려고 함으로써 자기는 자기를 세운 힘(Macht)에 투명하게 정초한다." Kierkegaard (1982), *Krankheit zum Tode*, 10, 47, 134. 여기서 자기를 세운(setzen) 힘이 신이고, 위의 문장이 믿음의 공식(Formel)이다.

29 위의 인용문에는 자유와 필연이 실존의 두 대극 요소로 나오지만, 이하 본문에서는 글의 전개상 '자유'의 자리에 '가능성'을 대체할 것이다. 이것이 가능한 것은 키에르케고어에게 자유와 가능성은 같은 유에 속하기 때문이다. Figal, "Verzweiflung und Uneigentlichkeit: Zum Problem von Selbstbegrundung und Misslingender Existenz bei Kierkegaard und Heidegger," In: *Die Rezeption Søren Kierkegaards*

자기가 되고 참 인간이 된다.

키에르케고어가 자기를 애당초 '관계'로 정의한 것은 실존을 구성하는 두 대극적 요소를 종합하기 위해서는 인간 자신의 힘을 넘어서는 신적인 힘과의 '관계'가 필요하다는 것을 염두에 두고 있었기 때문이다. 독일의 관념론이 자기(self)를 인간 자신의 힘에 정초시켰을 때, 이 것에 대항한 키에르케고어의 방식은 그들과 같은 용어를 사용하면서 동시에 자기가 믿음의 자기라는 것을 증명할 필요가 있었다.[30] 이 문맥에서 키에르케고어는 자기를 '관계'로 정의한 것이다. 신과 관계할 때 인간은 정신이 되고 실존의 두 대극적 요소를 종합할 수 있다. 키에르케고어가 인간은 '정신'이고 '자기'이고 '종합'이라고 정의할 때, 이 정의들은 모두 신과의 '관계'를 전제로 하는 것이다.

---

in der deutschen und dänischen Philosophie und Theologie, hrsg. v. Heinrich Anz (Kopenhagen: Fink, 1983), 138. 실존적 변증법에서 두 대립 요소의 변증법적 운동을 가능하게 하는 제3요소로 '자유'가 들어가고, 자유가 빠진 자리에 가능성이 들어가며 필연성과 대극 요소의 짝이 된다고 보면 된다. Theinissen, "Das Menschenbild in der Krankheit zum Tode," In: Theunissen/Greve (Hg.), *Materialien zur Philosophie Søren Kierkegaards* (Frankfurt a. M.: Suhrkamp, 1979), 501.

30 안츠(W. Anz)는 키에르케고어의 '자기'와 독일 관념론자들의 자기 개념을 비교한다. Anz, "Selbstbewusstsein und Selbst: Zur Idealismuskritik Kierkegaards," In: *Kierkegaard und die deutsche Philosophie seiner Zeit*, hrsg. v. Heinrich Anz (Kopenhagen: Fink, 1980), 51-53. 헤겔의 자기는 자의식(Selbstbewusstsein)에 근거한 순수관념적 자기이고, 피히테의 자기는 순수사유보다 행동(Handlung)에 근거한 자기이다. 이 점에서 키에르케고어는 독일 관념론자들 중에서 피히테와 가장 가깝다. 실존은 운동이고 자유의 행에 근거하기 때문이다. 그러나 자기를 정립하는 주체가 '누구'인가의 지점에서 피히테와 키에르케고어는 갈라진다. 피히테의 경우는 자기의 근원이 '나'(Ur-ich)이고 이에 근거하는(casui sui) 절대적 자기(absolutes Selbst)를 정리하는 반면(Ringleben[1995], *Die Krankheit zum Tode von Søren Kierkegaard*, 69) 키에르케고어의 자기는 신(Gott)에게 정초하기 때문에 신과의 인격적 "관계"에서 정립되는 것이다. 따라서 키에르케고어의 자기는 순수 관념적 자기도 절대적 자기도 아닌 신과의 믿음의 관계에서 정립되는 믿음의 자기인 것이다.

믿음의 자기를 키에르케고어는 특별히 "신학적 자기"라고 부른다.[31] 신학적 자기가 키에르케고어의 자기 개념 안에 숨겨진 본래적 자기이며 이 본래적 자기가 그리스도인의 실존이다. 그리스도인의 실존으로 되는 것이 결국 모든 실존의 이념이고 궁극적 자기 정체성은 오직 신과의 관계에서만 주어지는 것이다. 신과의 믿음의 관계에서 세워지는 주체가 키에르케고어가 말하는 진정한 주체이다.[32]

2) 절망(Verzweiflung)

믿음의 자기, 신학적 자기를 키에르케고어는 건강한 자기(gesundes Selbst)라고 부른다. 반면 믿음이 부재하면 자기가 되지 못하고 병(Krankheit)을 낳는다. 그 병이 절망이다. 믿음의 부재로 종합에 실패하고 인간은 실존을 구성하는 두 대극적 요소인 유한과 무한, 필연성과 가능성, 시간과 영원 중 한 축에서 고립된다. 이 고립의 상태가 절망이고 죄이다. 즉, 신과 관계하지 않아서 정립된 죄이다. 키에르케고어는 『죽음에 이르는 병』에서 다양한 형태의 절망을 분석한다. 무한성의 절망, 유한성의 절망, 필연성의 절망, 가능성의 절망, 여성적 절망, 남성

---

31 "이 자기는 더 이상 단순한 인간적 자기가 아니라 신학적 자기(theologisches Selbst)이며 직접 하나님 앞에 있는 자기이다. 이 자기는 하나님 앞에서 실존함으로써 하나님을 척도로 하는 인간의 자기가 되며 얼마나 무한한 실재(Realität)를 획득하는가!" 키에르케고어(2007), 임규정 옮김, 『죽음에 이르는 병』, 161.

32 키에르케고어의 주체는 특별한 주체이다. 이 주체는 자신의 힘으로 세워지는 주체가 아니다. 그래서 그는 "주체는 진리이다. 주체는 진리가 아니다"라는 역설적 명제를 설정한다. 키에르케고어는 근대 사상가답게 주체를 강조하지만 동시에 인간 안에는 진리가 없다고 주장하며 진리는 오직 신과의 관계에서만 인식된다고 여긴다. 그는 이 문제를 『비학문적 후서』에서 주체의 진리(Wahrheit)와 비진리(Unwahrheit)의 주제에서 길게 논한다. Kierkegaard(1976), *Philosophische Brosamen und Uuwissenschaftliche Nachschrift*, 260-400.

적 절망, 무의식적 절망, 의식적 절망 등 실존의 양극 요소의 종합에 실패하며 일어날 수 있는 모든 가능한 절망의 형태를 분석한다.[33]

유한성의 절망은 무한성과의 종합에 실패하여 나타나는 현상이다. 무한성을 결여하면 인간에게 남는 것은 편협성과 단순성뿐이다. 세속적이고 속물적인 인간이 되어 인간에 대한 차별의식을 갖고 사소한 것에 집착함으로써 자기가 되지 못한다. 사람들은 일상성 속에서 자기를 잃고 세상에 매몰되어간다. 이러한 방식으로 유한성에 고립된 인간은 자기를 망각하고 심지어는 '자기'로 존재하는 것을 위험하다고까지 여긴다. 이들은 무리를 이루는 것, 군중 속에서 여러 사람 중의 하나가 되는 것이 훨씬 더 편하고 안전하다고 생각하기 때문이다. 안전하고 안락한 삶 속에서 절망을 절망으로 여기지 않는다. 그들은 세상에서 아주 잘 살아갈 수 있고 세상적 성공을 위한 능력을 얻으며 존경도 받을 수 있고 역사에 이름을 남길 수도 있다. 그들은 전혀 절망하는 사람들로 보이지 않기 때문에 사회적 인간의 전형으로 보일 수 있다. 그러나 그들은 자기가 되지 못하고 정신이 되지 못했다. 이것이 유한성의 절망이다.[34]

반면 무한성의 절망은 유한성과의 종합에 실패하며 나타나는 절망이다. 유한성이 한정하는 계기라면 무한성은 확대하는 계기이다. 무한성은 공상적인 것(Das Phantastische)이다. 공상은 인간의 감정과 인식과 의지를 무한화하는 능력이자 모든 능력을 대표하는 능력(instar omnium)이다.[35] 공상이 감정, 인식, 의지를 무한화할 때, 감정은 공상

---

33 키에르케고어(2007), 『죽음에 이르는 병』, 83-154.
34 *Ibid.*, 89-92.
35 *Ibid.*, 86.

적인 감정으로, 인식은 공상적인 인식으로, 의지는 공상적인 의지로 탈바꿈한다. 공상이 절망으로 이어지는 이유는 공상의 속성이 인간을 유한성에서 멀어지게 하기 때문이다. 공상은 인간을 무한으로 인도함으로써 구체적 자기로 돌아오는 것을 방해한다. 감정이 공상적이 되고 인식이 공상적이 될 때, 구체적인 자기는 사라지고 인간은 추상적이 된다. 감정은 일종의 추상적 감정이 되고, 공상적으로 얻은 인식은 인식이 더해질수록 비인간적인 인식이 되어 자기 자신을 아는 인식과는 점점 더 멀어진다.[36] 의지 역시 공상적으로 되면 추상적 의지가 되어 의지의 현실화는 점점 더 힘들어지고 의지는 계획과 결단으로부터 무한하게 멀어진다.

이처럼 감정, 인식, 의지가 공상적으로 될 때 그 결과는 자기 전체가 공상적이 되는 것으로 나타난다. 그러한 자기는 추상적인 무한화 혹은 추상적인 고립 속에서 공상적 존재를 영위하지만 구체적인 자기가 결핍됨으로써 점차 진정한 자기 관계로부터 멀어진다. 자기가 되는 것은 구체적으로 되는 것이다. 구체적으로 되는 것은 다름 아닌 종합이다.[37] 종합을 이루지 못하면 자기가 되지 못한다. 이것이 절망이다. 무한성의 절망은 자기로부터 무한히 멀어지며 유한성으로 돌아오는 것에 실패하는 것이다.

예를 들어 어느 한 기사(騎士)가 희귀한 새를 발견하는 이야기에서 처음에는 그 새가 가까이 있는 것처럼 보이기 때문에 기사는 새를 쫓아간다. 그런데 쫓아가면 쫓아갈수록 새는 점점 더 멀리 날아간다. 결국 새를 쫓다가 밤이 되어 기사는 인적 드문 황야에서 길을 잃는다. 그

---

36 *Ibid.*, 87-88.
37 *Ibid.*, 84.

리고 이미 너무 멀리 와버렸기 때문에 집으로 돌아가는 길을 잃어버리고 만다.[38] 키에르케고어는 공상에서 길을 잃은 상태가 이와 같다고 말한다. 동경하고 욕망하는 것을 공상하다가 무한에서 길을 잃고 구체적으로 되는 것에 실패하는 것이 무한성의 절망이다.

무한성의 절망은 가능성의 절망이다. 무한성과 유한성의 관계에서 무한성에 상응하는 요소가 가능성이라면 유한성에 상응하는 요소는 필연성이다. 무한성과 유한성의 관계에서 유한성이 무한성을 한정하는 축이듯이, 가능성과 필연성의 관계에서도 필연성이 가능성을 한정하는 축이다.[39] 무한성의 결핍이 유한성의 절망을 야기하고 유한성의 결핍이 무한성의 절망을 야기하듯이 가능성의 결핍은 필연성의 절망을 야기하고, 필연성의 결핍은 가능성의 절망을 야기한다.

'자기'는 무한성의 기준에서 보면 유한하고 한정적이며, 가능성의 기준에서 보면 필연적이다. 자기는 가능성과 필연성의 변증법적 종합이다. 필연성과 종합하지 못하는 가능성은 변증법의 한 축에 갇혀 절망한다. 가능성에서 결핍된 것은 자신의 고유한 자기(eigenes Selbst)에 스스로를 숙이고 복종하는 힘(Kraft zu gehorchen)이다.[40] 고유한 자기란 가능성의 한계(Grenze)인데, 이 한계를 모름으로써 불행을 야기한다. 모든 가능성의 불행은 자신이 온전히 특별하고 필연적인 것, 즉 자기라는 것을 깨닫지 못하는 것에 있다.[41] 자신이 되돌아가야 할 자기

---

38 *Ibid.*, 96.
39 *Ibid.*, 93.
40 "Woran es mangelt, ist eigemtlich die *Kraft zu gehorchen*, sich zu beugen unter das Notwendige im *eigenen Selbst*, unter das was man die eigene Grenze nennt." Kierkegaard(1982), *Krankheit zum Tode*, übers. v. Emmanuel Hirsch. 33.

(필연적인 것)를 지니지 못하는 것이 가능성의 절망이다. 이러한 자는 가능성 안에서 지칠 때까지 발버둥치지만 그 어떤 현실적 자기 관계에도 도달하지 못한다. 자기가 될 수 있을 것 같은 가능성만 점점 더 크게 보이고 결국은 모든 것이 가능해 보이지만 아무것도 현실적으로 되는 것은 없다. 이것이 정확히 심연이 자기를 삼켜버리는 지점이다.[42]

개개의 가능성이 현실로 되려면 그것이 아무리 미세할지라도 시간이 걸린다. 그러나 필연성을 상실한 가능성이 현실에서 사용하는 시간은 점점 짧아진다. 그리고 모든 것은 "순간적"이 된다. 그리고 이 순간을 무한으로 여긴다. 시간 감각이 사라지면서 가능성을 위한 가능성은 더욱 강렬해진다. 어떤 것이 가능해 보이는 순간 새로운 가능성이 금방 나타난다. 이러한 환영이 계속해서 빠른 속도로 나타나기 때문에 모든 것이 가능해 보인다. 그러나 현실의 관점에서 볼 때 그러한 가능성은 어떤 현실화도 이루지 못하고 사라지는 신기루일 뿐이다. 키에르케고어는 이 상태를 가능성의 무시간성(Zeitlosigkeit)이라고 말한다.

이러한 사람을 보면 우리는 현실성이 없는 사람이라고 말한다. 그러나 키에르케고어에 따르면 그 사람이 결핍하고 있는 것은 현실성이 아니라 바로 필연성이다.[43] 현실성은 가능성이 이루어야 하는 종합의 범주이고, 그것을 위해 가능성은 필연성과 관계해야 한다. 즉, 자신에게 자신만의 특별하고 고유한 자기가 있다는 것을 아는 것이 가능성이 관계해야 하는 필연성이다.

---

41 "Das Unglück ist (…) nicht aufmerksam auf sich selbst, dass das Selbst, das er ist, ein ganz bestimmtes Etwas ist und somit das Notwengige." *Ibid.*, 33.
42 키에르케고어(2007),『죽음에 이르는 병』, 94.
43 *Ibid.*, p.

필연성을 상실한 인간은 공상적으로 가능성만 본다. 가능성을 필연성으로 되돌리는 대신에 끊임없이 가능성만 쫓는다. 그러다 마침내 돌아갈 길을 찾지 못한다. 가능성은 필연성과 관계해야만 현실성의 자기가 된다. 그렇지 못할 경우 모든 개개의 가능성은 그 수가 아무리 많아도 신기루일 뿐이고 결국은 가능성 안에서 길을 잃는다. 이것이 가능성의 절망이다.[44]

키에르케고어는 가능성에서 길을 잃는 것을 어린아이의 모음 발음과 같다고 말한다. 모음은 자음이 받쳐주어야 제대로 된 발음으로 나온다. 따라서 자음이 없으면 무슨 말인지 알아듣지 못하는 어린아이의 옹알이가 된다. 가능성과 필연성의 관계는 모음과 자음의 관계와 같다. 필연성은 순수 자음과 같아서 자음이 발음되기 위해서는 모음이 있어야 한다. 모음이 결핍되면 벙어리와 같이 된다.[45]

키에르케고어는 가능성과 필연성의 관계를 산소와 질소의 관계로도 비유한다. 두 가지가 있어야 정상적인 호흡이 이루어진다. 산소가 결핍되면 질식하고 질소가 결핍되면 경련·멀미·발작이 일어난다. 자기도 이와 같다. 가능성이 없는 자기는 필연성만으로 호흡하는 것과 같아서 결과적으로 자기는 완전히 질식한다.[46] 반면에 필연성이 없는 가능성은 산소만으로 호흡하려는 것과 같다. 인간에게 가능성이 없으

---

[44] 가능성의 절망은 열망과 우울의 두 가지 형태로 나타난다. 전자는 가능성을 필연성으로 되돌리는 대신에 바람(Wunsch)만 쫓는 형태의 절망이고, 후자는 우울을 사랑하여 불안(Angst)의 가능성만 쫓는 형태의 절망이다. 내용은 다르지만 두 경우 모두 되돌아가야 할 필연성을 잃고 불안에 의해 희생되거나 스스로 삼켜지기를 염려했던 것에 희생당하여 가능성 안에 고립되는 점에서 같다. *Ibid.*, 96.

[45] *Ibid.*, 97.

[46] *Ibid.*, 101.

면 자기 질식에 이르고, 필연성이 없으면 마치 무중력 상태에서처럼 무한성에 고립된다. 두 가지 경우 모두 자기 현실성을 정립하는 데 실패한다.

가능성이 결여된 인간에게는 모든 것이 필연적으로 되거나 모든 게 하찮게 여겨진다. 모든 것이 필연적으로 되면 결정론자와 운명론자가 된다. 모든 것이 하찮아지면 속물적 부르주아와 무정신성이 된다.[47] 결정론자와 운명론자에게는 모든 것이 필연적이다. 그들의 신은 필연성이다. 그래서 그들은 필연성 안에서 질식하고 절망한다. 그들에게 필요한 것은 믿음이다. 신에게는 모든 것이 가능하다는 것을 믿는 것만이 운명론과 결정론을 해독(害毒)할 수 있는 유일한 가능성이다.[48]

속물적 부르주아의 무정신성은 완전히 개연성으로만 감싸여 있다.[49] 따라서 신의 존재를 깨우쳐줄 가능성이 들어설 여지가 없다. 그럼에도 그들은 자신이 가능성을 통제하고 있다고 생각한다. 가능성을 개연성의 우리 안에 감금하고 그것을 끌고 다니며 구경거리고 만들고 자신이 가능성의 주인이라고 생각한다. 그러나 그들은 바로 그렇게 함으로써 스스로를 무정신성의 속박에 가둔다. 무정신성에는 상상력이 결핍되어 있고 심지어 그것을 싫어하기까지 한다. 진부하고 사소한 소시민적 경험에서 기운을 얻는 가련한 존재임에도 스스로 의기양양해 한다. 키에르케고어는 그러한 무정신성을 필연성의 절망이라고 말한다. 이처럼 운명론이나 결정론자들, 무정신성의 소유자들은 필연성에 갇혀 있

---

[47] Ibid., 101-102.
[48] Ibid., 100. "제자들이 듣고 심히 놀라 가로되 그런즉 누가 구원을 얻을 수 있으리까? 예수께서 가라사대 사람으로는 할 수 없으되 하나님으로는 다 할 수가 있느니라"(마태 19:25).
[49] Ibid., 102.

지만 스스로 절망하고 있는 것을 인식하지 못할 뿐 절망하고 있는 것이다.[50]

이처럼 실존을 구성하는 여러 다양한 양극 요소의 종합에 실패할 때 인간에게는 절망이 나타난다. 키에르케고어에게 절망은 죄이다. 그러나 죄는 동시에 자기가 되는 계기로 작용한다.[51] 이것이 키에르케고어 사상의 역설이다. 가능성의 절망은 죄이지만 그것이 끝이 아니라 자기 즉 "미학적 자기"가 되는 계기가 되는 것이다.

4. 키에르케고어의 미학적 공헌과 한계

키에르케고어의 자기는 절망에 기초한 자기이다. 절망의 바닥에서 인간은 자신의 한계를 깨닫고 자신의 힘을 넘어서는 초월자를 찾는다. 가능성에서 길을 잃은 자도 마찬가지이다. 가능성의 심연에서 허우적

---

50 *Ibid.*, 103.

51 이에 대해 M. 토이니센은 키에르케고어의 자기를 가리켜 "절망에 기초한 자기"라고 부정을 통해 긍정으로 향하는 독특한 키에르케고어의 자기됨의 변증법적 원리를 말한다. Theunissen, *Das Selbst auf dem Grund der Verzweiflung – Kierkegaards negativistische Methode* (Frankfurt a. M.: Anton Hain, 1991). 또한 G. 피갈은 키에르케고어에게 자기란 "실존적 위기"를 통해 정립된다고 말한다. 위기는 인간이 스스로를 통제할 수 없는 유한적 존재이기 때문에 생기는 것이며 인간은 위기를 통해 자기의 근원을 찾게 된다는 것이다. Figal, "Verzweiflung und Uneigentlichkeit: Zum Problem von Selbstbegrundung und Misslingender Existenz bei Kierkegaard und Heidegger," In: *Die Rezeption Søren Kierkegaards in der deutschen und dänischen Philosophie und Theologie*, hrsg. v. Heinrich Anz (Kopenhagen: Fink, 1983), 138. 즉, 자신이 절망하고 있다는 것을 아는 것, 다시 말해 자신이 죄인이라는 것을 알고 있음으로써만이 인간은 자신의 한계를 깨닫고 신의 은총을 구하게 되고 새로운 자기가 되고자 하는 것이다.

거리다가 초월자와의 관계 속에서 자신에게도 고유하고 특별한 자기가 있다는 것 그리고 그것이 필연적이라는 것을 깨닫는다. 이는 마치 망망대해 가운데 조각배 하나를 발견한 것과 같고 이것이 가능성의 구원이다. 그러나 키에르케고어의 저서에서는 가능성의 경우 절망에만 머물 뿐 구원에까지 나아가지 못한다.

가능성의 절망은 공상과 상상 속에 거하는 미적 실존(Ästhetische Existenz)의 절망이다. 『죽음에 이르는 병』에서 키에르케고어는 시인의 예를 든다. 그는 시인의 죄는 공상과 상상만으로 신과 관계하는 죄이고 존재하는 대신에 시를 짓는 죄이며, 실존하는 대신에 단지 공상과 상상을 통해 진리와 관계하는 죄라고 말한다. 그리스도교적으로 보면 모든 시인의 실존은 실존 방식 자체부터가 죄이다. 즉, 공상으로 실존하는 죄이다.[52] 시인의 가능성이 필연성과 관계하기 위해서는 실존적 결단 곧 믿음이 전제된다. 그런데 시인은 믿음이 아니라 공상과 상상으로 신과 관계한다.

시인은 자신의 소질(Anlage)인 공상과 상상의 능력을 버릴 수 없고 자신의 존재 근거인 가능성을 떠날 수 없다. 믿음으로 필연성을 품어 자기 현실성으로 가지 않고 가능성에만 머문다. 이것이 시인의 고뇌이다. 그러나 시인은 이 고뇌를 무엇보다 사랑한다. 그는 가능성의 절망 안에서 종교성에 대한 강한 갈망을 지니고 있지만, 그 관계는 불행한 연인의 관계이지 믿는 자의 관계가 아니다. 그렇게 시인은 죄와 구원

---

[52] "그리스도교적으로 본다면 시인의 실존은 모두가 죄다. 즉, 그것은 존재하는 대신에 시를 짓는 죄고 실존적으로 선(善)이고 참(眞)이려고 노력하는 대신 단지 공상과 상상을 통하여 선이고 참이려는 죄이다." 키에르케고어(2011), 임춘갑 옮김, 『죽음에 이르는 병』, 162.

사이의 가장 모호한 경계 지대에 거하면서 또한 종교성에 가장 근접한 존재라고 키에르케고어는 말한다.[53]

키에르케고어는 철학, 신학, 실존적 인간학에서 가능성 범주를 실존의 한 원리로 설정함으로써 시(예술)와 미학을 통해 자기가 되고 인간이 되는 길을 열었다. 그럼에도 키에르케고어의 미학적 한계는 분명하게 나타난다. 미적 실존은 자기가 되는 길을 향해 떠나지만, 필연성으로부터 점점 멀어지며 끝내 자기가 되지 못한다. 미학의 독립 범주를 가능성에서 마련함으로써 미학을 윤리와 종교로부터 독립시키고 미학의 영역에서 자기가 되는 길을 열어두고는 있지만, 결국 믿음이냐 가능성이냐, 믿음이냐 공상이냐의 양자택일 상황에서 키에르케고어의 실존사상은 미학적 자기됨의 길을 불가능한 것으로 만든다.

즉 미적 실존은 자신의 존재 근거인 '가능성'을 떠날 수 없고 스스로 가능성에 고립되어 절망한다. 헌데 이것은 키에르케고어 자신의 문제이기도 하다. 키에르케고어는 스스로를 시인으로 동일시했고, 시를 지으며 신과 관계했기 때문에 그의 존재 방식은 공상과 상상이었다. 그 스스로 실존의 이념을 '신학적 자기'로 높게 설정함으로써 아이러니하게도 자신의 존재 방식이 한계에 부딪힌 것이다. 미학의 독립적 범주를 가능성으로 확보하고도 그것이 현실성으로 연결되는 길을 키에르케고어 스스로 차단한 것이고 그것이 그의 저서에 나타난 미학의 한계이다. 자신의 높은 실존 이념을 자신의 삶 속에서 관철하지 못한 것이고 초월적 믿음의 벽에서 미학적 자기됨은 한계를 직면하고 좌절한 것

---

53 "절망과 죄 사이의 극히 모호한 경계지대로서, 이른바 종교적인 방향으로 위치하고 있는 시인의 실존." *Ibid.*, 161-162.

이다. 이러한 상황에 대해 발타자는 다음과 같이 말한다:

"키에르케고어는 자신이 본래 추구하였던 미적인 것과 윤리적인 것의 조화와 균형의 태도를 점차 상실하며 『인생길의 여러 단계』에서부터는 완전히 배타적으로 비껴간다. 그는 (미적) 천재를 (종교적) 사도(Apostel)와 진리의 순교자(Martyr)로부터 분리하며 신학에서 일체의 미학적 요소의 흔적을 제거한다. 그리하여 그리스도의 아가페는 완전히 다른 차원의 사랑으로 부상하고 종교에서 에로스는 점차 사라져 급기야 미학적인 것이란 인간이 내적으로 짊어져야 하는 고통으로 취급되고 방치된다."[54]

발타자는 키에르케고어가 진리에 대한 순교적 사명(martyrdom for the truth)에 집착한 나머지 하나님을 위해 에로스적 사랑을 포기하였고 그 결과 미를 체념한 것은 아닌지 묻는다.[55] 발타자는 키에르케고어가 처음에는 미와 윤리-종교의 조화와 균형을 추구했으나 시간이 지나며 점차 아가페의 사랑만 강조하여 종교로부터 미적 요소를 지웠다

54 Balthasar(1961), *Herrlichkeit. Eine Theologische Ästhetik Bd. 1: Schau der Gestalt*, 46-47.
55 "The esthetic as an attitude of life, as the rejected starting point of the philosophy which is centered on freely choosing God and thereby gaining all, even all beauty. But is this all? Has beauty, for Kierkegaard, a lingering taste of what is for him unattainable, forbidden, since he is the one sacrificed, the one who renounces eros for the sake of God, or perhaps out of spleen or melancholy? (...) it is the extreme stress of his later years, in the form of martyrdom for the truth." Balthasar, "Word and revelation," In: *Essays in theology*, vol. 1, trans. by A. V. Littledale (New York: Herder and Herder, 1965), 132-133.

고 여긴다.

그러나 이는 반은 맞고 반은 틀리다. 발타자가 주장하는 것처럼 키에르케고어가 미를 윤리와 종교로부터 분리한 것은 맞지만, 이는 달리 생각하면 미적 요소들이 애당초 실존의 한 원리로 독립된 것으로 이해할 수 있기 때문이다. 미적 실존에게 내재하는 삶의 딜레마에도 불구하고, 그의 실존사상은 처음부터 미학과 미적 실존을 실존의 한 형태로 독립시키고 있는 것이다. 미와 윤리-종교의 조화와 균형을 말한 『이것이냐 저것이냐 2』이전의 미적 저술인 『이것이야 저것이냐 1』에서부터 그 점은 분명히 나타난다. 발타자는 『이것이냐 저것이냐 2』의 조화와 균형을 키에르케고어의 "본래적 태도"라고 말하지만, 그보다 더 이전에 기술한 『이것이야 저것이냐 1』의 부록인 『직접적이고 에로틱한 단계들 또는 음악적이고 에로틱한 것』에서 키에르케고어는 이미 미학적 요소인 감각(Sinnlichkeit)을 실존의 한 원리로 독립시키고 있는 것을 볼 수 있다. 여기서 그는 감각이 진과 선과의 조화와 일치를 위한 보조 역할이 아니라, 하나의 독립된 실존의 원리라고 분명히 말한다. 그리고 그는 이것이 그리스적 의식과 그리스도교적 의식의 차이라고 까지 말하며 감각과 그리스도교의 관계를 적극적으로 설파한다.

즉 감각을 하나의 독립된 실존 원리로 세상에 도입한 주체가 바로 그리스도교라고 말하며 미학적 신학과 진과 선의 신학의 분리를 위한 초석을 놓는다. 그리고 이 '분리'의 이면에는 미학적 감각과 진과 선의 요소가 동등하다는 시각이 내재한다. 그리스 철학에서 '감각'은 실존의 원리가 아니라 전접어(前接語) 즉 조화와 일치를 위한 보조적인 역할에 지나지 않았다.[56] 반면 그리스도교에서 감각은 실존의 한 독립된 원리이고 여기에는 그리스도교의 '정신'이 아이러니하게도 결정적인

역할을 한다. 이에 대해 키에르케고어는 다음과 같이 말한다:

"만일 내가 감각을 정신과의 관련에서 정의된, 다시 말해 정신이 감각을 배제하는 방식으로 정의된 하나의 원리, 어떤 힘, 하나의 영역이라고 상상한다면 (…) 나는 감각의 개념을 갖고 있는 셈이다. 이것은 그리스 문화에는 없던 생각이며, (…) 그리스도교가 최초로 이 세상에 들여온 생각이다."[57]

"감각은 분명히 전에도 이 세상에 존재했지만, 정신적으로 규정된 것은 아니었다. 그것은 심적(心的)으로 규정되어 있었다. 이것이 이교의 본질이며, 그것의 가장 완벽한 표현은 그리스에 있다. 심적으로 규정된 감각은 대조나 배제가 아니라 조화이자 일치다. 그러나 감각이 조화로 규정된다는 바로 그 이유 때문에 감각은 원리가 아니라 일치하는 전접어(前接語, encliticon)로 정립되어 있다."[58]

키에르케고어의 감각론에 나타나는 그리스적 의식과 그리스도교적 의식의 차이는 정신(Geist)의 개입에 근거한다. 고대 그리스에서 진

---

56 전접어(前接語, encliticon)는 그리스어 ἐγκλίνειν(lean on, incline)에서 온 말로 문장 안에서 다른 말에 붙음으로써 자신의 고유한 강세와 독립적 자리를 잃어버리는 단어를 가리킨다. 예컨대 I'll, He's에서 'll과 's 그리고 Senatus Populusque Romanus(로마의 원로원과 대중)에서 -que 등이 전접어에 해당한다. 그리스 사상에서는 감성이 진과 선과 조화롭지만 전접어와 같은 역할을 했다면, 그리스도교에서 감성은 진과 선으로부터 배제되었지만 독립적 역할을 지닌다는 것을 설명하기 위해 전접어라는 말을 키에르케고어가 사용했다.

57 키에르케고르, 임규정 옮김, 『직접적이고 에로틱한 단계들 또는 음악적이고 에로틱한 것』(서울: 지식을만드는지식, 2009), 60-61.

58 *Ibid.*, 55-56.

·선·미의 조화 속에 있던 감각이 그리스도교에 오면 정신의 개입으로 인해 정신에서 분리되고 정신과 대립하는 상황에 직면한다. 그러나 키에르케고어는 이 대립의 상황을 역설적이게도 감각의 독립적 위상을 확보하는 것으로 연결한다. 즉, 실존 원리(Prinzip)로서 독립적 위상이다. 이 상황을 그는 감각에 대한 그리스도교의 "역전"이라고 말한다.[59]

정신은 감각을 배제하는데, 이 배제는 감각의 열등함을 의미하는 것이 아니라 오히려 감각의 독립을 뜻한다. 직접성(Unmittelbarkeit)을 특징으로 하는 감각이 정신으로부터 독립하여 당당히 정신과 관계하며 실존적 변증법의 한 요소가 되어 자기됨의 원리가 되는 것이다. 그렇게 미학적 요소가 진, 선과 동등한 실존의 원리가 되어 인간됨과 자기됨의 변증법적 과정에 참여하게 된다. 이것을 가리켜 키에르케고어는 그리스적인 것에 대한 그리스도교의 '역전'이라고 부르는 것이다. 그리스도교의 도래로 감각은 정신에서 배제되었지만, 퇴화한 것이 아니라 오히려 자기됨과 인간됨의 과정에서 정신과 관계하는 하나의 독립된 실존 원리가 된 것이다.

그리스적 감각론에서는 감각이 진, 선과 조화를 이루지만 결국은 보조 역할에 그친다. 그리고 정신과 관계하지 않는 직접성은 그 자체로 마성적(dämonisch〈 daimon)인 것이 된다.[60] 반면 그리스도교의 감각론에서는 감각이 정신으로부터 떨어져 나가지만 결국은 실존의 원리로 독립한다. 정신과 감각의 이러한 대립 관계는 그의 말년 작품『죽

---

59 *Ibid.*, 59.
60 이에 대해서는 필자의 석사학위 논문인 신사빈(2012), "키에르케고르가 본 미적 실존과 윤리적 실존에 관한 연구: 신학적 미학을 위하여," 이화여자대학교 석사학위 논문, 80-81 참조.

음에 이르는 병』에서까지 일관되게 나타나며 미적 실존의 자기 자신과의 관계에서 '정신'과 '공상'의 대립 상황으로 이어진다. 정신이 개입하면서 '직접적'인 감각과 공상은 정신으로부터 분리되고 배제되지만, 이 상황이 오히려 정신과 감각, 정신과 공상이 실존적 변증법의 관계로 발전하는 '역전'의 계기가 되는 것이다. 키에르케고어는 그리스도교가 미학적 요소의 '직접성'을 정신에서 배제함으로써 오히려 미학이 독자적인 실존 원리가 되었다고 보고 이것이 믿음과 관계하여 신학으로 통합되는 길을 가능성 범주에서 열어놓은 것이다.

이러한 배경에서 볼 때 키에르케고어가 미를 진과 선에서 분리하고 미학을 신학에서 배제한 것의 본질은 분리와 배제 자체에 의미가 있는 것이 아니라, 그것을 다시 신앙으로 통합하는 큰 그림을 그린 것으로 이해할 수 있다. 정신에 의해 분리되고 다시 정신과의 관계 속에서 자신의 본래 영토를 찾게 됨으로써 감각은 이제 단순한 '심적' 전접어가 아니라 독자적인 실존 원리로 정립되어 실존의 역사에 참여하게 된다. 이러한 방식으로 미학의 영역에서 인간이 되고 자기가 되는 길이 열리고 이 길이 '미학적 자기됨'의 길이다. 그리고 이 길의 기원이 키에르케고어에 따르면 그리스도교이다. 감각과 공상 등의 미학적 요소가 실존의 원리로 독립하여 가능성 범주에 소속되며 인간이 되고 자기가 되는 길로 정립되는 것이다. 이 문맥에서 가능성의 절망은 '미학적 자기됨'의 길의 실존적 계기가 된다.

미학적 자기됨의 길은 미학적 요소를 통해 하나님과 관계하는 길이다. 그 길을 밝히는 것이 실존적 인간학의 지평에서 신학에서의 미와 예술을 회복하는 길이다. 키에르케고어가 실존의 지평에서 미학적 자기됨의 길을 연 것은 공헌을 한 것이었다. 그러나 그는 자신이 열어놓은 길을 관철하지 못했다. 즉, 미학적 가능성이 어떻게 필연성과 종합해서 현실성의 '자기'로 정립되는지를 밝히지 못했다. 이 부분을 밝혀야 믿음의 문제가 해결되고 신학에서 미와 예술이 회복되는 길이 관철되는 것이다. 키에르케고어에게 자기는 곧 믿음의 자기이기 때문에 미학적 자기됨은 성립 불가하고 이것이 곧 키에르케고어 미학의 한계로 나타나는 것이다.

사실상 이 책은 이런 한계에서 출발하였다. 키에르케고어가 길을 열어는 놓았지만 관철하지 못한 부분에서 출발하여 그 해결점을 제시하고자 한다. 키에르케고어의 미학이 멈춘 한계 지점, 가능성으로 독립은 하였지만 가능성에 고립되어 있는 미학적 가능성을 현실의 자기로 연결하는 길을 찾고자 한다. 그리하여 키에르케고어에게서는 절망에 머문 미학적 자기됨의 길에 희망을 제시하고자 한다.[61]

리쾨르의 미메시스론은 이 부분에서 접목된다. 리쾨르의 미메시스론은 기본적으로 미와 예술을 통해 새로운 자기와 새로운 세상을 꿈꾸는 자기 이해의 해석학이다. 미학적 가능성과 현실적 자기 사이에 해석학이 매개로 들어가 미학적 자기됨을 성립시키는 이론이다. 키에르케고어에게서 미학적 자기됨이 좌초된 결정적인 이유는 믿음의 문제였다. 미학의 영역과 초월적 믿음의 영역이 연결되는 지점을 키에르케고어는 해결하지 못했다. 이 부분에서 이 책은 리쾨르의 '해석학적 믿

---

61 담고어는 리쾨르가 죽음이나 불안 등 인간 실존의 모든 부정적인 면에도 불구하고 희망의 빛에서 인간의 삶을 무한 긍정한다는 점에서 "가능성의 열정"이라는 키워드로 리쾨르를 키에르케고어와 연결할 수 있다고 말한다. Damgaard, "Passion for the Possible: A Kierkegaardian Approach to Subjectivity and Transcendence," In: Arne Grøn, Iben Damgaard, Søren Overgaarded (ed.), *Subjectivity and Transcendence* (Tübingen: Mohr Siebeck, 2007), 177-178.

음'을 연결할 것이다. 높은 초월적 믿음으로의 비약을 예술작품 안에 내재하는 상징의 힘과 연결해 중재의 길을 마련할 것이다. 그리하여 키에르케고어의 사상에서 고립되고 방치된 미학적 가능성을 해석학적 새로운 자기 이해의 지평으로 연결해 현실에서의 미학적 자기됨의 길을 산출할 것이다.

이 작업을 위해 우선 키에르케고어의 실존사상과 리쾨르의 사상이 유기적으로 연결될 수 있는지 점검할 것이다. 이 사상적 토대에서만 위의 연결이 가능하기 때문이다. 이에 다음 III장에서는 리쾨르 사상에서의 '실존'과 '자기' 개념을 분석함으로써 키에르케고어의 실존과 자기 개념과 어느 문맥에서 만나고 연결될 수 있는지 검증하고자 한다.

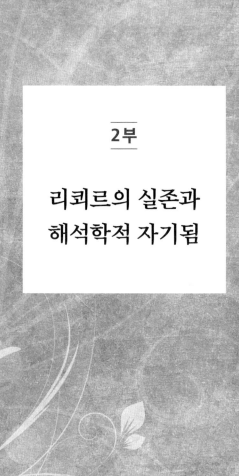

2부

리쾨르의 실존과
해석학적 자기됨

2장
리쾨르의 사상에 나타난 실존과 자기

    키에르케고어의 미학적 자기됨과 리쾨르의 미메시스론을 연결할 수 있는 가장 근원적인 토대는 두 사상가의 사유 동기와 사유 지향이 기본적으로 같다는 점이다. 키에르케고어와 리쾨르 두 사상가의 사유 저변에는 '실존' 사상이 공통적으로 자리한다.[1] 두 사상가 모두 인간을 실존에 근거하여 사유하고 있고 그 과정에서 파생된 자아 개념인 '자기'를 적극적으로 실존 해명에 관여시키고 있다. '실존'과 '자기'는 키에르케고어와 리쾨르 두 사상가를 연결하는 고리와도 같은 개념들이다.

    실존(existence)은 라틴어 ex-istere에서 온 말로 어원적으로는 '밖에 서다'라는 의미를 지닌다.[2] '밖'이라는 것은 한편으로는 변화 없는

---

1 리쾨르의 실존사상은 그의 스승이자 기독교 실존주의자였던 가브리엘 마르셀(Gabriel Marcel, 1889-1973)의 영향을 받은 것이다. 그러나 마르셀의 사상적 핵심인 "존재의 신비" 문제를 리쾨르는 신비의 문제로 두지 않고 이성의 한계 내에서 실존의 문제로 발전시킨다. Bourgeois(2010), "Ricœur and Gabriel: An Alternative to Postmodern Deconstruction," In: *Journal of French and Francophone Philosophy*, 2010. 7(1-2), 168.

2 Tillich, *Systematische Theologie II* (Berlin, N. Y.: Walter de Gruyter, 1987), 26.

일상의 밖에 서는 것이고 다른 한편으로는 자기 존재의 밖에 서는 것이다.[3] 일상의 밖에 설 때 사람은 어디로 가야 할지 몰라 당황한다. 이때 나침반은 '자기 자신'이다. 자기 자신이 되는 것을 지향하며 길을 떠나는 것이 실존이다. 그래서 실존자는 이중 경계인이다. 일상 밖에 서서 자기 자신을 그리워하지만, 여전히 일상의 제약 속에서 자기가 되지 못하며 왔다 갔다 한다. 그래서 실존은 근본적으로 불안정(unstable)하다. 일상과 자기 존재 사이에서 이쪽에도 저쪽에도 속하지 못한 채 두 축 사이를 오간다. 실존을 결단한다는 것은 이 불안정한 삶을 결단하는 것이다.

실존을 결단함으로써 인간은 자신이 완성된 존재가 아니라 완성되어야 하는 미완성의 존재임을 알게 된다. 그리하여 끊임없이 실존으로부터 존재를 추구하며 자기완성을 향해 나아간다. 실존하는 인간은 계속해서 '되어가는' 존재이다. 자기가 되어가는 것은 인간이 되어가는 것이고 이는 이쪽(일상)과 저쪽(자기 존재) 사이에 놓인 심연(Abyss)을 건너는 여정과도 같다. 이 심연을 건너는 것을 사유의 주제로 삼는다는 점에서 키에르케고어와 리쾨르의 인간 이해는 기본적으로 같다.

그러나 심연을 건너는 해결 방식은 각각 다르다. 키에르케고어에게서는 뛰어넘는 비약(Leap)이 유일한 방법으로 제시된다. 바닥을 가늠할 수 없는 심연은 그 어떤 논리적 추론이나 사변의 중재로도 건널 수 없으며 오직 비약으로만 건널 수 있다는 것이다. 비약은 믿음의 철학적 표현이다. 즉, 비약은 인간의 죄와 하나님의 용서, 화해와 구원의

---

[3] 실존이 비존재와 존재의 사이라는 점에서 그리고 자기가 되는 것이 곧 존재에 이르는 것이라는 점에서 '자기 존재'라고 명했다.

신비란 그 어떤 이성적 사변으로도 중재될 수 없는 인간 내면의 문제라는 것을 천명하는 개념인 것이다.

그러나 리쾨르는 비약의 자리에 매개(medium)를 설정한다. 매개를 통해 키에르케고어가 믿음 외에는 불가능하다고 선언한 실존과 존재 사이의 심연을 건너는 것이 가능하다고 여긴다. 즉, 이쪽(일상)과 저쪽(존재) 사이의 "중재"가 가능하다고 생각한다.[4] 두 사상가 모두 '자기'가 되는 것을 실존의 이념으로 제시하고 있지만 키에르케고어의 자기는 처음부터 신과의 관계를 전제한 "믿음의 자기"이고 "신학적 자기"이다. 반면 리쾨르의 자기는 문화적 지평에서 미학적 언어를 해석하며 점차 새로운 자기 이해에 이르는 "해석학적 자기"이다. 키에르케고어의 자기가 비약을 통해 단번에 뛰어오른다면, 리쾨르의 자기는 나선형을 그리며 점차 상승하는 점에서 다르다. 그러나 비약이 실천 불가능하다면, 해석은 실천 가능한 자기됨의 길이다.

리쾨르의 미메시스론은 여기에 접목된다. 미학적 상징 언어를 곰곰이 사유하고 해석하며 자기 이해에 이르는 길이 미메시스적 자기됨의 길이다. 이 길은 미학적 방식으로 자기가 되는 길이라는 점에서 '미학적 자기됨'의 길이다. 그리하여 미메시스적 자기됨의 길을 밝히는 것은 결국 키에르케고어에게서는 한계로 드러난 '미학적 자기됨'의 길을 완성하는 일이 된다. 즉, 키에르케고어에게서는 연결이 안 되었던 '미학적 가능성'과 '자기' 현실성이 미학적 상징 언어의 해석을 매개로 연

---

4 여기서 리쾨르의 "매개"를 통한 중재는 헤겔의 사변적 "중재"(Vermittlung)와는 차원이 완전히 다르다. 리쾨르의 '매개'는 이성적이고 논리적인 개념 언어가 아니라, 미학적 언어이기 때문이다. 이성적, 논리적 사변으로는 결코 설명할 수 없는 실존의 영역을 리쾨르는 미학적 상징 언어를 매개로 중재하며 자기 존재로 이르는 길을 제시한다. 바로 이 점에서 리쾨르는 헤겔을 넘어서고 키에르케고어를 설득하는 것이다.

결되어 가능성이 현실성으로 이행한다.

미메시스 개념 자체는 리쾨르의 후기 저서인『시간과 이야기』에서 본격적으로 논해진다. 그러나 그 개념이 생성되기까지 리쾨르의 사유 과정을 되돌아보면 이미 리쾨르의 첫 번째 저서인『의지적인 것과 비의지적인 것』에서부터 그 징조가 나타난다. 즉, 실존적 인간학적 사상의 분석이 치밀하게 이루어지고 있으며 그 결과로 해석학적 전향이 일어나고 미메시스 개념이 생겨날 수밖에 없었던 사유 과정을 추적할 수 있다.『의지적인 것과 비의지적인 것』은 말하자면 리쾨르의 사유가 해석학으로 전향하고 미메시스론으로 발전하게 된 동기가 실존사상이라는 것을 알게 하는 저서이다.

이에 III장의 1에서는『의지적인 것과 비의지적인 것』에 나타나는 리쾨르의 실존적 인간학과 자기 개념을 분석하고자 한다. 그리하여 키에르케고어의 가능성, 필연성, 현실성의 세 양태 범주가 리쾨르의 실존적 인간학에서는 어떻게 작용하고 있는지 밝힘으로써 키에르케고어의 '미학적 자기됨'과 리쾨르의 '미메시스적 자기됨'을 연결할 수 있는 사상적 토대를 실존적 인간학의 지평에서 마련하고자 한다.

1.『의지적인 것과 비의지적인 것』에 나타난 가능성과 필연성

리쾨르의 첫 주저『의지적인 것과 비의지적인 것』은 책 제목에서부터 이미 실존의 두 대립되는 요소인 '의지'와 '비의지'를 설정함으로써 실존에서 중요한 자유의 불안정한 상태를 암시한다. 의지는 인간의 주

관 안에 있는 것이지만, 비의지는 인간의 의지로는 어쩔 수 없는 영역
이다. 리쾨르의 이 책은 인간의 의지가 실현되기 위해서는 의지로는
어떻게 할 수 없는 영역과 필연적으로 관계해야 한다는 것을 나룸으로
써 인간 실존의 한계를 드러낸다.

리쾨르에게 의지적인 것은 자유에 해당하고 비의지적인 것은 자연
에 해당한다.[5] 자연은 인간에게 이미 주어진 것으로 의지로는 해결할
수 없는 것을 가리킨다. 인간은 자유의지를 실현함으로써 행동하는 주
체가 된다. 그런데 자유의지가 실현되기 위해서는 '신체'라는 자연이
조건으로 자리한다. 따라서 의지는 신체와 관계하고 신체와 통일을 이
루어야만 자유를 실현하고 행동하는 주체로 구현된다.

리쾨르가 말하는 신체는 개인의 자유로운 의지 활동을 제약하는 유
한성이다. 신체 없는 인간은 없고 신체의 요구가 없는 의지 활동도 존
재하지 않는다. 신체는 나에게 속한 첫 번째 자연이고 나의 의지를 실
현하는 데 관계해야 하는 첫 번째 비의지적인 요소이며, 이러한 점에
서 의지 실현의 필연적 조건이다.

리쾨르에 따르면 인간은 자기 정체성을 찾기 위해서 불가피하게 타
자와 관계해야 하는데 그 첫 번째 타자가 신체이다. 인간의 신체는 자
신에게 속한 것이지만 동시에 세계에 속한다. 이러한 신체의 이중성

---

[5] 『의지적인 것과 비의지적인 것』의 불어판 제목은 *Le volontaire et l'involontaire*
(1950)이고 독일어판 제목은 불어의 직역인 *Das Willentliche und das Unwillentliche*
(2016)이다. 반면 영문판 제목은 *Freedom and nature*(1966)이다. 영문판 제목에
따르면 의지적인 것은 자유에 해당하고, 비의지적인 것은 자연에 해당한다. 자유와 자
연은 근대 철학에서 중요한 두 개념으로 칸트 이래 이성에 의해 분리된 자유와 자연을
리쾨르는 의지와 비의지로 상징하고 있다. 칸트가 자유와 자연을 분리하고 다시 연결하
는 역할을 미학에서 보았듯이, 리쾨르 역시 의지와 비의지적인 것을 실존하는 인간 안
에서 다시 통합하고자 하는 문맥에서 미학적 언어를 사용한다.

내지 경계성을 근거로 리쾨르는 신체를 가리켜 인간 내면과 바깥 세계를 연결하는 매개자라고 말한다.[6] 신체 현상은 나의 의지와 관계없이 일어난다. 배고픔은 나의 의지 밖의 문제이지만 밥 먹는 행위를 결정하는 데 직접적 동기가 된다. 이처럼 신체는 의지가 생성되고 실현되는 데에 필연적인 요소이다. 신체적 필연성에는 성격, 무의식, 생명 등의 요소가 있는데 모두 나의 의지가 어떻게 할 수 없는 자연의 요소들이지만 동시에 의지 실현을 위해서는 반드시 거쳐야 하는 필연적 요소들이다.

성격은 나의 의지와 상관없이 나에게 주어진 삶의 방식이다. 그것은 내가 사유하는 고유한 방식이고, 습관처럼 내 자신에 결속되어 내 것이 되어버린 자연이다. 피할 수 없다는 점에서 성격은 운명과도 같다. 무의식 역시 의식이 직접 도달할 수 없다는 점에서 나의 의지와는 관계없는 내 안의 자연이고 비의지적인 요소이다.[7] 생명 역시 나의 생로병사를 관할하는 것으로써 나에게는 온전히 '주어진 것'이며 내가 어떻게 할 수 없는 비의지적인 영역이다. 생명은 가장 근원적인 신체적 필연성이며 궁극적 자연현상이다.

이러한 신체적 필연성은 인간의 의지가 어떻게 할 수 없는 비의지적인 영역이지만 의지를 내고 의지를 실현하는 데에 의지가 반드시 거쳐야 하는 필연적 조건이다. 의지가 가능성이라면 신체는 필연성이다.[8] 의지(가능성)는 자신의 실현을 위해 신체(필연성)와 반드시 관계해

---

6 리쾨르(2006), 『타자로서의 자기 자신』, 424.

7 본문 112쪽 참조.

8 Ricœur(2016), *Das Willentliche und das Unwillentliche*, 3장 수용과 필연성 (Einwilligung und Notwendigkeit), 399 이하. 의지가 아직 가능성이면, 의지가 실현되기 위해 비의지적인 것을 필연적으로 수용해야 한다는 점에서 신체는 의지의 필연

야 한다. 이때 가능성이 필연성과 관계하는 방식은 수긍(einwilligen)
이다. 의지는 자신의 실현을 위해 비의지적인 신체 조건을 수긍하고
복종해야 한다. 의지는 신체적 필연성에 복종하여 비의지적인 것의 심
연으로 들어간다. 나로서 어떻게 할 수 없는 성격의 한계, 무의식의 어
둠, 생명의 우연성과 관계하게 된다. 이러한 점에서 신체는 실존의 요
소이다.

실존은 이성과 오성이 해명할 수 없으므로 이성 철학에서 간과하는
부분이다. 키에르케고어가 실존을 기술하는 매체로 시와 미학적 언어
를 사용하고 있듯이, 리쾨르도 신체를 매개하는 언어로 포에지에 주목
한다. 이에 대해 그는 "오직 포에지만이 신체의 비애를 언어의 마술로
정화하고 생명의 우연성을 사유(reflection)로 이끈다"라고 말한다.[9] 포
에지에게 실존은 마법의 성지이며 시적 감동(Bewunderung)을 통해 의
지는 실존의 비의지적인 것을 수긍한다.

의지에게 비의지적인 것은 자신이 어떻게 할 수 없는 것이지만, 의
지의 실행을 위해서는 반드시 수용해야 하는 필연성이다. 이 필연성을
받아들이는 데에 포에지가 매개 역할을 한다. 시적 감동을 매개로 의지
는 비의지적인 것의 사유를 심화한다. 의지는 시적 감화 안에서 길을

성이다.

[9] "Allein die *Poesie* kann das Lamento des Leibes durch die Magie des Verbs
reinigen und die Reflexion auf die Kontingenz des Lebendigen lenken." *Ibid.*,
523. 여기서 포에지는 하나의 시(詩) 장르라기보다 넓게는 줄거리 구성을 지칭한다는
점에서 문학 또는 이야기를 포괄한다. '포에지'라는 말은 낭만주의에서는 신과 자연에
이르는 하나의 우주와도 같은 것이었다. 계몽주의가 신과 자연을 인간의 이성에서 분리
했다면, 낭만주의는 포에지를 통해 신과 자연을 다시 인간 안으로 회복하고자 했다. 계
몽주의와 낭만주의의 대립에서 포에지는 이성에 대립하는 용어이다. 그러한 것으로서
포에지는 하나의 시 장르라기보다 모든 시적 상상력에 근거한 상징 언어를 대변한다고
할 수 있다.

잃는 것이 아니라, 수긍의 방식으로 중심을 잡아간다. 이것을 리쾨르는 "시적 감동과 의지적 수긍의 변증법적 순환"[10]이라고 부른다. 그리하여 감화와 수긍이 하나의 순환을 형성하고, 의지는 비의지적인 것과 화해한다. 이것을 두고 리쾨르는 포에지의 신비한 힘이라고 말한다.

의지가 비의지적인 것과 화해한다는 것은 자신을 초월하는 것을 말한다. 타자로서의 신체를 받아들임으로써 의지(가능성)는 자신을 넘어 비의지적인 것(필연성)에서 자신의 동반자를 찾는다.[11] 포에지의 힘으로 의지는 자신을 초월하여 타자와 관계하는 길로 들어선다. 그리하여 타자로서 신체를 수용하는 문제는 절대적 타자로서 신과 관계하는 문제로까지 확장되고, 신체적 필연성을 수용하느냐 거부하느냐의 문제는 "신이냐 나이냐"(entweder Gott oder Ich)라는 철학의 근본적인 선택 상황으로 이어진다.[12]

그런데 바로 이 과정에서 코기토는 상처를 입는다(broken cogito). 신체적 필연성을 수용하는 것은 코기토에게는 자신의 존재 기반을 흔드는 것이기 때문이다. 그러나 거부를 선택하는 순간 코기토는 이미 '신이야 나이냐'에서 '생각하는 나'를 선택하고 초월자를 거부하게 된

---

10 *Ibid.*, 553-554.

11 *Ibid.*, 555.

12 *Ibid.*, 554. "시는 의지를 겸손하게 함으로써 의지 스스로가 내보이는 거부로부터 의지를 구원해낸다. 거부의 중심에는 도발이 있게 마련이고 그런 도발은 잘못(Ver-fehlung)이다. 아래로부터의 (신체적) 필연성을 거부하는 것은 초월자(Transzen-denz)에 대한 도발을 의미한다. 나는 나를 밀어내는 전적타자(das Ganz-Andere)를 발견해야 한다. 바로 여기에 철학의 가장 근본적인 선택, 즉 **신이냐 나이냐**(entweder Gott oder Ich)의 선택이 등장한다. 철학은 코기토와 존재 자체(Sein-an-sich)의 근본적 대립을 시작하든지, 그렇지 않으면 경험적 존재를 업신여길 수밖에 없는 의식의 자기 정립을 시작한다. 그러나 시는 개념적으로 사유하지 않는다. 시는 신을 편협한 개념으로 규정하지 않고 신화의 베일 속에 감춘다."

다. 그리하여 코기토 주체는 나(ich)의 힘에 정초한 것이 된다. 반면 비의지적인 것을 받아들이면 코기토는 상처를 입는다. 그러나 초월성과 관계하여 의지는 '나'를 넘어 더 나은 나를 지향하게 된다. 이것이 자기(self)이다.

리쾨르가 코기토의 이성 대신 자유의지를 주체 정립의 토대로 삼은 것은 실존의 문제가 이성적 사변으로는 해명될 수 없는 영역이기 때문이다. 또한 의지를 끌어들여 비의지적인 것과 관계하게 함으로써 초월자와 관계할 수 있는 여지를 열어놓고자 함이었다. 의지에게 비의지적인 것은 자신의 한계를 넘는 초월의 영역이다.[13] 그 한계점을 넘어 의지가 비의지적인 것을 받아들이고 신과 관계할 수 있는 것은 포에지 안에 내재하는 상징의 힘 때문이다. 그 힘을 통해 의지는 자신을 넘어서는 비의지적인 것과 감동의 방식으로 관계하고, 이 관계에서 주체는 자신의 힘이 아니라 비의지적인 것의 힘에 정초한 주체가 된다.

리쾨르의 의지 철학은 서구 철학에서 오랫동안 우위를 차지해온 데카르트의 자기 정립식 코기토 주체를 수정하려는 기획이다. 주체의 정립을 위해 의지로는 어떻게 할 수 없는 실존의 비의지적 요소들을 대립시키며 리쾨르는 데카르트의 자신만만한 코기토 주체에 상처를 입혀 인간 주체를 불안정하고 겸손한 실존 주체로 바꾸고 있다. 이러한 실존 주체가 자기 존재로 나아가는 길은 이성이 아닌 포에지를 매개로 한다. 포에지 안에 내재하는 상징의 힘을 매개로 비의지적인 것을 감동의 방식으로 수긍한다. 그럼으로써 나를 초월하여 상징 안에 내재하

---

13 양명수는 비의지적인 것을 존재의 힘과 연결하며, 리쾨르가 비의지적인 것을 말할 때 이미 해석학으로 넘어갈 여지를 보였다고 말한다. 양명수(2017), 『폴 리쾨르의 『해석의 갈등』 읽기』, 10, 24, 144.

는 존재의 힘과 관계하게 된다. 그리고 이 관계는 신을 선택하는 길로 이어진다. 신을 선택하면 나는 나의 이성까지 신의 주관에 맡긴다. 그러나 나를 선택하면 나는 나의 주관하에서 내가 의식할 수 있는 것만으로 나를 정립한다. 신을 선택하면 나의 이성은 신과의 관계에서 대립과 갈등을 낳지만, 나를 선택하면 갈등은 없다. 그러나 실존의 문제를 간과하고 나는 온전한 인간됨, 자기됨의 길을 갈 수 없게 된다.

신을 선택하는 길을 겸손한 실존 주체의 길이고, 나를 선택하는 길은 자신만만한 코기토 주체의 길이다. 실존 주체의 의지는 비의지적인 것과 부딪히며 내적 갈등을 일으키지만, 이 갈등 관계 속에서 '자기'가 되어간다. 이 길에서 의지는 자기가 되는 실존의 과제를 해결하기 위해 자신을 넘어서는 비의지적인 것을 수긍하고 초월의 영역으로 들어간다. 가능성이 필연성을 수용하는 것은 자유의 한계를 수용하는 것이고, 자연과 신적인 힘을 수긍하는 것이다. 의지에게 비의지적인 것은 신적인 영역에 이르는 매개가 되는 것이다. 반면 코기토 주체의 길은 인간의 이성 안에 머문다. 이것을 리쾨르는 추상적이며 알맹이 없는 허상이라고 말한다.

리쾨르에게 의지와 비의지적인 것의 관계는 키에르케고어에게 가능성과 필연성의 관계에 정확히 상응한다. 의지가 가능성이라면 비의지적인 것은 가능성이 실현되기 위한 필연적 조건이다. II장에서 가능성과 필연성의 관계는 모음과 자음, 산소와 질소의 관계와 같다고 말했다. 리쾨르에게 의지와 비의지적인 것의 관계도 정확히 이에 상응한다. 서로 대립하는 요소이지만 제대로 된 발음이 나오고 제대로 된 호흡이 이루어지기 위해서는 서로 없어서 안 되는 상호필수적인 관계이다. 리쾨르는 이러한 관계를 가리켜 "의지적인 것과 비의지적인 것의

상호성(Reziprozität)"이라고 말한다.[14]

키에르케고어에게 가능성과 필연성은 실존의 두 대립적 요소이다. 그럼에도 둘은 현실성이 되기 위해 서로 관계하고 종합해야 한다. 대립적 모순성을 극복하고 종합으로 관계해야 인간은 자기 자신이 된다. 자기 자신이 되었다는 것이 곧 현실성 정립을 의미하는 것이다. 리쾨르도 마찬가지이다. 의지와 비의지적인 것은 대립적 관계이지만, 자기가 되기 위해 서로 관계해야 하는 상호적 요소이다. 두 대립 요소가 화해(Einheit)를 이루어야만 자유의 가능성은 실현되고 인간은 행동하는 현실 주체가 된다. 리쾨르에게 온전한 주체는 생각하는 주체가 아니라 행동하는 주체이다. 행동하는 주체에 의해 현실은 변화하고 새로운 현실로 나아간다.[15]

---

[14] Ricœur(2016), *Das Willentliche und das Unwillentliche*, 24. 또한 윤성우는 이 상호성의 관계를 "서로가 서로에게 짝하도록 강하게 잡아끄는 인력(引力)"의 관계라고도 표현한다. 윤성우(2002), "자유와 자연 — 리쾨르의 경우," 104.

[15] 리쾨르에게 주체는 반성철학의 전통에서 "자기 자신으로 되돌아오는 활동"이며 "자기 이해의 가능성을 탐구하는 활동"이다. 윤성우(2001), "폴 리쾨르에게서 주체물음,"「철학과 현상학 연구」Vol. 18, 299. 이에 따라 의지 주체는 아직 가능성의 주체이다. 의지 주체가 자기 이해에 이르고 자기가 되어 행동하는 현실 주체가 되려면 신체적 필연성과 관계하고 화해를 이루어야 한다. 이에 리쾨르는 신체가 "행위의 기관(organe)"이라는 점에 주목하여, 신체에서 반성철학의 (자기) 반성적 사유와 현상학의 (자기) 지향적 사유를 접목하고, 나아가 이 지향적 사유에 해석학적 방법론을 접목한다(*Ibid.*, 303). 리쾨르에게 주체 정립을 위한 조건은 신체를 넘어 언어, 타자 및 제도가 더 있다(*Ibid.*, 297). 즉, 리쾨르에게 인간은 자기 정체성을 찾기 위해 불가피하게 타자와 관계해야 하는데 그 첫 번째 타자가 신체인 것이다. 인간의 신체는 자신에게 속한 것(eigen)이지만, 동시에 세계에 속한다. 이 때문에 리쾨르는 신체를 두 가지 용어로 구분해 부른다. 나에게 속한 신체가 육신(肉身)을 가리키는 Leib/chair라면, 세계에 속한 신체는 몸체를 가리키는 Körper/corps이다. 이러한 신체의 이중성 내지 경계성을 근거로 리쾨르는 신체를 인간의 내면성과 세계의 외재성을 연결하는 매개라고 본다. 리쾨르(2006),『타자로서의 자기 자신』, 424. 신체의 고유성과 타자성에 대해서는 *Ibid.*, 421-433. 요약하면 인간의 의지(가능성)는 의지로 어쩔 수 없는 비의

키에르케고어의 가능성과 필연성이 종합할 때 새로운 실존의 현실성이 산출되는 것처럼, 리쾨르의 의지적인 것과 비의지적인 것의 화해도 행동하는 주체와 새로운 현실을 산출한다. 두 대립적 요소의 종합과 화해가 초월성을 전제한다는 점도 같다.[16] 가능성이 필연성에 '복종'[17]하고 의지가 비의지적인 것을 수용하는 과정에서 인간은 자신의 한계를 경험하고 초월자와의 관계를 추구한다.

'자기'는 여기서 생성된다. 키에르케고어에게는 나(ich)가 자기(self)가 되어야 실존의 구원이 이루어진다. 그런데 자기는 나의 힘으로 획득되는 것이 아니라 신의 은총으로 획득된다. 가능성이 필연성에 복종하고 이를 넘어 자기 현실성에 도달하려면 신과 관계해야 한다. 가능성의 실존은 "신이냐 가능성이냐"의 양자택일 상황에서 신을 선택을 해야 한다.

리쾨르에게도 마찬가지로 의지가 신체적 필연성을 수용하는 문제는 '신이냐 나이냐'의 양자택일 앞에 서는 것과 같다. 가능성(키에르케고어)과 의지(리쾨르)가 무언가를 결단하고 결정해야 하는 같은 상황에서

지적인 신체(필연성)와 관계하고 통일을 이루어야 행동하는 현실 주체로 정립된다 (현실성). 그런데 신체적 필연성과 통일을 이루려면 매개가 필요하고 이 매개가 인간의 제도 일반을 상징하는 언어가 되는 것이다. 이 현실 주체로의 정립 과정을 해명하기 위해 리쾨르의 사유는 의지철학에서 반성철학과 현상학을 거쳐 해석학에 이른 것이다.

16 물론 키에르케고어에게 종합의 현실성은 신학적 현실인 반면, 리쾨르에게 화해의 현실은 해석학적 지평에서 열리는 현실이라는 점이 다르다.

17 키에르케고어는 리쾨르의 "수용"(einwilligen)보다 더 강력한 표현인 "복종"(ge-horchen)의 표현을 사용한다. "가능성이 결핍하고 있는 것은 복종하는 힘(Kraft zu gehorchen)이다. 즉, 자신의 한계(Grenze)로 불리는 자신 안에 필연적인 것(das Notwendige) 아래에 스스로를 굽히는 힘이다." Kierkegaard(1982), *Krankheit zum Tode*, 33.

두 사상가의 답은 같다. 신 내지 초월성과의 관계를 선택하여야 가능성은 현실화하고 의지는 실현된다. 그것은 두 사상가가 실존의 불안과 절망을 그대로 수용하면서 초월할 때 참된 자기에 이른다고 생각하기 때문이다.

다만 두 사상가가 신과 관계하는 방식은 다르다. 키에르케고어는 신과 관계하는 방식으로 오직 초월적 비약(믿음)을 말하지만, 리쾨르는 포에지에 내재하는 상징의 힘을 통한 우회적 매개를 설정한다. 키에르케고어의 가능성은 초월적 믿음이 없으면 현실성으로의 이행이 불가능하지만, 리쾨르의 의지는 초월적 믿음이 없이도 포에지의 매개를 통해 자기에 이르는 길이 열린다. 포에지의 매개는 예술작품이다. 독자나 관람자는 작품의 상징을 해석하며 작품을 이해함으로써 유한성의 한계에 절망하면서도 새로운 자기를 향해 초월을 감행한다. 리쾨르는 작품의 텍스트를 가리켜 내재성 안의 초월성(Transzendenz in Immanenz)이라고 말한다.[18]

예술 언어 안에 내재하는 초월성의 기원은 "존재의 힘"이다. 리쾨르에게 의지는 곧 존재하려는 의지이고 실존에서 존재로 나아가려는 의지이다. 존재 의지가 실현되기 위해서는 존재의 힘이 필요하다. 이 존재의 힘은 작품 안에 내재한다. 작품 안에 내재하는 상징 언어와 상징적 텍스트를 매개로 존재의 힘이 계시된다. 이 힘이 독자의 해석을 이

---

[18] 리쾨르, 김한식 옮김, 『시간과 이야기 3』(서울: 문학과지성사, 2004), 199. 이 책의 본문 IV장 4의 "독자의 수용 미학과 텍스트 이론"에서 논하겠지만, 랑그와 대비되는 파롤 즉 "말" 내지 "이야기"는 지시기능을 통해 이미 자신을 초월하는 것으로 여겨진다. 말의 일차 의미가 이차 의미를 지시하며 자신을 초월하는 것이다. 랑그 안의 파롤이 말하자면 "내재성 안의 초월성"이고, 이 문맥에서 리쾨르는 이야기 텍스트를 가리켜 내재성 안의 초월성이라고 말한 것이다.

끌고 해석하는 자에게 진리가 알려지는 방식으로 인간에게 새로운 자기 이해가 일어난다. 이처럼 리쾨르에게 인간의 자기 이해는 내가 앞장서서 이루는 것이 아니라 상징 텍스트 안에 내재하는 존재의 힘에 이끌려 수동적으로 이루어진다.[19]

리쾨르의 해석학은 상징 철학이다. 상징을 해석하며 인간의 새로운 자기 이해를 해명하는 학문이다. 리쾨르의 실존 철학은 해석학을 거치며 예술작품을 통한 구원의 길을 열어놓았다.

2. 의지 철학에서 상징 해석학으로의 전향

리쾨르의 의지 철학은 세 단계로 전개된다. 의지 철학 I에 해당하는 『의지적인 것과 비의지적인 것』은 리쾨르의 실존적 인간학의 틀을 마련한 저서라고 할 수 있다. 실존이 존재로 연결되기 위해서는 의지와 비의지적인 것이 통합되어야 하는데 그 통합이 나의 의지만으로는 안 되기 때문에 외부로부터의 힘이 요청된다. 이 힘이 언어 안에 내재하는 존재의 힘이다. 이러한 방식으로 의지 철학 I에서는 인간 실존의 한계를 통한 인간됨과 자기됨의 수동적 '형식'을 마련하고 있다. 반면 의지 철학 II에서는 실존의 한계에서 생겨나는 구체적인 실존 문제들을 '내용'으로 다룬다. 의지 철학 II의 대표적 저서인 『잘못을 범할 수 있는

---

19 해석은 '존재의 힘'과 교통하는 방식이다. 해석을 가능하게 하는 힘이 '존재의 힘'이고 '존재의 힘'과 교통하며 나는 존재한다. 그리하여 해석 가운데 이루어지는 인간의 자기 이해는 나의 의식에서 이루어지는 것이 아니라 나의 의식보다 더 깊은 '존재의 힘'에 이끌려 이루어지는 것이다. 양명수,『폴 리쾨르의『해석의 갈등』읽기』(서울: 세창미디어, 2017), 6-10, 27.

인간』(L'homme fallible)과 『악의 상징』(La symbolique du mal)에서 리쾨르는 인간의 의지대로 되지 않은 실존 문제를 인간이 근원적으로 지닌 오류의 문제, 허물과 죄의 문제와 연관해 구체화한다. 즉, 의지 철학 I에서 다룬 비의지적인 것(신체적 필연성)의 영역을 죄와 구원의 문제로 확장해 실존에서 존재로 이르는 길에 외부적 힘이 요청되는 문제를 더욱 심화한다. 인간이 근원적으로 지닌 오류와 죄의 문제를 해결하기 위해 존재의 힘이 요청된 것이고 존재의 힘이 내재하는 상징 언어와 상징 텍스트가 요청된 것이다.

상징 언어는 단순히 일상에서 통용되는 소통 언어가 아니고, 이성에 근거한 철학적 개념 언어도 아니며, 뜻이 분명해야 하는 과학적 언어도 아니다. 오히려 뜻이 분명하지 않고 해석의 여지가 많은 언어이다. 존재의 힘은 그러한 상징 언어 안에 내재한다. 상징 언어는 겹 뜻을 지닌다. 일차적 의미 안에 이차적 의미가 지시된다. 그 때문에 상징 언어를 이해하기 위해서는 '해석'이 필요하다. 대표적인 상징 언어에는 꿈이나 시, 신화와 성서 등이 있다. 이러한 상징 언어들은 이성적 자의식(Selbstbewusstsein)을 넘어 새로운 차원의 자기 이해로 인도한다. 프로이트의 꿈의 언어가 그렇고, 시 언어가 그렇고, 성서가 그렇다.

상징 언어를 해석하며 존재 의지는 상징 안에 내재하는 존재의 힘과 관계한다. 그런데 그 관계는 나의 주도로 이루어지는 관계가 아니라 존재의 힘에 이끌려 인도되는 수동적 관계이다. 이처럼 존재 의지가 존재의 힘에 이끌려 해석이 이루어지는데 이를 가리켜 "해석학적 믿음"이라고 부른다.[20] 리쾨르가 해석학에서 말하는 믿음은 곧 상징의

---

20 양명수는 리쾨르의 "해석학적 믿음"을 가리켜 비판 이성 이후에 등장한 "근대적 믿음"

힘에 이끌리는 것을 뜻한다. 상징은 생각을 불러일으키는 힘을 지닌다. 이 힘에 이끌리는 것이 해석학적 믿음이다. 상징의 힘이란 상징 언어를 통해 일하는 존재의 힘을 가리킨다. 상징 안에 내재하는 존재의 힘에 이끌려 해석이 일어나고 새로운 자기 이해가 일어난다.

이와 같은 방식으로 세워지는 주체는 데카르트의 자기 정립적 주체와는 완전히 다르다. 물론 생각을 불러일으키는 상징에 이끌려 나는 생각한다. 해석에서 생각하는 주체는 여전히 중요하고 이 점에서 리쾨르는 데카르트의 반성철학의 전통에 서 있다. 그러나 상징 언어를 매개로 존재의 힘에 복종하는 방식으로 해석이 이루어진다는 점에서 해석학적 주체는 코기토의 자기 정립적 주체가 아니라 상처 입은 코기토이며 해석학적 '매개'를 통해 자기를 아는 겸손한 주체이다.[21]

이라고 말한다. 양명수(2017),『폴 리쾨르의『해석의 갈등』읽기』, 39. 믿음은 전적으로 수동적인 태도이다. 이는 인간의 의지가 비의지적인 것과 관계하면서 생겨난다. 리쾨르는 우리가 수동적으로 관계하는 세 가지 비의지적인 것을 말하는데, 첫째, 자신의 고유한 신체(Leib), 둘째, 타자(Fremde), 셋째, 양심(Gewissen)이다. 리쾨르(2006),『타자로서의 자기 자신』, 420. 신체는 나에게 속하지만 동시에 나의 의지 밖에 속한다. 그래서 인간은 자신의 신체를 경험하며 수동적이 된다. 타자도 상호주관성의 원리로 나와 밀접히 연관되어 있지만 동시에 나와는 완전히 다른 낯선 존재이다. 그래서 타자를 경험하며 인간은 수동적이 된다. 그런데 양심이 비의지적인 것이라는 말은 의미심장하다. 양심은 신체나 타자와 달리 완전히 나의 내면의 일이기 때문이다. 그런데 이 내면에 존재하는 양심이야말로 해석학적 믿음과 깊이 관련된다. 양심은 내면의 소리인데 이 소리는 결국 자기 자신과의 관계에서 오는 것이고 '자기'는 나의 힘이 아니라 나를 초월하는 힘에 의해 설정되는 것이다. 그렇게 요청된 힘이 존재의 힘이고 이 힘은 상징 안에 내재하며 나에게 말을 걸고 나의 양심에 영향력을 지니고 작용한다. 이렇게 볼 때 자기 자신이 되는 것도, 양심의 소리도 비의지적인 것이며 양심이야말로 가장 깊숙이 자리하는 비의지적인 것이다. 존재의 힘에 대한 "해석학적 믿음"은 이 근원적인 수동성의 문맥에서 이해된다.

21 "상징은 생각을 불러일으킨다. 내가 말하는 이 명제에는 두 가지 의미가 들어 있다. 첫째, 의미는 내가 만드는 것이 아니라 상징이 불러준다. 둘째, 상징은 무엇인가를 불러주고 나는 생각한다. 다시 두 가지를 말하면 이렇다. 첫째, 어둠에 묻혀 있기는 하

매개된 주체(mediated subject)라는 점에서도 리쾨르의 주체는 키에르케고어의 주체와 같다. 키에르케고어의 주체도 믿음에 의해 매개된 주체이다. 키에르케고어는 "주체는 진리이다. 주체는 진리가 아니다"라는 역설적 명제를 제시하며 직접적으로 정립된 주체는 진리가 아니고, 오직 신과의 관계에서 새롭게 정립된 주체만이 진리라고 말한다.[22] 즉 인간은 오직 그리스도에 대한 믿음을 통해서만 진정한 주체가 된다는 말이다.

키에르케고어의 믿음의 주체와 리쾨르의 매개된 주체는 결국 실존 상황에서 생겨나는 인간의 궁극적 한계로 소급되는 개념이다. 그것은 오직 신 앞에서 드러나는 죄의 문제로 이야기될 수 있다. 죄는 나의 의지로는 해결할 수 없는 비의지적인 것이다. 그렇기 때문에 인간은 자기가 되지 못하고, 새로운 자기 이해에 도달하지 못한다. 죄는 인간이 존재로부터 분리된 후 실존에 처하며 형성된 "존재의 구조"가 되어 버렸다.[23] 그러한 것으로서 죄는 선험적(apriori)이다. 나의 의지와 의

만 모든 것은 다 이야기되어 있다. 둘째, 그러나 우리 생각으로 다시 그 이야기를 시작해야 한다. 결국 내가 하고자 하는 작업은 상징에 묻힌 생각과 그것을 생각하는 생각을 함께 이해하려는 것이다." 리쾨르, 양명수 옮김, 『해석의 갈등』(서울: 한길사, 2012), 322.

22 키에르케고어는 주체됨(Subjektivwerden)과 주체의 진리(Wahrheit)와 비진리(Unwahrheit)에 대한 문제를 『비학문적 후서』의 1~2장에서 길게 논하고 있다. Kierkegaard(1976), *Philosophische Brosamen und Uuwissenschaftliche Nachschrift*, 260-400. 키에르케고어는 근대 사상가답게 주체가 되는 문제를 실존에서 가장 중요한 일로 여기지만, 동시에 인간 안에는 진리가 없다는 역설을 주장하며 인간 주체의 진리와 비진리의 경계를 흐리고 진리는 오직 신과의 관계를 통해서만 나타난다는 생각을 피력한다. Günter Rohrmoser(1971), "Kierkegaard und das Problem der Subjektivität," In: Heinz-Horst Schrey (Hg.), *Søren Kierkegaard*, Wege der Forschung 179 (Darmstadt, 1971), 421.

23 리쾨르는 죄를 가리켜 '존재 양식' 또는 '존재 구조'라는 말을 사용하여 표현한다. 리쾨

식 이전에 이미 죄는 구조화되어 있다. 이 실존의 근원적 문제를 해결하며 주체가 되고 자기가 되고 인간이 되려 하기 때문에, 인간의 힘 외부의 힘이 요청되고 매개가 요청되는 것이다.

리쾨르가 상징 철학으로 넘어가는 것도 바로 죄와 악의 문제를 본질적으로 다루면서였다. 인류의 역사에서 악의 경험은 상징으로 표현되어왔다.[24] 그래서 리쾨르는 존재하려는 의지의 실현을 위해 필연적으로 거쳐야 하는 비의지적인 것의 자리를 상징 언어로 대체하며, 상징의 해석을 통해 존재의 힘과 관계하고 죄를 스스로 수긍하며 존재로 향하는 길을 마련한다. 존재 의지가 실현되고 온전한 인간이 되기 위해서는 상징 언어와 관계해야 하는 구도가 마련된 것이다. 여기서 리쾨르의 의지 철학은 상징 해석학으로 전향하게 된다.

의지 철학 III으로 불리는 『의지의 시학』(The Poetics of the Will)은 제목에서부터 리쾨르의 사유가 완전히 상징과 해석의 영역으로 옮겨갔다는 것을 암시한다. 『의지의 시학』은 비록 기획에 그쳤지만 리쾨르는 다른 방식으로 의지 철학 III의 기획을 전개한다. 즉, 철학의 시각에서 상징 언어의 문제와 비의지적인 것의 문제를 분석하며 『해석에 대하여: 프로이트에 관한 시론』(1965), 『살아 있는 은유』(1975), 『시간과 이야기 1, 2, 3』(1983-85) 등의 저서들을 집필함으로써 기획에 그친 『의지의 시학』을 우회적 방식으로 실현한다.[25]

르(2012), 양명수 옮김, 『해석의 갈등』, 315, 347.

24 "악의 경험에 다가가는 상징의 표현이란 문자 의미를 통해 다른 의미, 곧 어떤 실존적 의미라고 할 만한 것을 가리키는 표현이다. 즉, 때, 빗나감, 방황, 무게, 짐, 노예, 타락 등의 표현을 통해 흠 있는 존재, 죄인, 허물 많은 존재 등을 사유하게 하는 표현이다." *Ibid.*, 353-354.

25 리쾨르, 김동규·박준영 옮김, 『해석에 대하여: 프로이트에 관한 시론』(고양: 인간사랑,

예를 들어 비의지적인 요소로서 무의식에 대해서는 『해석에 대하여: 프로이트에 관한 시론』에서 자세히 다룬다. 무의식은 의지가 어떻게 할 수 없는 영역이기 때문에 수긍을 위해 매개가 필요한데, 리쾨르는 그 매개를 예술이라고 여긴다. 그는 프로이트가 회화작품을 가리켜 "밤에 꾸는 꿈에 대한 낮의 등가물"이라고 정의한 것에 대해 다음과 같이 말한다:

"예술이 새로운 창작인 것은 예술가의 내적 갈등이 작품에 단순히 투사되었기 때문이 아니라, 갈등의 해결책을 모색하고 있기 때문이다. 꿈이 뒤를 바라보고 유년 시절과 과거를 바라본다면 예술은 예술가 자신보다 더욱 앞질러 간다. 예술작품은 예술가의 해결되지 못한 퇴행적 증상이라기보다 그 사람의 인격적 통합 및 미래를 전망하는 하나의 상징이다."[26]

즉 리쾨르에 따르면 예술작품은 무의식의 외상에 머무는 것이 아니라 실존 문제에 대한 해결을 함축함으로써 미래로 나아가게 하는 존재의 힘을 지닌다. 이러한 차원에서 예술은 비의지적인 것으로서 무의식과 존재를 매개하는 상징이다. 상징 언어는 인간의 의지와 의식을 넘어서는 비의지적인 영역을 대변하는 언어적 매개이다. 상징 언어의 해석을 통해 비존재로부터 존재에 이르고 가능성으로부터 현실성에 이른다. 그 길에서 인간은 새로운 자기 이해에 이르고, 새로운 세상을 향

2013); 리쾨르, 김한식·이경래 옮김, 『시간과 이야기 1, 2, 3』(서울: 문학과지성사, 1999-2004); 『살아 있는 은유』는 아직 한국어 번역본이 없다. Ricœur, *Die Lebendige Metapher*, Übergänge Band 12 (Paderborn: Wilhelm Fink, 2004).

26 Ricœur, *Die Interpretation. Ein Versuch über Freud*, trans. by Eva Moldenhauer (Frankfurt am Main: Suhrkamp, 1965/1969), 184.

해 나아간다.

키에르케고어에게 가능성의 실존인 미적 실존은 가능성으로부터 믿음의 비약을 수행하지 못했다. 그러나 리쾨르의 상징 언어의 매개를 통해 해석학적 믿음에 이르며 현실성의 자기가 되는 길이 열렸다. 이 길이 해석을 매개로 정립되는 '해석학적 자기됨'의 길이자 '미학적 자기됨'의 길이다. 그리고 이 길은 리쾨르의 삼중 미메시스(triple mimesis) 이론으로 설명된다. 미학적 언어를 해석하며 미학적 가능성이 자기됨의 현실성으로 연결되는 이론이다. 미메시스 용어 자체는 플라톤으로 소급되는 오래된 미학적 개념이지만, 근대 이후 현대 철학에서 계몽주의 이성의 한계를 극복하는 개념으로 미메시스는 다시 주목을 받고 있다. 리쾨르의 삼중 미메시스 이론도 이러한 철학사적 문맥에서 이해될 수 있고 근대의 합리적 이성이 해명할 수 없는 실존과 존재의 문제를 사유하고 해결하는 방법으로 재조명되고 있다.

이에 다음 장에서는 미메시스 개념이 리쾨르의 사상 안에서 어떻게 정의되고 있는지 살펴보고 나아가 세 단계로 전개되는 삼중 미메시스 이론을 각 단계별로 고찰하며 미학적 가능성에서 새로운 현실이 생성되는 과정을 본격적으로 논할 것이다.

1. 미메시스 개념의 이해

미메시스는 플라톤이 처음으로 언급한 "최초"의 예술 개념으로 서구 미학과 예술 이론의 모체로 여겨져왔다. 플라톤에게 미메시스는 말 그대로 모방이다. 무엇을 모방하는가? 이데아의 모방이다. 이데아를 모방한 것이 실재계의 사물(physis)이다. 그렇다면 실재계의 사물을 모방하는 예술은 모방한 것을 다시 모방하는 것이며 이데아로부터 두 단계나 떨어진 것이 된다.[1] 그래서 플라톤은 예술이 이데아의 이성으로 나아가려는 사람들을 혼미하게 만든다고 하여 예술을 이성 국가에서 추방해야 한다는 예술추방론을 피력한다.[2]

---

[1] 김한식(2009), "미메시스 해석학을 위하여," 「불어불문학연구」 79집 가을호, 152. 심지어 플라톤은 침대의 비유를 들어 장인이 만든 물건을 화가가 다시 모방한다고 하여 화가를 장인보다 아래에 놓는다. 김태경(2009), "플라톤의 국가에 나타난 미메시스 개념," 「범한철학」 제52권, 68.

[2] 플라톤, 『국가』 10편; 리쾨르(1999), 『시간과 이야기 1』, 88.

그러나 플라톤의 제자 아리스토텔레스는 플라톤의 미메시스 개념을 수용하면서 동시에 전혀 다른 모방 개념을 산출해낸다. 즉, 모방의 대상을 실재계의 사물로부터 인간의 행동으로 옮긴다. 인간의 행동은 인간의 성격과 자질을 전제하는 윤리적 차원을 포함하고 이것을 모방하며 시인은 이야기를 만들어낸다. 한편 이야기(플롯)의 산출 과정에서 현실의 우연적이고 불일치하는 행동들에 플롯의 일관성이 들어선다. 그리고 이 때문에 창작물은 독자의 이해와 공감을 불러일으킨다. 플라톤의 미메시스가 감각계에 한정된 것이었다면 아리스토텔레스의 미메시스는 인물들의 행적과 삶의 모습을 이해 가능한 줄거리로 만들어내며 미메시스 개념을 윤리적 지평으로 확장하고 현실을 새롭게 이해하도록 도모한다.[3]

리쾨르는 이러한 아리스토텔레스의 미메시스 개념을 자신의 상징론과 연결해 해석학적 의미 지평으로 더욱 심화한다.[4] 인간의 성격과 자질과 행동을 모방하며 만든 이야기가 독자의 일상 현실 속으로 스며들어 삶을 변화시키는 데까지 미메시스 개념이 확장된다. 리쾨르의 미메시스 개념은 플라톤보다 아리스토텔레스에 기반하고 있는데 이는 두 사상가의 현실 인식에 대한 차이에 근거한다.

플라톤에게는 우리가 사는 현실 세계가 이미 모방이다. 그에게 인간의 현실은 선의 이념이라는 원형을 본뜬 것으로서 늘 원형에 미치지 못한다. 그러한 현실을 다시 모방하는 활동이 예술이다. 그렇기에 예

---

3 리쾨르(1999),『시간과 이야기 1』, 137; 김한식(2009), "미메시스 해석학을 위하여," 158.

4 *Ibid.*, 161, 167; 김한식(2011), "미메시스, 재현의 시학에서 재현의 윤리학으로,"「불어불문학연구」 88집 겨울호, 251-253.

술은 현실의 그림자에 불과하다.[5] 플라톤에게 인간 세상은 동굴로 비유된다. 동굴 속에서 인간은 벽에 비친 자신의 그림자만 바라보고 산다. 동굴 밖 이데아(진리)의 실체를 모른 채 살아가는 인간 세상의 현실이다. 이때 인간을 동굴 밖으로 인도하는 것이 로고스 철학이라면, 동굴 속 현실을 다시 모방하는 것이 예술이다. 그래서 플라톤은 예술을 추방할 때 사람들이 이성을 따라 동굴 밖의 진리로 향한다고 여긴다.

플라톤의 이러한 생각은 서구의 이분법적 사상을 지배하며 미와 예술을 비하하는 데 일조해왔으며, 키에르케고어 역시 그 영향을 받았다.[6] 그리하여 키에르케고어는 감각과 상상, 공상 등의 미학적 요소들을 정신과 대립하는 것, 즉 비존재로 보았다. 그러나 키에르케고어의 반전은 그 비존재의 영역을 이성이 해명할 수 없는 실존의 영역으로 다시 수용하며 오히려 비존재로부터 존재를 설명하고 있는 점이다. 그리하여 키에르케고어는 이성 철학에서 배제한 미와 예술을 비존재의 이름으로 다시 철학과 신학으로 수용하였고 신 앞에서 자기가 되고 인간이 되는 실존의 한 원리로 전환하였다.

키에르케고어가 높이 평가한 아리스토텔레스도 플라톤이 배제한 미와 예술을 통해 오히려 진리로 나아가는 길을 열고 있다. 아리스토텔레스에게는 인간 현실이 그림자가 아닌 실체이다. 제1 실체로서 인간 현실은 제2 실체인 선의 이념을 추구한다.[7] 그러므로 현실을 살아

---

5 *Phaidros* 274e-277e. Ricœur(1988), *Zeit und Erzählung*, Bd. 1, 127.
6 "키에르케고어의 실존 개념들에 접근하다보면, 플라톤의 동굴 비유와 키에르케고어의 실존 삼단계론 사이에 놀라울 만한 유사성이 존재한다는 것을 알게 된다." Liesolette Richter, *Existenz im Glauben: Aus Dokumenten, Briefen und Tagebüchern Søren Kierkegaards* (Berlin: Evangelische Verlagsanstalt, 1956), 12.
7 양명수, 『토마스 아퀴나스의 『신학대전』 읽기』(서울: 세창미디어, 2014), 114.

가는 인간의 행동과 삶의 행적을 모방하는 예술은 이데아로 향하는 것을 방해하고 진리로부터 멀어지게 하는 것이 아니라 오히려 인간 삶의 현실을 더 깊이 이해하며 진리로 나아가게 하는 매개가 된다.

플라톤이 이데아(이상) 중심의 사유를 한다면 아리스토텔레스는 현실 중심의 사유를 한다. 그리고 이 두 가지 상이한 철학적 관점은 후대의 사상가들에게서도 이상과 현실, 이성과 감정, 사변과 경험 등의 대립적 관점들을 낳았고 이로부터 미메시스 개념도 상이하게 이해되어 왔다. 현대 철학에서 미메시스 개념을 철학적 문맥에서 처음 주목한 사상가는 아도르노이다. 아도르노는『계몽의 변증법』(1944)에서 미메시스 개념을 계몽주의 이성에 대한 대립 개념으로 설정하며 이성 중심의 서구 철학에서 소홀히 되거나 간과, 억압된 부분을 재발견하는 데 사용하였다.[8]

리쾨르 역시 사실상 이와 같은 문맥에서 미메시스 개념을 사용한다고 할 수 있다. 데카르트의 코기토적 이성 주체를 수정하는 문맥에서 이성이 간과한 실존 현실을 사유하는 데에 미메시스 개념을 사용하고 있기 때문이다. 이성으로 해명할 수 없는 실존의 문제가 인간의 일상 현실 속에 이야기로 잠재되어 있다고 보는 데서 리쾨르의 미메시스론은 출발한다. 현실의 삶을 잠재된 실존의 이야기로 바라보고 그 이야기를 작품으로 형상화하고 형상화된 작품을 해석하며 새로운 자기 이해에 이르고 새로운 현실을 창조해가는 과정이 세 겹의 삼중 미메시스론(triple mimesis)이다.

리쾨르가 플라톤과 아리스토텔레스로 거슬러 올라가는 고대의 미

---

8 최성만(1996), "발터 벤야민의 미메시스론,"「독일어문화권연구」 5권, 177.

학 개념인 미메시스를 사상 가운데 끌어들인 것은 그 자체로 실존 현실과의 연결을 염두에 둔 것으로 볼 수 있다. '모방'의 뜻을 지닌 전통적인 미메시스 개념을 통해 예술의 창조가 하늘에서 뚝 떨어진 무로부터의 창조가 아니라 현실에 기반을 두고 있다는 것을 보여준다. 즉, 예술작품은 현실과 무관한 것이 아니라 현실의 반영이라는 것이며 이를 통해 현실을 변화시킬 수 있는 잠재태가 되는 것이다. 그리하여 예술작품은 인간이 진리를 향하는 길에서 이성이 주도하는 진과 선의 길 외에 미와 예술이 주도하는 길을 여는 매개가 된다.

키에르케고어와 리쾨르에게 미와 예술은 배제되어야 하는 것이 아니라, 오히려 새로운 현실로의 변화를 위한 가능성의 산실(產室)이다. 그러나 키에르케고어의 경우는 초월적 믿음의 범주에 막혀 새로운 현실의 변화로 나아가지 못한 반면 리쾨르는 '해석학적 믿음'의 형태로 해석의 지평에서 변화를 관철시킨다.

다음에서 리쾨르의 3단계 미메시스론은 새로운 현실의 가능성이 예술의 창작과 해석을 통해 어떻게 실현되는지 보여줄 것이다. 특히 미메시스 III단계는 리쾨르 해석학의 독창성이 나타나는 단계이다. 즉, 독자에게 새로운 자기 이해가 일어나는 단계로 예술작품에 내재하는 새로운 현실의 '가능성'이 '현실성'으로 연결되는 중요한 단계이다. 여기서 키에르케고어에게는 한계로 드러난 '미학적 자기됨'의 문제, 즉 가능성으로부터 현실성으로 이행하는 문제가 해결된다.

미메시스 I이 창작 이전(Vorher)에 창작의 원천인 가능성으로서의 현실 단계라면, 미메시스 III은 창작 이후(Nachher)에 창작물을 해석하며 변화한 현실의 단계이다. 현실을 개입시키기 때문에 리쾨르의 미메시스론은 세 단계로 나타난다. 미메시스 I이 창작의 '가능성'으로서 현실이라면, 미메시스 II는 그 가능성을 이야기(예술작품)로 창작한 미학적 '가능성'의 산출 단계이다. 그리고 미메시스 III은 그 미학적 '가능성'을 구현하여 새로운 현실로 정립하는 단계이다. 창작의 세계인 미메시스 II를 해석학적 매개로 삼아 변화 '이전'의 가능성으로서의 현실(미메시스 I)과 변화 '이후'의 새로운 현실(미메시스 III)이 연결된다.

리쾨르의 삼중 미메시스론을 그의 근본적인 철학적 의도의 연장에서 이해할 수 있다. 즉, 코기토 이성이 간과한 '실존' 현실의 문제를 해명하고 존재의 의지를 현실의 지평에서 실현하고자 한 초기 의지 철학의 연장선상에서 이해할 수 있는 기획이다. 미메시스라는 미학적 방식으로 이성이 해명할 수 없는 인간의 실존 현실을 창작의 영역으로 수용하고, 이것을 해석학적 매개로 삼아 새로운 세상으로 나아가려는 전 과정을 총칭하는 개념이 삼중 미메시스인 것이다.

2. 미메시스 I: 선(先)이야기적 구조로서 현실
― 전 형상화(Pre-figuration) 단계

아리스토텔레스의 미메시스가 인간의 행동을 모방하고 줄거리로 재현하는 것이라면, 리쾨르는 그 줄거리를 매개로 작가와 독자가 새로운 자기를 발견하고 기존의 현실을 변화시키는 해석학적 지평으로까지 미메시스 개념을 발전시킨다. 아리스토텔레스의 미메시스가 창작의 단계에 한정된다면, 리쾨르의 미메시스는 창작의 단계와 현실 세계를 연결한다. 그리하여 그의 미메시스론은 창작(미메시스 II)을 매개로 창작 이전에 변화되기 전의 현실(미메시스 I)과 창작 이후의 변화된 현실(미메시스 III)을 모두 포함한 삼중 미메시스(triple mimesis)의 형태로 나타난다.

미메시스 I은 이야기 창작의 진 단계이고, 전 이해의 단계이다. 미메시스 II가 인간 행동을 모방하고 문학적으로 재현하는 것이라면, 미메시스 I은 사람이 이미 삶의 행동을 이야기 형태로 이해하고 있다는 것을 가리킨다.[9] 말하자면 미메시스 II는 인간의 행동을 이야기 형태로 이해하고 있는 전 이해를 바탕으로 이루어진다. 이야기 이전의 이야기를 이야기로 이끌어 만들어내는 작업이 미메시스 II이다. 반면 미메시스 I은 형상화되기 이전의 이야기로 이루어진 행동 이해 곧 인간행동의 전 이해이다. 이야기를 만드는 미메시스 II는 인간이 자기 자신과 삶을 이해하는 시적 행위라고 할 수 있는데, 그런 이해는 전 이해 즉 미메시스 I을 바탕으로 하는 것이다.

사람이 인간의 여러 행동을 이미 이야기 형태로 이해하고 있다는 점을 밝히기 위해 리쾨르는 행동의 의미론적 "개념망"을 말한다.[10] 인간

---

[9] 리쾨르에게 행동(Handeln)은 일차적으로 의미론적 행동(semantisches Handeln)을 뜻한다. 그것은 몇 가지 특징으로 나타나는데, 행동의 목적(Ziel)과 동기(Motiv), 행동하는 주체(handelndes Subjekt) 그리고 행동을 유발하는 상황(Umstände), 다른 사람과의 관계를 전제하는 상호작용(Interaktion)이 행동 안에 내재한다. 이러한 것으로서 행동에는 항상 누가(주체), 왜(목적, 동기) 그 행동을 했는지에 대한 의미가 배경으로 자리한다. 리쾨르(1999), 『시간과 이야기 1』, 130. 리쾨르가 미메시스 I에서 말하는 행동은 위의 특징들을 지니며 그 안에 "이야기"를 품고 있다. 반면 "행위"는 좀 더 의도성이 짙은 행동이다. 예를 들어 "예술 행위"나 "시적 행위" 등.

[10] 인간의 행동은 항상 다른 사람들과의 관계에서 더불어 하는 행동으로 나타난다. 누가, 왜, 무엇을, 어떻게, 누구를 위해, 누구에 맞서 행동하는가에 따라 어느 특정 행동에는 행동을 둘러싼 상호관계가 내재한다. X가 A를 행하는 것은 다른 상황에서 Y가 B를 행하는 것을 이미 고려하고 있는 것이다. 이러한 의미에서 리쾨르는 행동을 개념이 아니라 "개념망"(Begriffsnetz)이라고 부른다. 리쾨르(1999), 『시간과 이야기 1』, 129-131.

의 행동은 사회적 차원에서 상징적으로 이해되고 받아들여진다. 예를 들어 손을 드는 행동은 택시를 잡거나 투표를 하는 행동으로 누구나 받아들인다. 이는 인간 행동이 인류학적이고 사회학적인 상징을 매개로 이해된다는 것을 보여준다. 또한 이 부분에서 리쾨르는 인간 행동을 이해하는 데에 도덕적 가치가 개입된다고 말한다. 즉, 사회적으로 받아들일 수 있는 행동과 받아들일 수 없는 행동의 구분이 이루어진다는 것이다. 이처럼 행동의 의미론적 개념망과 사회학적 상징 매개를 통해 행동을 이해하는 것을 가리켜 리쾨르는 "행동의 실천적 이해"라고 부른다.[11]

그런데 철학자 리쾨르에게 행동의 전 이해를 위해 정말 중요한 것은 행동의 시간성이다. 행동의 개념망과 상징 매개에 친숙해지는 것을 넘어 행동을 이해하는 데에 시간 구조의 전 이해가 전제된다는 것이야말로 이야기 행위와 연결되는 부분이기 때문이다. 이 문제를 위해 리쾨르는 하이데거의 전 이해(Vorverständnis) 개념을 자신의 이야기론에 끌어들인다. 하이데거의 전 이해는 실존하는 개인이 자기 자신을 이미 존재 가능(Seinkönnen)으로 이해하고 있다는 것을 뜻한다. 리쾨르는 하이데거의 전 이해와 시간성(Zeitlichkeit)이 일상적 시간 안에서 이루어지는 것을 밝힘으로써, 자기 자신을 존재 가능으로 이해하는 인간의 전 이해에 이야기 형태가 개입하고 있음을 드러낸다.

리쾨르는 『시간과 이야기』에서 세 가지 시간의 유형을 구분한다. 우주적 시간, 현상학적 시간, 이야기된 시간이다. 우주적 시간은 일상을 지배하는 물리적인 자연의 시간이다. 현상학적 시간은 우주적, 객

---

11 *Ibid.*, 131.

관적, 물리적 시간과 달리 개인이 경험하는 시간으로, 주관적이고 내적인 시간이다.[12] 이야기된 시간은 두 시간의 유형을 종합한 시간으로, 흘러가는 시간 속에서 발생한 행동들을 이야기로 엮어 인간이 자기를 새롭게 이해하는 시간이다. 이야기된 시간은 미메시스 II에 해당하는 시간이기 때문에 여기서는 행동의 전-이해에서 중요한 미메시스 I의 '실존적 시간'을 우선적으로 다루겠다.

미메시스 I은 인간의 실존 구조가 이야기로 나올 준비를 하고 있는 상태이며, 저자와 독자가 삶을 이야기로 이해하고 있는 전-이해의 단계이다. 이는 언어 이전의 언어이고, 이야기 이전의 이야기이다. 이 관계를 밝히기 위해 리쾨르는 하이데거의 실존적 시간성(Zeitlichkeit)과 일상적 시간(vulgäre Zeit)의 관계를 밝힌다. 그래야 존재 가능성의 전이해와 이야기 형태의 관련성을 말할 수 있기 때문이다. 그 출발은 하이데거가 실존의 전 이해를 존재 가능으로 말하기 위해 사용하는 조르게(Sorge) 개념이다.[13]

조르게는 '걱정', '근심', '불안' 등의 뜻을 지니며 독일인들의 일상에서 흔히 사용되는 말로 하이데거가 인간 실존의 궁극적 관심(ultimate

---

12 현상학적 시간은 현상학을 전제하는 낯선 개념이기 때문에 여기서 생겨날 수 있는 의미상의 혼돈을 피하기 위해 앞으로는 '실존적 시간'이라는 표현으로 대체할 것임을 알려둔다. 현상학적 시간이란 우주적, 객관적, 물리적 시간과 달리 개인이 경험한 시간이다. 우주적, 객관적 시간이 수평적 시간이라면 이 시간을 수직으로 자른 개인의 시간이 현상학적 시간이다. 현상학적 시간 개념의 기원은 아우구스티누스이다. 아우구스티누스가 말하는 시간은 하나님 앞에 선 개인의 실존적 시간이다. 따라서 리쾨르가 말하는 현상학적 시간을 실존적 시간으로 표기할 때 내용상으로 무리가 없을 것이다. 또한 실존적 시간으로 표기할 때 키에르케고어와의 연관성도 쉽게 파악될 것으로 생각한다.

13 리쾨르(1999), 『시간과 이야기 1』, 143-146; Ricœur(1988), *Zeit und Erzählung*, Bd. 1, 100-103.

concern)을 말하기 위해 차용한 용어이다. 하이데거에 따르면 일상의 사람들은 대부분 군중 속의 하나로 살아가고 있다. 그리고 거기서 생기는 정체성을 마치 진짜의 나인 것처럼 알고 살아간다. 그러나 이것은 본래적인(eigentlich) 내가 아니다. 나는 여럿 중에 하나가 아니다.[14]

나는 태어날 때부터 어떤 고유한 존재 연관성(Seinsverhältnis)을 지니고 있다.[15] 존재 연관성에 근거하는 나의 본래적 정체성은 일상의 정체성에서 한 걸음 물러나 내가 누구인지 물으며 시작한다. 이것이 일상의 '밖에 서는' 실존(ex-istare)이고, 조르게의 시작이다. 실존의 관심으로 나는 일상이 규정한 익숙한 정체성을 떠나 새로운 정체성을 향해 눈을 뜬다.[16] 그리고 비본래적인 나에서 벗어나 본래적인 나로 향한다.

---

14 양명수(2016), "인간, 죽음을 향한 존재: 하이데거의 죽음 이해,"「신학사상」175집, 251. 키에르케고어도 인간이 자기를 잊고 다른 사람과 비교할 때 스스로 군중 속의 하나, 숫자가 된다고 말한다. Damgaard(2007), "Passion for the Possible: A Kierkegaardian Approach to Subjectivity and Transcendence," In: Arne Grøn, Iben Damgaard, Søren Overgaarded (ed.), *Subjectivity and Transcendence* (Tübingen: Mohr Siebeck, 2007), 183.

15 하이데거는 인간을 현존재(Dasein)로 정의하는데, 현존재 안에는 "존재와의 연관성"(Seinsverhältnis)이 암암리에 내재한다. 현존재는 존재적(ontisch)이지만, "존재 연관성"을 통해 비로소 존재론적(ontologisch)이 된다. Heidegger, *Sein und Zeit* (Tübingen: Max Niemeyer Verlag, 2001), 12. 현존재가 지닌 존재 연관성은 기독교적으로 말하면 신과의 연관성이고, 키에르케고어적으로 말하면 "자기 관계"에 내재하는 신과의 관계이다. 존재 연관성 내지 신적 연관성을 통해 인간은 비로소 다른 사물과 구분되는 고유한 자기 존재로 선다.

16 하이데거는 이러한 새로운 정체성을 "그것 자신"(es Selbst)라고 부른다. 양명수(2016), "인간, 죽음을 향한 존재: 하이데거의 죽음 이해," 253. 하이데거가 자기를 중성적 의미의 '그것 자신'이라고 부르는 것은 참나가 근대적 의미의 주체가 아니라, 주체가 궁극적으로 되돌아가야 할 (재귀대명사) 본래적 자아라는 것을 표현하기 위함이다. "Dasein muss als es selbst, was es noch nicht ist, werden, dass heisst sein." Heidegger(2001), *Sein und Zeit*, 43; 양명수(2016), "인간, 죽음을 향한 존재: 하이데거의 죽음 이해," 259.

새로운 정체성을 지향하면서 나는 나의 고유한 존재 연관성을 찾는 존재 가능성이 된다.

하이데거는 불안, 자기, 존재, 시간성 등의 개념에서 키에르케고어의 영향을 받았다.[17] 물론 키에르케고어에게 자기가 되는 것은 신의 은총이다. 존재를 지향하면서 인간은 일상과 신 사이에 처한다. 시간적으로 말하면 일상의 시간과 영원 사이에 놓인다. 키에르케고어는 이 '사이'의 시간을 가리켜 "시간성"(Zeitlichkeit)이라고 부른다.[18] 시간성은 시간과 영원이 만나는 순간이며 실존의 시간이다.[19]

하이데거의 조르게도 순간의 일이며, 그 순간을 키에르케고어처럼 시간성이라고 부른다. 키에르케고어의 순간이 시간과 영원 사이에서 발생하듯이, 하이데거가 말하는 조르게의 시간성도 일상적 시간 안에서 발생하지만 일상적 시간 안에서 일상적 시간을 초월한다. 이 문제

---

[17] 물론 키에르케고어는 유신론적 실존주의자이고 하이데거는 무신론적 실존주의자라는 점에서 두 사상가가 실존을 논하는 지평에는 차이가 있다. 전자의 경우 실존은 '신 앞'에서 논해지고, 후자의 경우 실존은 존재와 관련한 존재론적 문맥에서 논해진다. 이 차이 때문에 실존의 내용에서는 다소 차이가 생기지만 실존을 사유하는 형식은 기본적으로 같다. 오히려 하이데거가 내용보다는 실존의 형식에 치중함으로써 사유할 수 없는 실존을 사유할 수 있도록 만든 점에서 난해한 키에르케고어의 실존사상을 해제한 측면이 있다.

[18] "시간과 영원이 접촉하는 순간 시간성(Zeitlichkeit)의 개념이 성립된다. 시간성 안에서 시간은 끊임없이 영원을 가로막고(abriegeln), 영원은 끊임없이 시간에 침투한다(durchdringen). 이때서야 비로소 현재적인 시간과 과거적인 시간과 미래적인 시간의 구분이 의미를 얻게 된다." Kierkegaard(1981), *Der Begriff Angst*, 90.

[19] 키에르케고어는 순간을 "시간의 핵"(Atom der Zeit)이자 "영원의 시간"이라고 말한다. 독일어 *Augen-blick*으로 번역되는 '순간'은 '눈 깜박할 사이'라는 뜻을 지니는 찰나의 시간이다. 영원이 번쩍하고 시간에 나타나는 것이 순간이다. 순간은 물리적 시간에 의해 규정되지 않는 영원의 시간이다. 영원이 물리적 시간으로 침투하며 나타나는 시간 형태가 찰나의 순간이다. 영원은 순간의 형태로 흐르는 우주적 시간의 틈새(Riss)에서 출현하고 그 틈새를 통해 인간은 영원을 체험한다. 키에르케고어(2008), 『불안의 개념』, 259, 261.

를 하이데거는 "내시간성"(Innerzeitigkeit/Intra-temporality) 개념으로 다룬다.[20] 리쾨르는 이야기에 내재하는 인간의 시간 경험이 일상적 시간에서 일어나는 것임을 말하기 위해 하이데거의 '내시간성' 개념에 주목하였고, 여기서 존재 가능의 전 이해를 전 이야기로 연결해 미메시스 I을 설명한다.

하이데거의 "존재"(Sein)는 종교와 연결되지 않기 때문에 영원이란 말을 사용하지 않는다. 그러나 존재 가능의 순간은 일상의 시간을 초월하고, 존재 가능의 순간으로 '나'는 일상에서 사회적으로 주어진 나를 벗어나 존재를 지향하는 존재 가능이 된다. 일상에 잠재하는 이야기는 바로 존재 가능의 이야기이다.[21] 하이데거의 시간-내-존재(Sein-

---

[20] 하이데거의 "내시간성"(Innerzeitigkeit)은 "순간"이 일상의 삶을 사는 시간이 아니라는 것을 드러내는 개념이다. 일상의 시간에 속하는 "지금"과 "순간"은 근본적으로 다르다. "지금(Jetzt)은 내시간성으로서의 시간에 속하는 시간적 현상이다. 지금(Jetzt)에서는 무언가 일어나고 사라지는 것이 손에 잡히지만, 순간(Augenblick)에서는 아무것도 일어나지 않는다. 순간은 시간(Zeit) 안의 도구(Zuhandenes)와 사물(Vorhandenes), 본래적 현재(Gegen-wart)로서만 비로소 마주치게 된다." Heidegger(2001), *Sein und Zeit*, 338. 키에르케고어가 순간을 시간 규정이 아니라 영원의 시간으로 정의하듯이, 하이데거도 순간을 시간에서 배제한다. "내시간성으로의 시간은 순간을 알지 못하고, 오직 지금(Jetzt)만 안다. (…) 지금(Jetzt)이 내시간성의 시간에 속하는 시간 현상이다"(*Ibid.*, 338). 인간은 순간에서 영원을 경험하며 존재를 경험하고 존재 가능성이 되지만, 실제 존재 가능성이 거하는 시간은 순간이 아니라 일상의 시간이다. 바로 이것을 다루는 개념이 '내시간성'이다. 즉, '내시간성'은 '순간'과 '지금'이 겹치지만 동시에 분리되는 것을 알려주는 개념이다. 리쾨르가 하이데거의 '내시간성' 개념에 주목한 것 역시 일상의 삶 속에 잠재하는 존재 가능이 순간이지만 동시에 물리적 시간이라는 속성으로 이야기의 전 이해로 확보되기 때문이다. 리쾨르(1999), 『시간과 이야기 1』, 141. 하이데거가 내시간성(Inner-zeitigkeit)의 어미에 -zeitlichkeit를 사용하지 않고 굳이 -zeitigkeit를 사용한 것은 시간의 흐름을 함축한 일상의 시간을 표현하기 위함일 것이다. Inner-zeitig-keit 안에 내재된 동사 'zeitigen'은 '익다'라는 의미를 지니는데, '익다'는 이미 시간의 흐름을 함축하고 있다. 하이데거의 독창적인 시간 개념인 Innerzeitigkeit는 한국어로 정확히 번역하는 것이 애매하기 때문에 일반적으로 사용하는 '내시간성'의 번역에 따른 것임을 알려둔다.

in-der-Zeit) 개념은 존재 계시가 시간 밖이 아니라, 일상적으로 우리가 사는 시간 곧 흐르는 시간 안에서 일어난다는 것을 뜻한다. 인간은 일상적으로 흐르는 시간 안에서 산다. 인간이 그 안에서 살아가는 흐르는 시간은 세상에 대한 관심(Bersorge)을 가지고 시간의 길이를 재고 계획하고 일하고 소유하는 시간이다. 또한 타자에 대한 관심(Für-sorge)을 가지고 공공성의 도덕에 따라 심판하고 평가하는 일도 그런 일상적 시간 안에서 일어난다.[22]

하이데거가 세속적(vulgär) 시간이라고도 부르는 그 시간 안에서 인간은 삶을 영위하고 자기의 정체성을 찾는다. 인간은 그런 세상 속에 빠져 있지만(verfallen) 동시에 그 일상적 시간을 초월하며 대중과 공공성에서 벗어나 자기를 찾는 존재 가능의 조르게(Sorge)를 지닌다. 그러므로 조르게의 시간성도 일상적 시간 '안에서' 일어난다. 그것을 하이데거는 '내시간성'이라고 부르는 것이다.

인간은 일상을 떠나지 않고 일상 안에서 존재 가능성이 되고 존재를 지향한다. 그리고 바로 이 지점에서 리쾨르는 이야기가 생성된다고 여긴다. 이야기는 인간이 새롭게 자기를 이해하는 언어 행위이고, 이야기된 시간은 일상의 흐르는 시간의 형태를 취한다. 이야기는 인간의

---

21 나의 존재 또는 나라고 하는 존재에서 중요한 것은 나(ich)가 아니라 존재(Sein)이다. 양명수는 이에 대해 하이데거의 자아 개념이 서구의 인문주의 전통과 비교하여 다르다는 것을 부각한다. 즉, 하이데거에게서는 나(ich)가 존재(Sein)를 규정하는 것이 아니라, 존재가 나를 규정한다. 양명수(2016), "인간, 죽음을 향한 존재: 하이데거의 죽음 이해," 254. 그래서 하이데거는 '나'나 인간을 가리켜 현존재(Dasein)라고 부른다. 따라서 존재 가능의 이야기는 존재로부터 규정되는 이야기이지 나로부터 규정되는 이야기가 아니다.

22 조르게(Sorge)는 현존재가 존재와 관계하면서 나타나는 실존의 궁극적 관심(ulti-mate concern)이다. 조르게에서 파생된 베조르게(Besorge)와 퓨어조르게(Für-sorge)는 각각 세상의 물질에 대한 근심과 타자에 대한 근심을 가리킨다.

여러 행동을 줄거리로 만들어 하나의 연대기적 시간(크로놀로지)으로 구성한 것이다. 연대기적 시간의 흐름으로 이야기를 꾸미며, 그 안에는 자신을 새로운 자기의 가능성으로 이해하는 '순간'들이 포함된다. 하이데거의 조르게의 순간 자체는 연대기적 이야기와 거리가 멀다. 그러나 일상적인 흐르는 시간 속에서 존재 가능의 조르게의 순간이 발생한다면, 존재 가능의 전-이해는 이야기 형태와 친밀해진다.[23]

미메시스 I은 일상적 삶을 잠재적 이야기로 바라보는 전 이해의 단계이다. 이야기는 일상의 시간에서 생겨나지만, 그 안에는 동시에 실존의 시간성이 내재한다. 그리하여 일상의 행동을 모방하는 일은 흐르는 시간 속의 행동을 모방하며 동시에 흐르는 시간 속에 내재하는 존재 가능성을 모방하는 것이다. 그래서 이야기는 존재 가능성을 해명하며 동시에 존재로 나아가는 매개가 된다.

삶을 이야기로 이해하고 있는 것은 이미 스스로를 존재 가능으로 이해하고 있는 것이다. 삶을 미메시스하는 행위를 통해 개인은 존재에 참여하게 된다. 그러한 이야기를 담고 있는 텍스트로서 예술은 개인의 존재 가능성을 현실화하기 위한 창작 행위이다.

예술작품은 하늘에서 뚝 떨어진 것도, 무에서 창조한 것도 아니다.

---

23 조르게의 순간은 시간의 단절이기 때문에 이야기가 끊긴다. 그러나 내시간성을 연결하면 조르게의 순간도 이야기 안에서 살아난다. 이에 대해 리쾨르는 다음과 같이 말한다. "이렇게 우리는 조르게를 근거로 시간성의 첫 번째 문턱(Schwelle)을 넘어선다. 이 문턱을 전제로 우리는 조르게와 이야기 질서 사이에 첫 번째 다리(Brücke)를 놓는다. 내시간성을 초석(Sockel)으로 이제 이야기 형상화와 보다 정제된(entwickelter) 시간성의 형태가 등장한다." 리쾨르(1999), 『시간과 이야기 1』, 146; Ricœur (1988), *Zeit und Erzählung*, Bd. 1, 103. 여기서 말하는 "보다 정제된 시간성의 형태"가 미메시스 II의 "이야기된 시간"이다. 우주적 시간에서 인간의 시간을 추려냈다고 하여 정제된 시간이라 부른다.

그것은 인간의 일상 현실에 뿌리를 박고 있다. 일상적 삶의 시간 곧 길이가 있는 시간 안에서 존재 가능의 '순간'이 발생한다. 여기서 하이데거가 말하는 존재 가능의 전 이해와 리쾨르가 말하는 전 이야기 구조가 결합하고 이야기가 될 준비를 한다. 그리고 이야기는 이제 새로운 자기 이해와 새로운 세상을 향한 존재 가능의 시간이 된다.

그래서 이야기를 만들고 이야기를 읽으며 발생하는 새로운 자기 이해, 즉 이야기 정체성(narrative identity)은 반드시 새로운 삶의 현실로 이어진다. 이야기 속에는 새로운 세상을 향한 힘이 내재해 있는 것이다. 하이데거에게 존재는 나의 존재요 세상이 아닌 나와의 관계에서 발생한다. 하지만 리쾨르의 이야기 정체성은 새로운 세상과 함께 발생한다. 리쾨르에게 존재 가능성은 일상의 시간 곧 세상 현실에 뿌리를 내리고 있기 때문이다.

인간의 현실은 존재 가능성이고, 이것을 이해하는 것이 미메시스 I의 전-이해 단계이다. 이 전 이해를 창작의 원천으로 삼아 현실에 잠재하는 이야기를 실제 작품으로 제작하는 단계가 미메시스 II이다. 그래서 리쾨르는 미메시스 I을 전 형상화(pre-figuration), 미메시스 II를 형상화(con-figuration) 단계라고 부른다.

미메시스 I이 전 형상화의 "현실"에서 이루어진다면, 미메시스 II는 형상화의 "허구"에서 이루어진다. 허구는 마치 ~인 것 같은 상상의 세계이다. 그러나 리쾨르는 바로 허구이기 때문에 현실에서의 파편적 행동들을 일관성 있는 이야기로 만들고 일상의 시간과 영원의 시간을 종합할 수 있다고 말한다.[24] 그렇게 허구에서 종합된 시간이 "이야기된

---

24 리쾨르는 오직 허구만이 시간 경험에 내포하는 불일치와 불협화음의 모순을 해결하고

시간"이다. 이 시간은 창작된 허구의 시간이지만, 새로운 현실을 산출하는 가능성의 시간이다. 리쾨르는 이야기된 시간을 가리켜 인간의 시간이라고 말한다.

3. 미메시스 II: 창작된 가능성
― 형상화(Con-figuration) 단계

리쾨르에게 시간은 이야기로 구성될 때만 의미가 생기고 인간적 시간이 된다. 그리고 이야기는 인간의 시간 경험을 그리는 한에서만 해석학적 의미를 지닌다.[25] 인간의 시간 경험은 실존의 경험이고 실존 경험은 시간성의 경험이다. 따라서 이야기 안에는 영원과 관계하는 희망의 경험과 영원과 관계하지 못하는 절망의 경험이 모두 내재한다. 그러나 절망도 희망도 실존의 이야기는 모두 실존에서 존재로 나아가는 존재 가능성이 된다.

리쾨르의 이야기론은 세상 시간(Zeit der Welt) 속에 잠재해 있는 개인의 실존 경험을 이야기로 가시화하는 것이다. 흐르는 세상의 시간 속에 내재하는 실존적 시간을 제시한 사람으로 리쾨르는 아우구스티누스를 꼽는다. 아우구스티누스는 일상의 시간 속에 잠재하는 실존의 이야기가 밖으로 외화(外化)하는 방법을 알려준다. 이 방법이 세 겹의

개인의 다양한 시간 경험과 기념비적인 시간, 역사적인 시간을 서로 연결할 수 있다고 여긴다. 리쾨르(2000), 『시간과 이야기 2』, 222, 224, 242; 리쾨르(2004), 『시간과 이야기 3』, 199.
25 리쾨르(1999), 『시간과 이야기 1』, 15.

현재(triple present)이다.[26]

아우구스티누스가 현재에 집중하는 것은 그에게는 하나님이 영원한 현재이기 때문이다.[27] 인간 실존의 시간은 과거-현재-미래로 분산되어 있지만, 시간의 흐름은 현재 중심으로 경험된다는 것을 아우구스티누스는 세 겹의 현재에서 발견했다. 과거의 일은 이미 지나가서 없지만, 현재 "기억"의 형태로 존재한다. 미래는 아직 오지 않아 없지만, 지금 현재 "기대"의 형태로 존재한다. 현재는 늘 지나가며 없어지지만, 주목(intentio animi)의 형태로 존재한다. 그러므로 시간의 존재는 "기억", "기대", "주목"이라는 영혼의 활동으로 증명된다. 과거-현재-미래로 분산(distentio)된 시간이 현재 중심으로 통합되는 것은 영원한 현재인 하나님의 시간에 접근하는 것이며 여기서 인간은 시간의 분열을 극복하고 존재로 나아간다.[28]

---

26 Ibid., 140. 하이데거의 '시간성'과 '내시간성'이 일상의 시간 속에서 경험되는 실존의 시간성을 이야기의 전 이해로 확보하는 시간 개념이라면, 아우구스티누스의 '세 겹의 현재'는 그 이야기가 실제 밖으로 나오는 방법을 알려주는 시간 개념이다. 개인의 내면에 자리하는 실존적 시간 경험이 이야기로 나오는 부분에서 리쾨르는 아우구스티누스를 주목한다.

27 아우구스티누스에게 영원은 창조주 하나님의 시간이다. 『고백록』에서 그는 "당신의 세월은 가지도 않고 오지도 않습니다. 그들은 동시에 존재합니다"(13,16)라고 말한다. '동시에 존재한다'(simul stant)는 말은 영원한 현재라는 뜻이다. 이것을 아우구스티누스는 "언제나 현전하는 영원의 숭고함"이라고 부른다. 하나님의 시간은 오고 가는 시간이 아니라, 모든 것을 뛰어넘는 "숭고함"이다. 그리하여 출애굽기에 등장하는 "오늘"(Heute)이라는 말도 근원적 시간(Urzeitlichkeit)의 의미로 해석하며 "지나감"(vorübergehen)이 없는 "초월적"(übertreffen) 시간이라고 아우구스티누스는 말한다. 리쾨르(1999), 『시간과 이야기 1』, 71; Ricœur(1988), Zeit und Erzählung, Bd. 1, 46.

28 기억, 기대, 주목으로 나타나는 세 겹의 현재는 영원과 관계할 때 역동적으로 운동한다. 하지만 영원과 관계하지 못하면 현재로의 집중(intentio)은 이완되고 과거와 미래로 분산(distentio)된다. 그리고 분산은 곧 분열(dissilui)로 바뀐다. 이 분열의 상태가 죄의 현실이다. 양명수(2015), "『고백록』 11권에 나타난 아우구스티누스의 현

아우구스티누스는 세 겹의 현재를 통해 인간 실존의 시간 경험이 이야기로 전개되는 여지를 마련한다. 이야기를 한다는 것은 기억과 기대로 존재하는 시간 경험을 밖으로 표현하는 것이다. 현재는 길이가 없는 빈 시간으로, 영원과 만나는 키에르케고어의 순간과 같으며, 존재를 지향하는 하이데거의 순간과 같다. 그러나 아우구스티누스의 순간은 과거와 미래를 기억과 기대로 만드는 영혼의 현재적 활동을 가리킨다.

우리가 기억하는 것은 과거의 사건 자체가 아니라, 사건이 지나가면서 감각을 통해 영혼에 남긴 자국(im-pression) 즉 영상이다. 기억은 그 분산된 감각들을 통합하여 의미를 부여하는 영혼의 활동이다. 따라서 기억에는 나의 생각(concepta)이 배태되어 있다. 이 생각이 밖으로 나오는 것이 이야기이다.[29] 그리하여 아우구스티누스에게 과거라는 시간은 과거의 특정 사건에 분초를 재는 것이 아니라, 기억 속에 배태된 생각을 밖으로 꺼내 이야기하는 것(narrare)이다. 이것은 삶의 시간이다.

일상적 삶을 벗어난 순수한 실존적(현상학적) 시간이라는 것은 없다.[30] 아우구스티누스의 현재 중심의 시간 경험은 실존적 시간의 모태가 되었지만, 그 현재는 기억과 기대를 만들어내는 삶의 시간 안에 있다. 그런 삶의 시간 경험이 언어화되면서 시간의 모습을 띤 이야기가 된다. 미래도 마찬가지이다. 앞으로 일어날 사건을 기대하고 그려보

상학적 시간론,"「신학사상」169집, 231 죄의 현실에서 시간은 영원한 현재와 관계하지 못한 채 과거와 미래에 붙들려 산다.

29 *Ibid.*, 219.

30 리쾨르(1999), 『시간과 이야기 1』, 31-32.

면서 영상을 떠올리고, 그 영상 안에 배태된 나의 생각(concepta)을 밖으로 꺼내 이야기한다(praedicare). 현재는 빈 시간이지만, 기억과 기대를 이야기함으로서 새로운 자기와 새로운 세상을 지향하는 실존의 시간이 된다.

이야기하는 행위는 나와 상관없이 계속 흐르는 우주적 시간을 나에게 의미 있는 시간으로 바꾸는 행위이다. 이러한 점에서 이야기는 세상에 휩쓸려 사는 것에 저항하는 의지의 표출이다.[31] 따라서 이야기를 하는 행위는 그 자체로 인간의 자기 구원의 노력이라고 할 수 있고 그러한 것으로서 존재 가능성의 장이라고 말할 수 있다.

아우구스티누스가 세 겹의 현재를 통해 분산된 실존의 시간 경험이 이야기로 나오는 방법을 알려주었다면, 아리스토텔레스는 그 이야기를 창작하는 방법을 알려준다. 그리고 리쾨르는 자신의 이야기론을 위해 두 사상가의 시간론과 줄거리 이론을 끌어들인다. 두 사상가의 결합은 실존적 시간 경험과 우주적 시간의 결합이며 주관적 시간과 객관적 시간, 수직적 시간과 수평적 시간의 결합이다. 그러한 것으로서 리쾨르의 이야기론은 개인의 주관적인 실존 경험이 보편성을 획득하는 장이다.

---

[31] 양명수는 "태초에 말씀이 있었다"라는 말씀에서 그리스도교와 민주주의의 상관성을 해석하였다. 즉, 그는 그리스도교가 태초부터 폭력이 아니라 말을 통해 세상의 악을 극복하는 종교였다는 점에서 민주주의의 기원이라고 여긴다. 이 문맥에서 리쾨르의 이야기론 역시 그리스도교적이다. 즉, 말을 통해 무의미한 세상의 시간을 극복하고 새로운 자기 이해에 이르고 새로운 세상으로 나가고자 하는 의지의 표현인 것이다. 양명수(1999), "은유와 구원," 「기호학연구」 Vol. 5 No. 1, 39; 양명수(2006), "태초에 말씀이 있었다 — 언어에 대한 신학적 이해," 「본질과 현상」 4호 여름; 양명수, 『한국교회, 인문주의에서 배운다』(서울: 도서출판 kmc, 2014), 101-108 ; 양명수(2015), "『고백록』 11권에 나타난 아우구스티누스의 현상학적 시간론," 214.

아우구스티누스의 시간은 개인의 영혼의 시간이다. 반면 아리스토텔레스에게 시간은 자연의 시간이다. 전자의 시간은 영혼이 분산(distentio animi)에서 집중(intentio animi)으로 운동하며 자연의 시간에서 멀어진다. 반면 후자의 시간은 개인의 영혼과 관계없이 자연의 흐름에 따라 운동하고 원인에서 결과로 이어진다. 따라서 후자의 시간에서는 인과성에 따라 이전과 이후의 질서 관계가 생기고 이 질서가 시간의 연속성으로 정립된다.[32]

아우구스티누스의 시간이 개인의 영혼이 주체가 되어 기억과 기대로 현상하는 시간이라면, 아리스토텔레스의 시간은 자연이 주체가 되어 인과성에 따라 이전과 이후로 정돈되는 시간이다. 전자가 주관적 시간이라면 후자는 객관적 시간이다. 전자가 실존적 시간이라면 후자는 우주적 시간이다. 아리스토텔레스는 시간이 "운동에 부착된 것"(etwas an der Bewegung)이라고 말한다.[33] 운동이 있어야 시간이 존재한다. 자연의 사물과 사건의 크기가 운동을 일으키고 그 파장이 원인에서 결과로 이어지며 이전과 이후의 시간 관계가 정돈된다. 아리스토텔레스에게 시간은 결국 자연의 생성과 소멸의 흐름과 같은 것이다.

따라서 아리스토텔레스의 이전(Vorher)과 이후(Nachher)는 아우구스티누스의 이전(과거)과 이후(미래)와는 다르다.[34] 아우구스티누스의 이전과 이후는 오직 "현재"와 관련해서만 결정된다. 이야기하는 주체의 기억과 기대가 현재에 이야기로 흘러나오며 이전(과거)과 이후(미

---

32 리쾨르(2004), 『시간과 이야기 3』, 31, 40; Ricœur(1991), *Zeit und Erzählung*, Bd. 3, 21.
33 *Ibid.*, 21-22.
34 *Ibid.*, 45.

래)가 정돈된다.[35] 그리하여 이야기하는 현재와 더불어 기억과 기대 속의 사건들은 매번 위치가 다르게 결정되고 측정된다.[36] 반면 아리스토텔레스의 이전과 이후는 이야기하는 주체의 개입 없이 자연의 인과 원리에 따라 스스로 운동하고 스스로 정돈된다.

아리스토텔레스에게 시간은 곧 자연이다. 인간이 시간을 만드는 것이 아니라 시간이 인간을 에워싸고 가공할 위력으로 인간을 지배한다.[37] 그러한 시간은 인간의 영혼에 거하는 것이 아니라 세계의 영혼에 거한다.[38] 따라서 아리스토텔레스에게는 개인의 시간이란 따로 존재하지 않는다. 그것은 자연의 일부일 뿐이다. 그리하여 지금(Jetzt)은 특별한 것이 아니라 단지 연속적 시간의 한 절단일 뿐이다.[39]

아리스토텔레스는 그리스도교의 '순간'과 '현재'를 알지 못했다.[40] 그에게 시간은 곧 자연이고 우주적 시간이며, 그 우주적 시간 속에서 삼라만상이 생성하고 소멸한다. 여기에는 아우구스티누스와 키에르케고어에게서 나타나는 영원의 '순간'과 영원한 '현재'라는 초월적 시간은 존재하지 않는다. 키에르케고어의 순간과 아우구스티누스의 현재는 준(準)영원이고 자연을 초월한 시간이다. 영원이 시간 안으로 들어왔다고 보기 때문에 가능한 시간 개념들이다. 이러한 초월적 시간이

---

35 *Ibid.*, 41, 45.
36 *Ibid.*, 47.
37 *Ibid.*, 35.
38 *Ibid.*, 34.
39 *Ibid.*, 40, 42.
40 키에르케고어의 '순간'도 아우구스티누스의 '현재'도 하나님의 영원한 현전과 관계한다는 점에서 영원의 시간이다. 그리스도교에서 순간은 영원과 통하는 신비한 시간이지만, 그리스 철학자 아리스토텔레스에게 순간은 자연이 한 절단일 뿐이다. 키에르케고어와 아우구스티누스의 순간은 시간과 영원이 만나며 수직적으로 상승하는 시간인데, 아리스토텔레스에게 순간은 자연의 수평적 시간의 한 단면일 뿐이다.

그리스 철학자인 아리스토텔레스에게는 생소한 시간인 것이다.

리쾨르는 자신의 이야기론에서 그리스 철학자인 아리스토텔레스와 그리스도교를 대표하는 신학자 아우구스티누스의 두 시간 이해를 결합함으로써 미메시스 II의 형상화된 시간, 즉 "이야기된 시간"이 주관적 시간과 객관적 시간, 영혼의 시간과 세상의 시간, 실존적 시간과 자연의 시간의 종합이라는 것을 보여준다. 이 종합의 과정을 통해서만 개인의 실존적 시간은 연대기적 시간으로 배치되고, 실존적 이야기는 보편적 이해의 지평으로 나아간다.

이 과정을 리쾨르는 아리스토텔레스의 『시학』에 나오는 미메시스 (mimesis) 개념과 미토스(muthos) 개념을 통해 설명한다. 미메시스의 대상은 현실의 행동이다(mimesis praxeos).[41] 그리고 미토스는 모방한 행동을 자연의 인과성에 따라 배열하는 작업이다. 행동은 행동 주체, 목적, 수단, 상호작용, 상황, 예기치 않은 결과 등의 이질적 요소들로 인해 우연으로 가득하다. 이 이질적이고 우연적인 요소들을 인과의 원리에 따라 배열하고 결합하여 적절한 줄거리를 만드는 작업이 미토스이다.[42]

미토스는 행동의 우연성, 파편성, 이질성에 일관성을 부여하는 작업이다. 그리하여 이해할 수 없는 현실의 우연적 행동을 이해할 수 있

---

[41] 아리스토텔레스에게 행동(Actus)이란 잠재하는 두나미스가 에네르기아로 활성화 (actual)하며 나타나는 일체의 움직임, 운동(motion)을 총칭한다. 그래서 행동에는 눈에 보이는 행동뿐만 아니라 눈에 보이지 않는 생각이나 감정의 "변화"도 포함된다. 리쾨르(2000), 『시간과 이야기 2』, 183. 그래서 아리스토텔레스의 미메시스는 인물의 미메시스로부터 의식의 미메시스로까지 심화된다(Ibid., 322). 그리하여 누군가의 긴 독백의 이야기도 말하자면 행동의 미메시스로 간주될 수 있다.

[42] 리쾨르(1999), 『시간과 이야기 1』, 148; Ricœur(1988), *Zeit und Erzählung*, Bd. 1, 104.

는(intelligible) 것으로 만든다. 이때 핵심 논리가 필연성과 개연성이다. 현실의 우연적, 파편적, 이질적 행동에 필연적이고 개연적인 논리가 들어갈 때 행동에는 육하원칙과 기승전결이 있는 줄거리(muthos)가 생겨나고 누구나 이해할 수 있게 된다.

한편 그러한 스토리에는 항상 극적 반전(Peripetie)의 모멘텀이 자리한다. 반전의 효과가 강할수록 이해력의 효과는 상승한다. 예를 들어 호메로스의『오이디푸스 왕』에서 오이디푸스의 행동들은 서로의 인과관계가 없이 우연적으로 일어난다. 우연한 상황에서 아버지인 라이오스 왕을 죽이고, 우연한 상황에서 스핑크스의 수수께끼를 맞히고, 우연한 상황에서 테베의 왕이 되고, 우연한 상황에서 자신의 어머니와 결혼하게 된다. 이 모든 우발적 행동은 서로 연결되지 않은 채 이해할 수 없는 파편적이고 이질적인 행동들로 나타난다. 그러나 오이디푸스 자신이 라이오스 왕의 아들이라는 진실을 알게 되는 순간 이전의 우발적이고 파편적이며 이질적인 행동들에는 일관성이 부여되고, 시간은 이전과 이후의 인과성을 지니며 정돈된다. 오이디푸스가 자신의 출생 비밀을 알게 된 것이 극적 반전의 모멘텀이다. 이 순간이 서사적 줄거리에 개입됨으로써 파편적 사건들은 필연성의 고리로 연결되어 일관성을 획득하고, 오이디푸스의 행동들은 누구나 다 납득할 수 있는 비극적 스토리가 된다.

현실의 우연적이고 파편적인 행동들을 일관성 있는 이야기로 전개하는 힘은 필연성과 개연성이다. 필연성과 개연성의 논리로 시기적절하게 반전의 모티브가 줄거리의 구성요소로 들어가줌으로써 우연적, 파편적 행동들은 처음과 중간과 끝이 있는 일관된 스토리로 전개된다. 반전의 모티브가 정교하면 정교할수록 줄거리에 대한 이해도와 공감도는 상승한다. 반전의 모티브가 시기적절하고 정교하게 개입되어 줄거리 전체(holon) 속으로 스며들 때, 우연의 요소들에는 일관성이 생기고 줄거리에는 이해의 보편성이 획득된다.

이처럼 미토스 작업은 사건들의 단순한 나열이 아니라, "우연적인 것으로부터 지성적인 것을, 개별적인 것으로부터 보편적인 것을, 일시적인 것으로부터 필연적인 것을 구성해내는" 작업이다. 여기서 처음과 중간과 끝이 있고 "이해 가능한 전체성"(intelligible Totality)의 이야기가 형상화된다.[43] 미메시스 II는 이러한 이해 가능한 전체성의 이야기를 형상화하는 작업이다.

미메시스 II의 역할은 이해할 수 없는 실존 현실의 파편들을 이해할 수 있는 이야기로 형상화하는 것이다. 이해할 수 없는 실존을 언어로 형상화하여 이해의 지평으로 가시화하는 것이 창작의 기술이다. 창작의 기술에서 중요한 것은 상상력(Einbildungskraft)이다. 상상력은 직관의 방식으로 현실에 접근한다. 이때 어떤 상(Bild)이 만들어지는데, 이것이 표상(Vorstellung)이다. 이 표상이 오성으로 전달될 때 현실은 비로소 수용되고 이해된다. 한편 상상력이 오성으로 표상을 전달하는 방식이 도식화(Schematisierung)이다. 도식화는 상상력의 고유한 기능이며 우연의 현실을 오성에게 연결하는 역할을 맡는다. 이 기능으로 현실은 이해의 지평으로 들어오게 된다.[44]

---

43 Ricœur(2005), *Vom Text zur Person. Hermeneutische Ansätze (1970-1999)*. "Narrative Identität," 212-215; 리쾨르(1999), 『시간과 이야기 1』, 149.

44 현실이 이해의 지평으로 들어왔다는 것은 현실을 판단한 것이다. 현실의 판단을 리쾨르는 칸트의 반성적, 미적 판단과 연결한다. 칸트는 인간의 판단을 두 가지로 나눈다. 하나는 규정적 판단(bestimmender Urteil)이고, 다른 하나는 반성적 판단(reflek- tierender Urteil)이다. 전자는 오성(Verstand)의 범주에서 일어나는 논리적 판단이

은유나 상징, 알레고리 등의 예술 언어에는 이러한 상상력의 도식화 과정이 전제된다.[45] 상상력을 통해 우연적, 파편적 현실이 이해될 수 있는(intelligible) 이야기로 만들어지고 현실에는 새로운 이해의 지평이 열린다. 리쾨르는 현실과 오성 사이에 자리하는 괴리를 매개하는 상상력을 특히 "생산적 상상력"(produktive Einbildungskraft)이라고 부른다.[46] 상상력을 통해 현실에 대한 새로운 인식을 생산하고, 이야기를 생산하기 때문이다. 상상력은 현실이 새롭게 이해될 수 있는 원천이다. 상상력의 특별한 기능을 통해 현실은 새롭게 인식되고 새로운 예

고, 후자는 직관(Anschauung)과 상상력을 통해 일어나는 미적 판단(ästhetischer Urteil)이다. 미적 판단의 기준은 옳고 그름이 아니라, 쾌(Lust)와 불쾌(Unlust)이다. 이에 따라 미적 판단이 자칫 오성의 판단과 대립되는 것으로 보이지만, 칸트는 미적 판단이 일어날 때 오성이 목적하는 바가 저절로 이루어진다고 말한다. 즉, 인식(Erkenntnis)을 양산하는 오성(Verstand)의 네 범주는 분량, 성질, 관계, 양태인데 이 네 범주에 각각 미적 판단의 쾌를 적용하면 "무관심성", "보편성", "목적 없는 합목적성", "필연성"의 특징이 나타난다. '무관심성'은 주관적 사심이 배제된 판단이라는 점에서, '보편성'은 특수한 상황에 얽매이지 않은 판단이라는 점에서 오성적 판단이 목적하는 객관성을 산출한다. 또한 미적 판단은 목적을 세우지 않고 유희(Spiel)로 작용하지만, 오성의 목적에 합당하는 판단으로 산출된다. 즉, '목적 없는 합목적성'을 이룬다. 마지막으로 미적 판단에서 작용하는 상상력의 유희는 가능성에 해당하지만, 위의 점들을 고려할 때 '필연성'의 결과를 산출한다는 점에서 미적 판단은 오성의 규정적 판단이 목적하는 바를 선취한다. 리쾨르는 이러한 칸트의 미적 판단이 이야기를 구성하는 데 요구되는 "전체를 고려하는"(zusammenfassen) 능력에 부합한다고 여긴다. 리쾨르(2000), 『시간과 이야기 2』, 128-129; 김한식(2019), 『해석의 에움길 ― 폴 리쾨르의 해석학과 문학』, 274-275. 따라서 상상력의 도식화 기능은 실존을 구성하는 대립적 요소들을 종합하는 작용으로 연결되고 상상력의 산물인 예술작품이 종합체라는 것을 알려주는 핵심 기능이다.

[45] 양명수(1999), "은유와 구원," 「기호학연구」 Vol. 5 No. 1, 31-32. 양명수는 상상력의 도식화 작용을 은유(metapher) 언어의 작용과 비슷하다고 여긴다. 즉, 바깥 현실을 이해의 영역으로 "매개"하는 점에서 상상력의 도식화 작용과 은유 언어의 기능은 같다.

[46] *Ibid.*, 28.

술작품으로 거듭난다. 리쾨르는 예술작품을 통해 현실을 새롭게 이해하는 것을 특별히 "이야기적 이해"(intelligence narrative)라고 부른다.

미메시스 II의 이야기 형상화는 이성 철학이 간과하는 실존 현실을 상상력을 매개로 이야기로 만들어 사유 가능한 이해의 지평으로 가시화하는 작업이다. 이것이 미메시스 II 단계의 의미이다. 이성이 수용할 수 없는 실존 문제를 시학의 방법으로 사유의 영역에 수용하고 있는 것이다. 시와 예술은 이성이 우리에게 줄 수 없는 실존의 영역을 밝히는 역할을 하며 그러한 예술작품을 통해 우리는 자신을 새롭게 이해하고 가능성의 존재로 바라보게 된다.

리쾨르가 『시간과 이야기 2』에서 예로 들고 있는 버지니아 울프의 『댈러웨이 부인』, 토마스 만의 『마의 산』, 로버트 프루스트의 『잃어버린 시간을 찾아서』 등의 소설은 일상 현실 속에 잠재하는 실존의 시간을 이야기로 형상화한 작품들이다. 여기에 나타난 시간의 형상화를 통해 우리는 일상에 빠져 있는 개인이 어떻게 실존을 각성하고 새로운 현실에 눈을 뜨며, 스스로를 가능성의 존재로 성찰하게 되는지 알게 된다.

한 작품을 예로 들어보자. 버지니아 울프의 『댈러웨이 부인』은 파티를 준비하는 댈러웨이 부인이 보낸 하루 동안의 시간을 그리고 있다. 하루라는 세상의 시간(Zeit der Welt)을 소설의 프레임으로 설정하고, 그 안에서 일어나는 주인공의 심상(心想) 변화를 영혼의 시간(Zeit der Seele)으로 교차시킨다. 이 설정을 통해 작가는 매일 똑같이 반복되는 하루라는 일상의 시간 속에 얼마나 많은 시간의 틈새가 새로운 가능성으로 출현하는지 보여준다.

파티를 준비하는 이야기 소재(素材)에서도 암시되듯이 댈러웨이 부

인은 고위관직의 남편을 두고 있는 부르주아 계층을 대변하는 근심 없
는 여성 주인공으로 묘사된다. 소설의 배경은 1차 세계대전 직후의 불
안한 사회이다. 하지만 그것과 관계없는 듯 파티를 준비하는 부인은
사람들을 즐겁게 해줄 생각에 자신도 행복해하는 순진무구한 성격의
소유자이다. 그러나 파티를 준비하는 하루 동안에 우연히 만나는 사람
들을 통해 그녀는 지난날의 추억에 빠져들기도 하고 예기치 않은 소식
에 충격을 받기도 한다.

그녀가 회상에 빠질 때면 영락없이 세상의 시간을 알리듯 빅벤의
시계탑 종소리가 울린다. 그리하여 내면의 시간과 세상의 시간의 대조
를 보여준다. 내면의 시간만 묘사되면 공상 소설이 되지만, 시계라는
장치를 통해 작가는 영혼의 시간과 세상의 시간을 절묘하게 교차시키
며 공상과 현실을 종합한다.

『댈러웨이 부인』에서 발견되는 아리스토텔레스적 의미의 반전(Pe-
ripetie) 모티브는 댈러웨이 부인을 충격에 빠뜨리는 소식이다. 자신과
는 일면식도 없는 한 청년의 자살 소식을 접하며 평온하던 부인의 마
음은 걷잡을 수 없이 흔들린다. 자살한 청년은 전쟁 후 후유증을 겪고
있었고 그 현실을 극복하지 못하고 목숨을 끊는다. 이 소식을 접하며
그녀의 마음은 격하게 요동치기 시작한다.

파티를 준비하며 즐거워하는 자신의 모습을 의심 없이 자신의 정체
성으로 여기며 살던 그녀의 정체성에는 이 사건으로 변화가 일어난다.
청년의 자살 소식으로 이제까지 그녀를 둘러싸고 있던 일상의 소소한
감정은 일시에 부정된다. 그리고 그녀는 자신이 무의식중에 부인해왔
던 죽음에 대한 불안과 직면하게 된다. 그녀는 파티의 화려함과 분주
함으로부터 조용히 물러나 혼자만의 고독한 공간으로 들어온다. 그리

고 고독 속에서 그녀는 자신이 무의식중에 부인해왔던 죽음의 문제를 대면한다.

독자들은 부인의 감정선을 따라가며 그녀가 느끼는 죽음에 대한 불안과 공포와 두려움을 함께 느끼고 호흡한다. 그 불안과 공포는 무의식 가운데 오래 잠재되어 있던 것이 청년의 자살 소식을 계기로 불현듯 나타난 것으로 볼 수 있다. 일상의 소소한 시간과 죽음의 미래에 대한 불안을 대조적으로 느끼며 독자들도 댈러웨이 부인과 함께 삶의 본질로 향한다. 지금 나는 본래의 나로 살고 있는가? 나의 일상은 마치 댈러웨이 부인처럼 파티를 준비하는 분주한 일상은 아닌가? 나는 지금도 죽어가는데 그것을 망각하고 사는 것은 아닌가? 그 사실을 애써 외면하며 다른 일로 분주한 척하는 것은 아닌가?

일면식도 없는 한 청년의 자살 소식으로 댈러웨이 부인이 느낀 정체성의 혼란을 통해 작가인 버지니아 울프는 아마도 파티 같은 일상에서 망각되고 있는 죽음이라는 진실 앞에 자신을 세우고 독자들을 세우는 것인지 모른다. 댈러웨이 부인은 홀로 어두운 방 안에서 죽음에 대한 공포와 대면하고 있는 동안 물끄러미 창밖을 바라본다. 맞은편 건물에 노부부가 다정하게 손을 잡고 미소를 지으며 잠자리로 가는 장면이 눈에 들어온다. 그 광경을 보며 부인은 이내 미소를 짓는다. 죽음에 가까이 있는 노부부가 죽음의 미래를 사랑으로 채우고 있는 모습이 안도감으로 다가왔기 때문일 것이다. 부인의 미소는 사랑이 죽음을 극복할 수 있다는 삶에 대한 열정의 미소였을 것이다.[47]

늘 다른 사람의 삶에 스스로를 맞추어 살아왔고 그들의 행복을 자

---

47 리쾨르(2000),『시간과 이야기 2』, 230.

신의 행복으로 여겨온 댈러웨이 부인은 무의식중에 꾹꾹 눌러왔던 자신의 실존에 대한 불안이 급작스레 밖으로 외화되는 순간 걷잡을 수 없이 흔들렸다. 이 경험으로 부인은 더 근원적인 자신의 모습을 보게 된다. 소설 속에서 자살한 청년은 바로 댈러웨이 부인 자신의 투사체이다. 그녀 안에 잠재해 있던 죽음에 대한 충동과 불안이 청년의 자살 이야기를 통해 드러나는 방식으로 작가는 모든 인간의 내면에 잠재하는 죽음의 충동과 불안 그리고 살고자 하는 존재 욕망을 일상의 시간과 실존의 시간을 오버랩시키며 이야기하고 있는 것이다.

댈러웨이 부인이 사랑을 통해 죽음의 물음에 대한 답을 찾았듯이, 독자인 우리는 각자의 삶 속에서 누구도 피해갈 수 없는 보편적인 물음인 죽음의 불안 앞에서 각자의 답을 찾아야 한다. 소설이 주는 실존의 물음 앞에서 독자들은 이제 자신의 삶을 다시 이야기하는(weiter er-zählen) 과제 앞에 서게 된다.[48]

『댈러웨이 부인』에서 살펴보았듯이 예술작품은 실존의 모델이다. 실존의 모델로서 예술작품은 독자들에게는 일상을 뒤흔드는 스캔들

---

[48] 2002년 출시된 영화 〈디 아우어스〉(The Hours)는 『댈러웨이 부인』의 독자인 영화감독이 소설이 던지는 물음을 자기 나름의 방식으로 "다시 이야기하고 있는" 원작에 대한 해석이라고 볼 수 있다. 죽음에 대한 불안과 충동은 시간과 장소를 초월해 언제 어디서든 일상의 틈새를 통해 스며든다. 그리고 일상에 익숙해진 삶을 뒤흔든다. 〈디 아우어스〉영화에서는 『댈러웨이 부인』의 저자인 버지니아 울프의 자살 사건과 현대 뉴욕을 배경으로 하는 유명 작가의 자살을 오버랩시키며 이야기 줄거리를 더욱 역동적으로 만든다. 너무도 잔잔한 일상 속에서 불현듯 일어나는 죽음의 사건들을 시공간을 넘어 교차시키며 〈디 아우어스〉영화는 『댈러웨이 부인』이 던지는 실존적 메시지를 우리의 현실적 문맥에서 '다시 이야기'한다. 이야기하는 것이 작가의 몫이라면, 다시 이야기하는 것은 독자의 몫이다. 이야기하고 다시 이야기하는 방식으로 미메시스 II는 독자의 현실 가운데로 들어가 미메시스 III으로 거듭나며 실제 현실의 변화로 이어진다.

(scandalon)이다. 우리가 예술작품을 찾는 이유는 이 때문이다. 작품의 이야기에 끌리고 빠져들고 공감하고 이해하면서 어느새 일상에는 파문이 인다. 일상 속에 함몰되면 이런 경험을 할 수 없다. 그러나 예술작품을 통해 우리는 일상에 묻혀 망각하고 있는 실존을 깨닫고 존재의 의미를 묻는다. 예술작품을 통해 우리는 본래적 나, 즉 자기가 되는 훈련을 한다.

그래서 하이데거는 예술작품을 실존이라고 부른다. 예술작품을 통해 일상 속의 군중(man)은 세속적(vulgär) 시간으로부터 실존의 시간으로 일깨워진다. 그리고 스스로를 실존으로부터 존재로 나아가는 존재 가능성으로 자각한다. 실존의 모델인 예술작품을 이해하면서 우리는 자신의 실존을 발견하고 자신의 삶을 다시 이야기하기 시작한다. 이것이 미메시스 III의 재형상화(Re-figuration)이다. 이 단계에서 우리는 자신의 현실을 다시 이야기하면서 현실을 재구축한다.

미메시스 II의 주체가 작가라면, 미메시스 III의 주체는 독자이다. 전자가 창작의 주체라면, 후자는 해석의 주체이다. 전자가 시적 행위(poiesis)의 주체라면, 후자는 실천적 행위(praxis)의 주체이다. 전자가 허구적 가능성에 거한다면, 후자는 가능성을 실현하는 현실에 거한다. 미메시스 II의 창작물이 아무리 심오한 상징성을 지니고 있더라도 독자가 없으면 창작물은 허구적 가능성일 뿐이다. 허구적 가능성을 현실성으로 연결해 새로운 현실을 여는 일은 독자의 몫이다. 작품 해석을 통해 독자에게 새로운 자기 이해가 일어날 때 허구적 가능성은 현실과 연결되고 현실은 변화한다. 이 과정이 미메시스 III이다.

4. 미메시스 III: 독자의 현실
— 재형상화(Re-figuration) 단계

1) 독자의 수용 미학과 텍스트 이론

미메시스 I에서 실존의 전-이해가 전-이야기 구조를 띠고 있었다
는 것을 보았다면, 미메시스 II에서는 전-이야기 구조가 이야기로 드
러나고, 미메시스 III에서는 드러난 이야기를 독자가 다시 이야기하며
새로운 세상을 연다. 미메시스 I은 잠재적 이야기이고, 미메시스 II는
형상화된 이야기이며, 미메시스 III은 다시 이야기하는 재형상화된 이
야기이다. 미메시스 III에서 독자에게 새로운 자기 이해가 일어나며 미
학적 가능성은 현실성으로 이행한다. 그 점에서 삼중 미메시스의 열매
는 미메시스 III에서 맺어지고 이야기는 독자에게서 완성된다.[49]

그러므로 미메시스 II는 미메시스 I과 미메시스 III의 매개물이다.
독자가 가지고 있던 잠재적 가능성이 현실성으로 이행하는 매개물이

---

[49] 이후에 본문에서 독자라고 칭할 때는 시나 소설의 문학작품의 독자에만 한정된 것이
아니라, 다른 모든 예술 장르를 염두에 둔 것임을 미리 말해둔다. 독자의 뜻이 읽는
자(Leser)일 때, '읽다'의 독일어 동사 'lesen'의 어원은 '줍는다'의 뜻을 지닌다. 그래
서 '수확하다'를 'auslesen'이라고 말한다. 독서의 의미는 어원상 '뜻을 줍는 행위'이고,
독자는 '뜻을 줍는 자'이다. 이 점에서 독자는 문자예술을 넘어 시각예술과 청각예술의
모든 장르 전반으로 확장, 적용될 수 있다. 문자뿐만 아니라 색이나 음을 통해서도 뜻
을 주울 수 있기 때문이다. 화가 칸딘스키는 공감각(Synästhesie)이라는 개념을 만들
어 음을 보고 색을 듣는 종합적 감각 능력을 말했다. 또한 롤랑 바르트도 기호를 이미
지로 연결하며 보는 것에서 뜻을 이끌어내는 과정을 부각했다. 이처럼 우리가 뜻을
마음에 새기는 일은 문자를 읽을 때뿐만 아니라 색을 보거나 음을 들으면서도 가능하
다는 생각이 현대 미학에서는 많이 등장하고 있다. 리쾨르 역시 삼중 미메시스의 대상
을 문학을 넘어 미술, 음악, 사진, 건축 등의 영역으로 확장하고 심지어 아방가르드
미술에서도 미메시스 기능이 역동적으로 작용한다고 말한다. 이에 대해서는 VII장 "
'미학적 자기됨'과 미술"에서 자세히 다룰 것이다.

작품이다. 작품은 "가능성의 충격"을 담고 있다.[50] 작품이 담고 있는 존재의 힘에 이끌려 작품을 이해하며 새로운 자기 이해의 현실성에 도달하는 것이 해석이고 해석의 주체는 독자이다. 미메시스 III은 작품이 펼쳐놓은 존재의 힘의 세계에 이끌린다는 점에서 수동적이지만, 자기 나름대로 이해하고 받아들인다는 점에서 창의적인 독자의 해석 행위이다.

리쾨르는 작품으로서 텍스트를 가리켜 "독서를 위한 스케치"일 뿐이라고 말한 볼프강 이저(Wolfgang Iser)의 말을 차용한다.[51] 작가의 작품은 밑그림일 뿐이고, 이것을 진짜 그림으로 완성하는 자는 독자라는 말이다. 즉, 작품의 진정한 완성은 텍스트와 독자 사이에 상호작용이 일어나 작품에 내재하는 가능성이 현실을 살아가는 독자가 그리는 가능성의 세계와 만날 때에 비로소 이루어진다. 아리스토텔레스 역시 "카타르시스" 개념으로 미메시스의 여정이 관객이나 독자를 통해 완성된다는 점을 암시한다. 그러나 작품과 관객의 소통보다 작품의 '수용' 측면으로 미메시스의 지평을 확장한 리쾨르의 시도는 분명한 진전이라고 할 수 있다.[52]

리쾨르의 이러한 시도는 당시 프랑스의 주류 철학이던 구조주의에 대한 비판에서 온 것이라고 볼 수 있다. 즉, 구조주의가 표방한 기호의 닫힌 체계[53]에 대항한 열린 텍스트 이론의 표명이다. 그리고 그것은 볼

---

50 리쾨르(1999), 『시간과 이야기 1』, 175.
51 리쾨르(1999), 『시간과 이야기 1』, 170.
52 김한식(2019), 『해석의 에움길 ─ 폴 리쾨르의 해석학과 문학』, 278.
53 "기호의 닫힌 체계"(closed system of sign)라는 말은 Ricœur(1973), "From Exi-stentialism to the Philosophy of Language," In: *Philosophy Today*, Summer 17/2, 93 이하.

프강 이저의 "독서 행위" 이론과 "수용 미학" 그리고 로만 잉가르덴 (Roman Ingarden)의 문학작품 구조론에서 개진된 논제이기도 하다.[54] 리쾨르는 이 논제에 텍스트의 '지시'(reference) 문제로 참여함으로써 자신의 텍스트 이론을 개진한다.

리쾨르는 구조주의가 지닌 언어의 닫힌 체계의 한계를 비판하면서 동시에 자신의 텍스트 이론을 전개하는 데에 디딤돌로 삼는다.[55] 구조 주의의 언어는 자신의 언어적 체계 안에 갇혀 있고 인간의 실존 현실 과 연결되지 않는 한계를 지닌다. 그러나 리쾨르는 인간의 실존 현실 을 언어로 해명하고자 했고 이 문맥에서 자체 논리에 갇힌 구조주의의 언어 대신에 상징 언어에 주목하였다. 말로 다할 수 없는 실존 곧 "직접 적으로는 말해질 수 없는 우리의 세계 내 존재"[56]를 언어화한다는 점에 서 이야기라고 하는 상징 언어에 주목했고 이 부분에서 구조주의의 한 계를 넘어선다.

구조주의는 소쉬르로 소급되며 랑그(Langue/Sprache)와 파롤(Parole/ Rede)을 구분하는 데에서 시작한다. 구조주의에서 중점을 두고 있는 것은 랑그이다. 랑그는 시니피앙(기표)과 시니피에(기의)로 구성되고, 자체 내에 의미 체계를 지니고 있다. 즉, 삶의 현실과 무관하며 자체적 인 기호 시스템 안에서 의미의 동일성을 찾고 유희할 뿐이다. 따라서 구조주의는 시간의 흐름에서 벗어나 있고 추상적이고 자체적인 기호 체계 안에 갇혀 있는 것으로 나타난다. 이들에게 파롤은 그러한 체계

---

[54] 리쾨르(1999), 『시간과 이야기 1』, 170.
[55] "리쾨르는 구조주의를 해석학의 걸림돌이 아니라 디딤돌로 보고 해석학 안에서 구조 주의를 통합한다." 양명수(2017), 『폴 리쾨르의 『해석의 갈등』 읽기』, 61.
[56] 리쾨르(1999), 『시간과 이야기 1』, 175-176.

를 벗어나 현실의 사물을 지시하는 것이며 우연적 결합일 뿐이다.[57]

그러나 리쾨르에게는 파롤이 중요하다. 랑그가 잠재적 기호의 영역이면 파롤은 삶의 사건이다. 말의 사건을 통해 랑그는 비로소 삶의 현실과 연결되고 실존을 수용한다. 이 기능이 말의 '지시' 기능이다. 말은 랑그의 체계에 갇히지 않고, 랑그 바깥의 현실을 지시한다. 그리고 말하는 주체가 말하고 싶은 것을 밖으로 드러낸다. 이런 점에서 말은 주체를 부각한다. 반면 구조주의에서는 주체성이 결여된다. 단지 폐쇄적인 기호 체계만 있을 뿐이다.

그리하여 리쾨르는 구조주의가 사상이 되고 철학이 되는 것을 반대한다. 그는 진리를 인간 주체와 연결하는 것이 철학의 사명이라고 여기기 때문이다.[58] 그러나 리쾨르는 구조주의를 버리지 않고 오히려 구조주의를 자신의 해석학으로 통합해 해석이 신비화되는 것을 막는 데에 사용한다. 즉, 파롤 안에 랑그를 통합한다.

랑그가 내재적이라면, 파롤은 초월적이다. 파롤(말)은 언어학적 값어치를 넘어 현실을 '지시'하면서 자신을 초월한다. 그것은 말의 뜻이 풍부해지는 것을 가리킨다. 시적 은유와 이야기를 포괄하는 상징 언어는 겹뜻을 지닌다. 상징의 1차 의미가 랑그에 빗대어 있다면, 말이 지시하는 2차 의미는 삶의 뜻이고 이것은 기호 체계를 넘어선다. 1차 의미를 넘어 2차 의미를 가리키는 "뜻의 넘침"이 상징 언어를 만든다.[59] 1차 의미가 지시하는 2차 의미 곧 말의 뜻에 들어 있는 삶의 뜻은 존재

---

57 양명수(2017), 『폴 리쾨르의 『해석의 갈등』 읽기』, 49.

58 *Ibid.*, 48.

59 양명수(1995), "말뜻과 삶의 뜻 ― 리쾨르의 상징론 이해," 「문학과 사회」 겨울호 제8권/No. 4, 1560.

의 힘을 가리킨다. 하이데거의 용어로 말하면 세계-내-존재이다. 이것이 상징이 함축하는 존재론적 의미이다.[60] 그리하여 상징의 해석은 말의 뜻을 통해 삶의 뜻을 찾는 것이 된다. 삶의 뜻이란 자기가 되고 새 세상을 구현하는 것을 가리킨다.

랑그가 탈시간적이면, 말은 시간적이다. 말에는 시간의 흐름이 들어온다. 말하는 주체의 삶이 들어오고 현재·과거·미래의 시간이 들어온다. 말 이전에는 언어가 되기 위한 잠재적 기호들만 있을 뿐이다. 이것이 사람의 말을 통해 의미체로 거듭난다. 랑그는 파롤로 가기 위한 것이고, 파롤 안에서만 제 기능을 다한다. 말을 통해 랑그는 삶의 시간으로 들어오고 삶의 뜻을 표현하는 매개물이 된다.

한편 말에는 은유와 이야기가 있다. 은유는 문장 단위의 말이고, 이야기는 줄거리 단위의 말이다. 리쾨르의 은유론과 이야기론은 모두 삶의 현실과 연결된 말(파롤)의 문학적 표현이다. 리쾨르에게 삶의 현실을 지시하지 않는 은유나 이야기는 단순한 장식일 뿐이다. "의미론적 혁신"(semantic innovation)이란 은유와 이야기 안에 내재하는 현실과의 긴장 관계에서 발생하는 넘쳐나는 의미를 가리킨다.[61] 말로 다할 수 없는 실존 현실을 말하는 데에서 발생하는 불협화음의 긴장 관계이다. 따라서 은유와 이야기는 사전 속의 죽은 언어가 아니라, 뜻이 넘쳐나

---

60 리쾨르는 이를 가리켜 "대상지시의 존재론적 전제"(ontologische Voraussetzung der Referenz)라고 말한다. 리쾨르(1999), 『시간과 이야기 1』, 172; Ricœur (1988), *Zeit und Erzählung*, Bd. 1, 123.

61 김한식(2019), 『해석의 에움길 — 폴 리쾨르의 해석학과 문학』, 200. 은유에서의 의미론적 혁신은 주어와 술어가 일치하지 않는 부적합한 상황에서 발생하는 의미론적 풍부함에서 오고, 이야기에서의 의미론적 혁신은 이야기가 지니고 있는 "이질적인 것의 종합"이 확장된 은유로서 의미론적 혁신의 산실이 된다. *Ibid.*, 200, 201, 230.

는 살아 있는 말(파롤)이다. 그 안에는 현실을 새롭게 보게 하는 존재의 힘이 내재한다.

리쾨르는 철학의 과제를 가리켜 "말해진 존재 쪽으로 말을 여는 데 있다"라고 말한다.[62] '말해진 존재'는 예술작품의 텍스트 세계요, 가다머가 말하는 지평(Horizont)이다.[63] 독자는 자신의 실존적 전 이해를 가지고 작품의 텍스트를 따라가며 "지평 융합"을 일으킨다. 텍스트의 세계 안으로 들어가며 독자는 '말해진 존재'에 이끌린다. 텍스트란 결국 세계-내-존재의 경험이라는 존재론적 상황이 "언어로 나와 언어 안에서 자신을 표현"한 것이기 때문이다. 리쾨르에게는 세계-내-존재와 시간-내-존재로 소급되지 않는 언어는 이해될 수 없는 "비약"일 뿐이다.[64]

그리하여 독자가 텍스트의 세계 안으로 들어간다는 것은 존재론적 상황 앞에 서는 것을 의미한다. 그 상황에 몰입되면서 텍스트 안에 내재하는 존재의 힘의 영향 아래 처하고 독자는 수동적이 된다. 그리고

---

62 리쾨르(2012), 『해석의 갈등』, 104; 양명수(2017), 『폴 리쾨르의 『해석의 갈등』 읽기』, 56.

63 Gadamer, *Wahrheit und Methode*. Grundzüge einer philosophischen Hermeneutik (Tübingen: J. C. B. Mohr[Paul Siebeck], 1975), 4te Auflage, 415 이하; 리쾨르(1999), 『시간과 이야기 1』, 171.

64 "Tatsächlich würde dieses ontologische Zeugnis ein irrationaler *Sprung* bleiben, wenn die von ihm geforderte Veräußerlichung nicht das Gegenstück zu einem ursprünglichen Anspruch wäre, der von der Erfahrung des *In-der-Welt-*und *In-der-Zeit-seins* ausgeht und von dieser ontologischen Verfassung *zu ihrem Ausdruck in der Sprache schreitet.*" Ricœur(1988), *Zeit und Erzählung*, Bd. 1, 124. 즉, 리쾨르에게는 인간의 존재론적 상황과 실존적 상황 그리고 삶의 의미와 질서를 찾으려는 인간의 존재론적 노력을 벗어난 언어의 "절대적인 비약"이란 불가능하다. 김한식(2019), 『해석의 에움길 ― 폴 리쾨르의 해석학과 문학』, 295; 리쾨르(2000), 『시간과 이야기 2』, 59.

텍스트를 통해 표현된 존재의 부름(Ruf)에 이끌려 따라간다. 이처럼 해석의 시작은 텍스트의 힘 곧 텍스트에 내재하는 존재의 부름에 이끌리는 데 있나.

독자가 텍스트에 이끌리는 것을 가리켜 리쾨르는 "해석학적 믿음"이라고 한다. 믿음으로 독자는 텍스트를 따르고 넘쳐나는 뜻 앞에서 아무것도 아닌 것이 된다(Ich bin Nichts).[65] 그리고 텍스트 이전의 일상에서의 자아는 일시적으로 사라진다. 텍스트의 세계에서 무아(無我)가 되는 것은 새로운 자기를 발견하기 위한 조건이다. '나'라고 주장하거나 고집할 아무것도 지니고 있지 않을 때 새로운 정체성이 들어온다.[66] 리쾨르는 이것을 독자에게서 일어나는 정화(Läuterung)라고 말한다. 그리고 정화를 통해 생각에 변화가 일어나는 것을 가리켜 회심(Konversion)이라고 부른다.[67]

독자의 마음을 '정화'하고, 생각에 '변화'를 불러일으키는 주체는 독자 자신이 아니라 말해진 존재의 말이다. 그 결과 독자는 새로운 자기를 발견한다. 이것이 "해석학적 믿음"이 작용하는 방식이다. 독자는 해석하는 능동자가 아니라 해석되는 수동자이다. 자기를 스스로 정립하는 자신만만한 주체가 아니라, 존재의 말을 들으며 존재의 은총 가운데 주어지는 새로운 자기를 발견하고 이해하는 겸손한 주체이다.[68]

---

65 Ricœur(2005), *Vom Text zur Person. Hermeneutische Ansätze (1970-1999)*, 224.

66 "Indem es so den Nullpunkt des Beharrlichkeit zum Ausdruck bringt, macht das 'Ich bin Nichts' die völlige Inadäquation (…) in Bezug auf die Problematik des Selbstes deutlich." *Ibid.*, 224-225. 나라고 '고집할 것이 아무것도 없는 제로 상태'(Nullpunkt an Beharrlichkeit)에서 오히려 새로운 자기 정체성이 산출된다는 말이다.

67 *Ibid.*, 225.

텍스트의 세계에 이끌리는 것은 저자의 의도에 이끌리는 것이 아니다. 텍스트가 저자의 작품이라 할지라도 사실을 기록한 역사가 아닌 문학작품으로서의 이야기는 다양한 해석의 여지를 열어놓는다. 그만큼 독자는 자신의 실존 경험 곧 전-이해를 가지고 텍스트를 자기 나름대로 이해한다. 텍스트가 펼치는 존재의 힘을 독자는 자기 나름대로 자기 것으로 삼는다(appropriation). 텍스트의 세계와 독자의 세계의 지평 융합에서 차지하는 독자의 주체적 측면이 거기에 있다. 작가는 이야기를 통해 자신의 실존 경험을 하나의 지평으로 제시하면서 다른 사람과 나누고 싶어 한다. 텍스트의 대상 지시와 대화 기능은 서로 연관되어 있다.[69] 그리고 독자는 자신의 지평을 가지고 이야기를 따라가며 자신의 삶의 이야기를 구상한다. 그러면서 새로운 자기 이해에 도달한다.

---

68 리쾨르의 해석학적 주체는 크게 보면 수동적 주체이지만, 그 안에는 반성의 주체도 있다. 해석학적 믿음만 있는 것이 아니라 해석학적 거리 두기도 있다. 해석학적 거리 두기에는 "의심"(Missvertrauen)이 내재한다. 의심의 기능은 비본래적인 것(Das Unauthentische)에 본래적인 것(Das Authentische)을 대조시키는 것이다. Ricœur (2005), *Vom Text zur Person*, 223. 텍스트 안에서 존재의 힘에 이끌리며 독자는 때로는 충격을 받고 때로는 공감을 한다. 충격 가운데 의심이 일어나고 삶의 본래적인 것과 비본래적인 것을 대조하는 해석학적 거리를 둔다. 리쾨르에 따르면 독자는 자신이 무(無)라고 느낄 때조차도 그러한 자신이 누구인지 집요하게 묻는 존재이다. 존재의 힘 앞에서 절대적 수동성을 보이면서도 독자는 여전히 '반성 주체'로 살아 있다. '나는 누구인가'를 묻는 자기 정체성 물음이 해석의 전 과정에서 동반한다. 그래서 존재의 힘에 이끌려가지만 동시에 해석학적 거리가 항상 유지된다. 해석학적 거리에서 '의심' 과 '이해'는 변증법적으로 작용한다. 의심이 자리하지만, 변증법적 관계의 끈이 계속 이어지는 것은 믿음의 힘이 우세하기 때문이다. 존재의 힘에 대한 믿음이 비판적 거리 두기와 의심을 이끄는 형세로 해석학적 믿음은 작용한다. 믿음 안에 의심이 있기 때문에 리쾨르의 해석학을 가리켜 '우회의 해석학'이라고 부르는 것이다.

69 리쾨르(1999), 『시간과 이야기 1』, 173. "모든 대상 지시는 공-지시(Ko-referenz), 즉 대화적이고 대화 지시(Dialogreferenz) 기능을 지닌다."

2) 이야기 정체성과 자기

텍스트 안에 내재하는 존재의 힘에 의해 독자에게 새로운 자기 이해가 일어나면 정체성의 변화가 따라온다. 이를 가리켜 리쾨르는 이야기 정체성(narrative identity)이라고 부른다. 이야기 정체성은 작품 해석을 통해 독자에게 주어지는 새로운 나, 즉 자기 정체성이다. 이 정체성의 변화를 설명하기 위해 리쾨르는 두 가지 정체성 개념을 제시한다. 라틴어 idem과 ipse에 상응하는 동일 정체성(identité-idem)과 자기 정체성(identité-ipse)이다.[70] idem은 텍스트로 들어가기 전에 일상 속에서 항상 동일한 '나'를 가리키는 개념이고, ipse는 텍스트를 거치고 나온 이후 변화된 새로운 '나'를 가리키는 개념이다. 리쾨르는 전자를 moi, 후자를 soi라고 부른다. moi는 영어 I에 해당하는 '나'를 뜻하고, soi는 영어 self와 독일어 Selbst에 해당하는 '자기'를 뜻한다. '자기'가 텍스트 해석을 통해 변화한 새로운 '나'이다. 이 변화된 '나'의 새로운 정체성이 '이야기 정체성'이고 '자기 정체성'이다.

'동일 정체성'이 자연적으로 주어진 나라면, '자기 정체성'은 자유의

---

[70] 라틴어 idem은 '극단적으로 유사한', '닮은'을 뜻하는 말로 영어로는 same, 독일어로는 gleich 불어로는 même이다. 즉, 동일정체성(identité-idem)은 시간이 흘러도 변하지 않는 지속성(Beständigkeit in der Zeit)의 정체성을 가리킨다. 타고난 '성격' 같은 것이 여기에 속한다. 성격은 시간이 흘러도 변하지 않는 영구성(Permanenz), 항구성(Beständigkeit), 견고함(Beharrlichkeit)을 특징으로 한다. '동일 동일성'에는 수적 동일성(nummerische Identität), 질적 동일성(qualitatiue Identität), 지속적 동일성(ununterbrochene Identität)이 있다. 수적 동일성은 한 존재자가 시공을 달리하며 두 번 출현했을 때 같은 존재자로 보이는 동일성이며 매번 동일한 모습으로 인식되는 단일성(Einzigkeit)을 특징으로 한다. '질적 동일성'은 두 존재자가 극단적으로 닮아 있거나 유사하여 서로 대체 가능할 정도의 동일성을 보이는 경우를 말한다. '지속적 동일성'은 생물학적 종으로서 인간이 탄생과 성장, 죽음에 이르는 전 발달 과정에서 보이는 동일성을 말한다. Ricœur(2005), *Das Selbst als ein Anderer*, 11 이하.

지에 의해 끊임없이 새롭게 생성되는 정체성이다. 전자에는 변화 가능성이 없지만, 후자는 끊임없이 변화하고 생성하는 미래의 정체성이다. 리쾨르에게 자기 정체성은 이야기적 이해를 통해 산출되는 이야기 정체성이다. 그것은 자연적 정체성이 아니라, 자유에 의한 정체성으로 인격적 정체성(personal identity)이다.[71] 나와 동일한 자연적 특성을 지닌 사람이 있다고 할지라도, 그가 나와 똑같은 인격을 가질 수는 없다. 즉, '자기 정체성'은 나의 노력과 존재 의지에 의해 추구되고 시간의 흐름 가운데 축적되며, 나의 인격을 만들어가는 변화하는 정체성이다. 리쾨르는 "나는 누구인가"와 같은 실존적 물음에 대한 대답은 이러한 '자기 정체성'과 '인격적 정체성'에서 주어진다고 말한다.

자기 정체성은 나의 존재 의지와 상징 안에 내재하는 존재의 힘이 만나며 정립되는 이야기 정체성이고 인격적 정체성이다. 인간은 동일 정체성에 만족할 수 없다. 온전한 인간이 되기 위해서는 동일 정체성과 자기 정체성이 끊임없이 변증법적으로 종합되어야 한다. 리쾨르는 동일 정체성과 자기 정체성을 개인(Individuum)과 개인화(Individuali-sierung)로 구분하며, 개인은 동일 정체성에 상응하고 개인화는 자기 정체성에 상응한다고 여긴다.[72] 개인은 되어가는 것이며, 그러한 것으로 인간은 가능성의 존재이고, 가능성이 현실성으로 이행하며 생기는 것이 자기 정체성이다.

리쾨르는 자기 정체성이 무엇인지 "렘브란트의 자화상에 관하여"(1987)라는 글에서 임팩트 있게 논한다.[73] 렘브란트는 미술사에서 그

---

71 Ricœur(2005), *Das Selbst als ein Anderer*, 141-171.

72 *Ibid.*, 39-40.

73 Ricœur(1994), "Sur un autoportrait de Rembrandt," In: *Lectures 3 - Aux*

어떤 화가보다도 자화상을 많이 그렸다. 자화상을 많이 그렸다는 것은 그만큼 자신에 대해 많은 성찰을 했다는 뜻이다. 자화상(Selfportrait)이라는 장르는 그림을 그린 화가와 그림에 재현된 인물이 동일인이라는 것을 암암리에 전제한다. 그럼에도 리쾨르는 "그림에 그려진 얼굴과 화가의 얼굴이 동일하다고 말할 수 있는 근거는 무엇인가?"라고 새삼스레 물으며 둘의 차이를 암시한다.

여기서 리쾨르가 테마화하고 있는 것은 동일 정체성(identité-idem)과 자기 정체성(identité-ipse)의 구분이다. 자화상을 그리기 위해 바라보는 거울 속의 인물이 idem에 해당하는 나(moi)이고, 창작 행위를 거쳐 캔버스 위에 재현된 인물은 ipse에 해당하는 나(soi) 즉 '자기'이다.[74] 거울 속의 나(moi)와 캔버스 속의 나(soi) 사이에 화가의 창작 행위가 존재한다. 창작 행위를 통해 두 '나' 사이에는 차이가 생겨난다. 이 차이가 화가에게 일어난 새로운 자기 이해로 소급되는 것이다.

자화상을 그리면서 화가는 거울에 비친 얼굴을 자신이라고 여기지만, 동시에 "나는 누구인가"를 물었을 것이다. 그러면서 거울 속의 나(moi)와 거리를 둔다. 이 거리 두기의 문맥에서 리쾨르는 렘브란트를 나르시스와 비교한다. 나르시스는 물속에 비친 자신의 이미지를 에로틱하게 바라보며 사랑에 빠진다. 자신의 모습에 매몰되어 자신과의 거리는 없다. 반면 렘브란트는 거울 속에 비친 자신의 이미지와 거리를 둔다. 어떤 애증 관계도 없이 냉철하게 바라보며 저 사람이 누구인지

---

frontieres de la philosophie, Seuil, 13-15; 윤성우(2008), "리쾨르의 회화론 — 실재에 대한 또 다른 탐구," 「프랑스학연구」 Vol. 43, 320 이하.

[74] "Entre le moi, vu dans le miroir, et le soi, lu dans le tableau, s'insèrent l'art et l'acte de peinture, de se dépeindre." Ricœur(1994), "Sur un autoportrait de Rembrandt," 15.

묻고 반성한다. 나르시스가 물속에 비친 자신과 거리를 두지 않음으로써 자신을 파괴했다면, 렘브란트는 자신과 거리를 두고 반성함으로써 새로운 자기 이해에 이른다. 그렇게 거리를 두고 발견된 새로운 나의 모습이 캔버스 위에 재현된 자기(soi/self)이다.[75]

다음의 두 그림 〈아틀리에의 화가〉(〔그림 5〕)와 〈사도 바울로서 자화상〉(〔그림 6〕)은 재현의 대상과 거리를 두고 있는 화가의 모습과 새롭게 산출된 '자기'의 모습을 잘 보여주는 작품들이다. 〈아틀리에의 화가〉에서 렘브란트는 캔버스와 거리를 두고 마치 그림 속의 대상과 영적 대화를 하는 듯 응시하고 있다. 거리를 유지하며 거울 속의 '동일 정체성'과 캔버스 위의 '자기 정체성'이 대화를 한다. 거리 두기를 통해 '나'의 모습은 점차 사라지고 존재의 힘이 스며든다. 그리고 존재의 힘에 이끌려 화가에게는 새로운 자기 이해가 일어난다.

〈사도 바울로서 자화상〉에는 그 새로운 자기 이해가 고스란히 재현되어 있다. 여기서 렘브란트는 자신을 사도 바울로 그리고 있다. 존재의 힘에 의해 새롭게 주어진 자기 정체성이 사도 바울이다. 사도 바울은 렘브란트에게 자연적으로 주어진 동일 정체성이 아니라 그의 존재 의지가 추구한 미래의 정체성이다.[76]

---

[75] 리쾨르에게 재현(re-presentation)은 복사가 아니라 해석 행위이다. 자화상은 거울 속의 이미지(moi)를 새롭게 해석하여 캔버스 위에 재현(soi)한 해석 행위이다.

[76] 렘브란트가 활동하던 네덜란드의 암스테르담은 당시 칼뱅주의가 지배하던 신교 도시였다. 신교에서 사도 바울은 숭상받는 성인이었다. 가톨릭의 구교에서 베드로 성인을 대표적 성인으로 여긴 것에 대한 신교의 차별화로 이해할 수 있다. 베드로 성인에 비해 바울 성인은 역사적 예수를 한 번도 보지 못했음에도 오직 믿음으로 그리스도를 믿고 따른 제자였다. 이 점에서 사도 바울은 '오직 신앙'을 강조한 신교의 정신을 대변하는 성인으로 여겨졌고, 렘브란트 역시 이러한 환경에서 자신이 되고 싶은 미래의 정체성으로 사도 바울을 주목했을 것이다.

[그림 5] 렘브란트, 〈아틀리에의 화가〉, 1628년, 보스턴 미술관.

[그림 6] 렘브란트, 〈사도 바울로서 자화상〉, 1661년, 암스테르담 국립미술관.

사도 바울이라는 자기 정체성은 렘브란트 스스로가 생각한 것이 아니라 성서 텍스트를 "매개"로 주어진 것이다. 렘브란트는 자신과 거리를 두며 "나는 누구인가"를 끊임없이 물었을 것이고 독자로서 렘브란트는 그 답을 성서에서 찾았을 것이다. 성서라는 매개가 없었다면 렘브란트는 자신의 얼굴을 결코 사도 바울로 그리지 못했을 것이다. 이처럼 자화상을 제작하는 행위는 자기 이해와 자기 해석의 정신적 활동이다. 내가 누구인가를 물으며 얻은 답을 캔버스에 재현하는 고도의 정신적 행위이다.

렘브란트는 캔버스 위에서 성서를 다시 이야기하고 있는 것이고 그러한 것으로 그의 자화상은 '재형상화'(re-figuration)이다. 성서가 형상화(con-figuration)된 이야기라면, 이것을 화가는 자신의 현실에서 다시 이야기하고 있다. 그리고 이제 〈사도 바울로서 자화상〉을 감상하는 관람자들은 렘브란트가 다시 이야기한 성서를 자신의 현실에서 또다시 이야기한다. 렘브란트의 그림을 감상하며 화가가 자신을 사도 바울로 그린 행위를 독자는 자신의 현실에서 다시 해본다.[77] 그 과정에서 관람자 자신에게도 렘브란트에게 스며들었던 존재의 힘이 스며들고, 자신에 대한 새로운 정체성 즉 이야기적 이해에 기초한 새로운 자기 정체성이 생겨난다. 이러한 방식으로 존재의 힘은 상징 언어를 매개로 작가와 독자의 현실 속으로 스며들어 이들의 새로운 자기 정체성 확립에 영향을 미친다.

리쾨르에게 직접적인 자기 이해라는 것은 애당초 불가능하다. 자기

---

[77] "화가가 자신을 그려내는 작업을 상상 속에서 다시 해본다(refaire en imagination le travail même de l'artiste se peignant lui-même)." Ricœur(1994), "Sur un autoportrait de Rembrandt," 14.

이해란 자신을 "대상화해주는 표상들, 행위들, 작품들, 제도들 그리고 기념물들을 통해 매개"되고 해석되는 것이다.[78] 아무런 매개 없이 내가 누구인지 안다는 근대 관념론은 리쾨르에게 오만이다. 의지가 실현되기 위해서는 비의지적인 것이 매개되어야 한다는 초기 의지철학의 설정에서부터 리쾨르는 '매개'를 자기 이해의 필연적 조건으로 설정하였다. 데카르트의 코기토 주체가 자기 정립적 주체라면, 리쾨르의 주체는 매개된 주체이다. 자기가 되려고 하는 의지는 매개를 통해서만 구현되며 이 매개가 상징이고 예술작품이다.

새로운 자기 이해가 동반하는 재형상화는 감상의 차원에서는 일어나지 않는다. 여기서 단순한 감상과 미메시스의 차이가 나타난다. 단순한 감상에는 독자의 미학적 취향이나 선입견이 먼저이지만, 미메시스에서는 독자의 선입견보다 존재의 힘이 우세하게 작용한다. 그 힘에 이끌려 따르기 때문에 새로운 자기 이해가 일어나고 삶은 변화한다. 이 관계를 리쾨르는 nachfolgen이라는 말로 설명한다.[79] nachfolgen은 '따르다'라는 뜻을 지닌 독일어 동사이며, 명사형 Nachfolge는 '따르는 자들'이다. 독일에서는 그리스도를 따르는 제자들을 가리켜 Nachfolge라고 부른다. 제자들이 그리스도를 따르는 것은 그리스도에게 이끌리기 때문이다. 리쾨르는 끌림이 있는 곳에는 선(善)이 작용한다고 말한다. 악에는 그러한 끌림이 없다. 악에는 감염이나 오염, 전염이 있을 뿐이다.[80] 여기에는 원함이 없다. 제자들이 그리스도에게 끌려

---

78 리쾨르(2013), 『해석에 대하여: 프로이트에 관한 시론』, 92.

79 Ricœur, *Critique and Conviction*, trans. Kathleen Blamey (New York: Columbia University Press, 1998), 183-184.

80 리쾨르는 선함과 아름다움의 확산과 달리 악(evil)의 확산은 오직 생물학(biology)의 방식으로만 이루어진다고 말하며 오염(contamination), 감염(infection), 전염

따르게 되는 방식은 의지이고 원함이다. 이것이 미메시스가 작용하는 방식이다. 작품 안으로 들어가 나의 존재 의지가 작품 안에 내재하는 존재의 힘에 이끌려 존재의 힘에 의해 새로운 자기 이해가 일어나는 것에는 선의 작용과 나의 원함이 있는 것이다.[81]

끌림이 모방을 낳고 새로운 변화를 낳는 것이지, 그 반대가 아니다. 존재의 힘으로의 끌림이 해석학적 믿음이다. 작품 속 존재의 힘이 다가와 말을 걸고 이끌 때, 독자는 그 힘을 따르며 새로운 자기 이해에 이르는 것이다. 새로운 자기 이해는 또한 새 세상을 향한 역동성과 함께 발생한다. 작품 속의 존재의 힘은 기존의 도덕과 질서를 전복하는 힘이기도 하다.[82] 선으로의 이끌림과 해석학적 믿음의 방식으로 리쾨르의 미메시스론에서는 미학과 윤리와 종교가 자연스럽게 연결되고 미학적 가능성이 윤리적, 종교적 현실성으로 이행한다.

이 이행이 키에르케고어에게서는 초월적 믿음 때문에 실천 불가능하지만, 리쾨르에게서는 독자의 해석학적 믿음으로 실천 가능하다. 독자의 믿음으로 작품 속에서 새로운 자기 이해가 일어나고, 이것이 작품 밖의 현실에 적용되면서 독자의 현실은 새롭게 변화한다. 이 변화

(epidemic)의 용어를 사용한다. *Ibid.*, 184.

[81] 그러한 점에서 리쾨르의 미메시스는 르네 지라르의 미메시스 개념에서 말하는 맹목적 모방이 아니라, 존재의 힘에 의해 매개된 모방이라고 말할 수 있다. 지라르의 미메시스에서는 나의 이기심이 앞서지만, 리쾨르의 미메시스에서는 존재의 힘이 앞서며 나를 이끈다.

[82] 리쾨르(1999),『시간과 이야기 1』, 174. "리쾨르가 텍스트 해석학을 거쳐 자기 해석학으로 돌아오면서 '할 수 있는 자기'(soi capable)를 강조하는 것은 자기를 둘러싼 악과 현실적인 불의 앞에서 맞서 싸울 능력, 자기 이해를 통한 자기 전환의 윤리적 능력에서 희망을 찾을 수 있다고 보기 때문이다. 인간은 역사적 존재로서 더 나은 사회를 꿈꾸는 희망에의 약속을 물려받았고, 자기해석학은 바로 이를 기억하는 것이다." 김한식(2019),『해석의 에움길 — 폴 리쾨르의 해석학과 문학』, 300.

가 현실성으로의 이행이고, 작품을 매개로 자기가 되는 미학적 자기됨, 미메시스적 자기됨이다.

리쾨르의 미메시스론은 미학적 가능성이 가능성에만 머물지 않고 현실성으로 이행하는 점을 미메시스 III에서 밝힘으로써 키에르케고어의 미학적 한계를 해결하고 나아가 키에르케고어적 의미에서의 자기됨에 도달하고 있다. 그렇다면 리쾨르의 학문적 성과에 힘입어 키에르케고어의 미학도 다시 평가할 수 있는 길이 있지 않을까?

최근 키에르케고어 학자들의 연구에 따르면 키에르케고어의 저서들에서 리쾨르적 의미의 미메시스의 흔적이 많이 나타나고 있는 것이 밝혀지고 있다.[83] 이러한 연구들은 필자가 이 책에서 키에르케고어의 미적 실존과 리쾨르의 미메시스적 자기됨을 연결하는 작업에 힘을 실어준다. 즉, 키에르케고어의 실존 사상에서 전개되는 다양한 실존 단계의 실존 방식 자체가 미학적이라는 점이며, 따라서 자기됨의 방식도

---

[83] 이에 대한 연구물들은 필자가 조사한 바로는 다음과 같다. Iben Damgaard(2010), "Kierkegaard's rewriting of Biblical narratives," In: Lee C. Barrett, Jon Stewart (ed.), *Kierkegaard and the Bible: Old Testament*, Ashgate, 207-230; Iben Damgaard(2015), "Kierkegaard on Self and Selflessness in Critical Dialogue with MacIntyre's, Taylor's and Ricœur's Narrative Approach to the Self," In: Ingolf U. Dalferth (ed.), *Self or No Self? Claremont Studies in Philosophy of Religion* (Tübingen: Mohr Siebeck, 2015); Joachim Garff, "A Matter of Mimesis: Kierkegaard and Ricœur on Narrative Identity," In: *Kierkegaard Studies*, Yearbook Vol. 20, 2015 (Berlin: W. de Gruyter, 2015); Brian Gregor (2005), "Selfhood and the three R's: Reference, repetition, and reflguration," In: *International Journal for Philosophy of Religion*, Vol. 58 No. 2 (2005), 63-94; Brian Gregor(2009), "Thinking through Kierkegaard's Anti-Climacus: Art, Imagination, and Imitation," In: *The Heythrop Journal*, 448-465; Peder Jothen, *Kierkegaard, Aesthetics, and Selfhood. The Art of Subjectivity* (England: Ashgate, 2009). 조던의 책에서는 특히 4장 "Mimesis, Aesthetics, and Christian Becoming".

미메시스적으로 설명할 수 있다는 점에서이다. 키에르케고어에게 궁극적 자기는 믿음의 자기이고 신학적 자기이지만, 자기됨의 방식은 미학적이고 미메시스적일 수 있다는 것이다.

이렇게 되면 키에르케고어의 미적 실존이 지니는 한계도 재평가되어야 한다. 키에르케고어에게서 미적 실존은 가능성에 고립된 실존이지만 리쾨르의 미메시스론을 연결할 때 얼마든지 신학적 자기가 될 수 있는 여지가 생기는 것이다. 이에 다음 장에서는 리쾨르의 미메시스론의 관점으로 키에르케고어의 자기됨의 방식을 다시 평가하고 나아가 키에르케고어의 익명 저서들 안에서 미적 실존의 문제를 좀 더 깊이 들여다보며 미학적 범주에서 자기가 되는 문제를 해결하고자 한다.

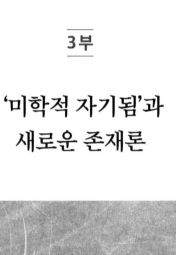

3부

'미학적 자기됨'과
새로운 존재론

4장
삼중 미메시스를 통한 키에르케고어의 '미학적 자기됨' 분석

1. 키에르케고어의 익명(Pseudonym) 저서에 나타난 미메 시스의 흔적

키에르케고어는 신학자이고 철학자였지만 동시에 시인이었다. 말로 다할 수 없는 실존을 논하는 것 자체가 오직 시(詩)의 언어로만 가능하기 때문이다. 따라서 그의 저서들을 보면 철학적 개념 언어보다는 은유나 비유, 상징 등의 예술적 언어가 대부분을 차지하고 성서와 신화, 고전 문학과 현대 문학을 망라하는 다양한 이야기들을 저서에 인용하고 있다. 그뿐만 아니라 아포리즘, 서정적 수상록, 성찰, 일기 등의 파격적 글 형식들을 사용하여 실존의 문제에 접근함으로써 신학과 철학, 문학과 미학의 경계를 넘나드는 실험적 글들을 쓴다.[1] 그리하여

---

[1] 키에르케고어는 실존과 존재 가능성을 탐구한 사상가였다. 가능성은 현실의 시각에서는 비존재이다. 그러나 키에르케고어에게 비존재는 존재의 근원이다. 비존재가 있기 때문에 존재는 지향되고, 가능성이 있기 때문에 현실성은 추구된다. 따라서 실존을 밝

논리적 사변으로는 잡히지 않는 개인의 불안한 실존적 내면을 철학적 사유로 끌어들여 더욱 심층적인 인간 이해의 지평을 열고 있다.[2]

키에르케고어 글쓰기의 실험정신이 가장 잘 나타나는 대목은 익명의 사용이다.『이것이야 저것이냐 1』의 빅토르 에레미타(Victor Eremita), 『유혹자 일기』의 유혹자 요하네스(Johannes the Seducer), 『이것이냐 저것이냐 2』의 판사 윌리엄(Judge William), 『인생길의 여러 단계: 다양한 사람들의 연구』에서 출판업자로 등장하는 힐라리우스 부흐빈더(Hilarius Buchbinder)와 '종교적 단계'의 저자인 프라터 타키투르누스(Frater Taciturnus), 『반복』의 저자 콘스탄틴 콘스탄티우스(Constantin Constantius), 『공포와 전율』의 저자 요하네스 데 실렌티오(Johannes de silentio), 『불안의 개념』의 저자 비길리우스 하우프니엔시스(Vigilius Haufniensis), 『철학적 조각』과 『비학문적 후서』의 저자인 요하네스 클리마쿠스(Johannes Climacus), 신학적 저서인 『죽음에 이르는 병』과 『그

히는 것은 가능성을 탐구하는 것이다. 이것은 이성적 철학 개념으로는 할 수 없다. 그래서 키에르케고어에게는 이성보다 열정이 중요했고, 오성보다 상상력이 중요했다. 열정과 상상력으로 그는 시적인 글을 썼고 실존을 가능성의 영역에서 탐구하며 자기가 되는 길을 '실험'했다. 따라서 그의 글들은 개념적 언어보다 시적이고 문학적, 미학적 표현들이 대부분을 차지한다.

2 키에르케고어의 문학적 표현양식은 헤겔의 논리학에서 제시된 "외면은 곧 내면이고 내면은 곧 외면"이라는 명제에 대한 대립각이라고 볼 수 있다. 키에르케고어(2012), 임춘갑 옮김, 『이것이냐 저것이냐 1』, 7. 논리학에서는 인간의 내면을 외면과 같다고 본다. 그래야 모든 현상을 설명할 수 있다. 그러나 키에르케고어는 이 명제를 거부하고 인간의 내면을 밝히며 실존의 실마리를 풀어간다. 내면은 곧 영혼이다. 키에르케고어는 자신의 영혼의 무거움에 대해 다음과 같이 말한다. "나의 영혼은 하도 무거워서 어떤 사상도 그것을 지탱할 수 없다. 나의 내밀한 마음 공간에는 지진을 예감하는 우울과 불안이 감돌고 있다. (…) 나의 영혼은 새들도 그 위를 날 수 없는 죽음의 바다다. 설혹 새들이 그 바다 한가운데까지 날아올 수 있다 해도, 거기서 새들은 죽음과 파멸 속으로 떨어지고 말 것이다." Ibid., 49, 63.

리스도교 강화』의 저자 안티 클리마쿠스(Anti-Climacus) 등 다양한 필명을 사용하며 키에르케고어는 실존을 실험하고 탐구한다.[3]

　각각의 이름은 키에르케고어의 다양한 관점을 빗댄 은유적 표현이다.『이것이냐 저것이냐 2』의 '판사 윌리엄'은 윤리적 실존을 대변하는 저자이고,『인생길의 여러 단계: 다양한 사람들의 연구』에서 '부흐빈더'(Buchbinder)는 '제본업자'를 뜻하고, '프라터'(Frater)는 '수도자'를 뜻하며 종교적 실존을 대변하는 이름이다. 그리고『반복』의 '콘스탄틴 콘스탄티우스'는 책의 주제인 '반복'을 패러디한 이름이다.[4]『공포와 전율』의 저자 '요하네스 데 실렌티오'에서 실렌티오(silentio)는 '침묵'을 의미하는 라틴어로 책에 등장하는 아브라함의 침묵 속의 신앙을 내면화하는 이름이다. 아울러 '요하네스'는 키에르케고어가 특별히 자주 사용하는 익명인데, 그리스도가 가장 사랑한 제자의 이름을 차용한 것이다. 또한『철학적 조각』,『비학문적 후서』,『죽음에 이르는 병』,『그리스도교 강화』에서 공통으로 등장하는 '클리마쿠스'(Climacus)는 키에르케고어의 철학적·신학적 필명이다. 우선 철학적 저서의 저자인 '요하네스 클리마쿠스'는 7세기 시나이 산에서 수도하던 성인으로 '사다리의 요하네스'(John of the ladder)라고도 불렸는데, 사다리를 타고 오르듯 단번에 그리스도인이 되는 길을 표상하는 별명이라고 한다. '요하네스 클리마쿠스'는 말하자면 키에르케고어 사상의 핵심 개념인 '비약'(leap)을 암시하는 이름인 것이다. 요한 성인의 별명인 '사다리'가 단

---

[3] 이 외에도 더 많은 익명이 키에르케고어의 저서들에 산재해 있지만 본문에는 일반적으로 알려진 저서들만 언급했다.

[4] 같은 이름을 반복한 익명 콘스탄틴 콘스탄티우스는 주인공이 반복에 실패하는 것을 패러디한 이름이다. 즉, 반복은 '같은 것의 되풀이'가 아니라는 것을 반어적으로 표현한 익명이다. 이에 대해서는 V장 3의 '반복' 개념에서 자세히 다룰 것이다.

번에 뛰어오르는 믿음의 '비약' 개념과 통하기 때문이다. 한편 신학적 익명인 '안티(Anti)-클리마쿠스'는 '요하네스 클리마쿠스'의 반대를 뜻하는 이름이 아니라 오히려 비약의 의미를 강화하는 뜻으로 사용된 이름이다.[5]

이처럼 키에르케고어는 익명으로 다양한 실존의 유형을 실험하고 개개인의 상황에서 신에게 이르는 길의 가능성을 탐색하며 자신의 실존 사상을 적극적으로 어필하였다. 키에르케고어에게 실존 이념은 하나님 앞에 선 고독한 개인이 그리스도인의 실존이 되는 것이다. 그래서 키에르케고어에게 모든 인간은 엄격하게 말하면 가능성의 존재이다. 그의 익명 저서들은 그 가능성을 밝히고 있는 거대한 실험의 장이라고 할 수 있다. 그의 글들에 나타나는 현란한 문체와 다양한 미학적 장치와 문학적 기교들은 그 보이지 않는 가능성을 가시화하기 위해 요청된 것으로 볼 수 있다. 이 문맥에서 가능성은 현실성보다 더 무겁고 진지한 범주이다. 이에 대해 키에르케고어는 다음과 같이 말한다:

"가능성은 모든 범주 중에 가장 무거운 범주이다. 가끔 가능성은 아주 가볍고 현실성은 아주 무겁다는 정반대의 말을 듣곤 하는데 이는 가능

---

[5] 키에르케고어의 익명 사용은 진리의 '간접 전달'에 근거한다. 죄와 구원, 용서와 화해 등의 실존 문제를 키에르케고어는 직접적으로는 전달할 수 없고 오직 간접적으로만 전달할 수 있다고 여기는 것이다. 그래서 그는 다양한 이름을 통해 간접적으로 혹은 은유적 방식으로 보이지 않는 실존의 문제들을 그린다. 이것은 리쾨르의 은유와 대상지시 (reference) 관계와 유사하다. B. 그레고어는 리쾨르의 은유 상징이 지닌 의미론적 혁명(semantic innovation)과 키에르케고어의 익명을 통한 '간접적 전달방식'이 유사한 기능을 지닌다고 말한다. 즉, 일차 지시가 표현할 수 없는 '세계-내-존재'를 이차 지시의 상징이 표현하는 기능이다. Gregor(2005), "Selfhood and the three R's: Reference, repetition, and reflguration," In: *International Journal for Philosophy of Religion*, Vol. 58 No. 2(2005), 67.

성이 무엇인지 모르는 비참한 사람들이 하는 말이다. (…) 그들은 가능성을 으레 행복과 행운의 가능성으로 간주한다. 그러나 이것은 가능성이 아니다. (…) 참으로 가능성에 의해 교육받은 자는 즐거운 것은 물론이고 무서운 것도 파악하고 있다. (…) 그는 현실성을 무겁게 지고 있을 때조차 현실성이 가능성보다 훨씬 더 가볍다는 것을 알고 있다."[6]

실존은 겉으로 드러나지 않는 내면의 심리이다. 권태, 지루함, 우울, 불안, 공포, 떨림, 절망 등은 밖으로는 절대 드러나지 않는 내적 현상이다. 이 중에서 가장 규정하기 어려운 것이 불안이다. 두려움에 대상이 있다면 불안에는 대상이 없다. 그러한 의미에서 불안은 무(無)이다. 어디서 오는지 몰라 막막하고, 갑자기 들이닥쳐서 당황스럽다. 그것은 당사자만 아는 미세한 현상이지만 불안을 통제하지 못하면 인간은 자유를 잃게 된다. 가장 소리 없이 생기지만 자유를 결박하고 죄 등의 모든 커다란 실존 문제를 현실에 야기한다.

불안은 부자유와 죄의 가능성이다. 불안을 통제하지 못하면 죄와 부자유는 현실이 된다. "가능성으로 교육하는 것"이란 죄와 부자유의 징조로서 불안을 미리 알아채고 대비하게 하는 것이다. 그 대비책이 믿음이다. 믿음으로 불안을 극복할 때 인간은 죄에 빠지지 않고 자유를 결박당하지 않는다. 가능성으로 교육하는 것은 말하자면 도덕적 교육이 아니라 믿음의 교육이다. 죄와 부자유는 외적 당위(sollen)로 해결하려면 이미 늦는다. 불안에서 그 가능성을 미리 알아채고 믿음으로 불안을 극복해야 죄는 대비된다.[7]

---

6 키에르케고어(2008), 임규정 옮김, 『불안의 개념』, 397-398.
7 그래서 키에르케고어는 죄의 반대를 도덕(Tugend)이 아니라 믿음이라고 말한다. 키

자기를 잃어버리는 것 역시 가능성에서 일어난다. 내면에서 일어나는 실존의 미세한 떨림에 깨어 있을 때 현실에서의 큰 불행을 막을 수 있다. 내면의 파장을 믿음으로 대처할 때 죄와 부자유의 가능성은 자기가 되는 가능성으로 변화한다. 죄냐 자기냐는 이미 가능성에서 결정된다. 이것이 키에르케고어가 말하는 가능성으로 교육하는 것이다. 따라서 키에르케고어에게는 현실성보다 가능성이 훨씬 더 비중 있고 무거운 범주이며, 가능성 없는 현실성은 존재하지 않는다.

그렇게 볼 때 키에르케고어의 실존 사상은 사실상 가능성에 근거하고 있다고 해도 과언이 아니다. 그의 저서들이 미학적 언어로 가득한 것도 그 때문이다. 보이지 않는 가능성을 가시화할 수 있는 언어는 개념 언어가 아니라 미학적 언어이기 때문이다. 실존 이념은 참 그리스도인이 되는 것이지만, 그 이념을 실현하는 과정은 그래서 미학적이다. 미학적 글들을 통해 키에르케고어는 참 그리스도인이 되기 위한 인간 내면의 영역을 가능성 범주에서 탐구했다. 그래서 키에르케고어는 죄의 배후에 미학이 있다고 말한다.[8] 죄를 짓고 난 뒤에는 미학이 아니라 종교가 있다. 미학은 죄를 짓기 전에 죄의 가능성을 통찰한다. 반면 죄는 현실이다. 그래서 죄의 배후에 미학이 있고 죄의 앞에는 종

에르케고어(2007), 『죽음에 이르는 병』, 48. 죄를 뿌리 뽑을 수 있는 것은 도덕이 아니라 믿음이다. 불안을 믿음으로 극복하는 것은 죄를 가능성에서 뿌리 뽑는 것이다.

8 "죄인이 미학에서 안주할 곳을 찾으려 한다면 그것은 착각이다. 왜냐하면 그의 길은 그를 미학으로 인도해주지 않고 종교로 인도해주기 때문이다. 미학적인 것은 그의 배후에 있다. 그러니 이제 와서 그가 미학적인 것에 매달리려고 한다는 것은 그에게는 새로운 죄가 될 것이다. (…) 미학적인 것은 죄가 나타나기 전에 안정을 주는 반면 종교적인 것은 죄의 대립이 무서운 양상으로 나타나고 나서야 비로소 안정을 제공한다." 키에르케고어(2012), 『이것이냐 저것이냐 1』, "현대의 비극적인 것에 반영된 고대의 비극적인 것 — 심파라네크로메노이들의 모임에서 낭독한 단편적인 시론" 중, 240.

교가 있다는 것이다.

가능성으로 교육하는 것은 미학적 언어를 매개로 교육하는 것이다. 미학적 언어를 통해서만 가능성이 일깨워지기 때문이다. 죄가 현실로 정립되기 전에 죄를 가능성(불안)에서 알아채고 이것을 자기가 되는 가능성으로 바꾸는 것이 미학적 언어를 매개로 이루어진다. 이렇게 볼 때 키에르케고어가 익명 저서들에서 실험하며 보여주고 있는 자기됨의 방식은 '미학적 자기됨'의 방식이라고 할 수 있다. 미학적 글들을 통해 인간을 가능성에서 성찰하고 실존 이념이 구현되는 것을 실험하고 있는 것이다.

실존 이념은 참 그리스도인이 되는 것이지만, 그 이념을 실현하는 과정은 미학적이다. 키에르케고어의 매 작품은 하나님 앞에서 자기가 되어가는 디딤돌이다. 그리고 그것은 그의 실제 삶과 무관하지 않다. 설명할 수도 없고 말로 다할 수도 없는 실존을 그는 그 스스로의 삶을 통해 이해하는 것이고 기술할 수 있는 것이다. 그의 글들은 그 자신의 삶의 반영이고, 글을 통해 그는 신 앞에서 실존하고 자기가 되고자 했다. 자신의 삶이 창작의 원천이었고, 창작된 글은 다음 글을 위한 디딤돌이었다. 삶의 현실은 실존의 잠재적 이야기이고 현실 속 말과 행동은 상징으로서 이야기의 원천이 되었다.

매 작품마다 달라지는 필명은 변화된 자신의 실제 모습을 반영한 것이었다. 그들은 단순한 펜네임이 아니라 시적 페르소나들이었고 키에르케고어 자신의 투사체들이자 각각 다른 실존적 관점과 입장을 지닌 시인들이었다.[9] 그는 저자이자 동시에 자신이 쓴 글에 영향을 받는

---

[9] Louis Mackey, *Kierkegaard: A Kind of Poet* (Philadelphia, PA: University of

독자였다. 저자와 독자의 역할을 분담하여 그는 스스로를 객관적으로 반성하며 다음 작품에서 더 나은 자기됨을 추구했다. 키에르케고어의 이러한 분열된 자아로서의 삶의 방식은 『자기 자신에 대하여』와 저자로서 자신의 삶과 글에 대해 쓴 『관점』 등의 저서에 잘 나타난다.[10]

이렇게 볼 때 키에르케고어의 자기됨의 방식은 리쾨르의 미메시스적 자기됨을 선취하고 있다고 할 수 있다. 자신의 실제 삶을 실존의 잠재적 이야기로 바라보는 것은 미메시스 I에 해당하고, 그 잠재적 이야기를 저자로서 형상화한 것은 미메시스 II에 해당하며, 형상화된 이야기를 다시 독자의 관점에서 평가하고 새로운 현실을 제시하는 것은 미메시스 III에 해당한다. 이러한 저자와 독자의 역할 분담 과정을 통해 키에르케고어의 익명 저서들은 실존의 존재 가능성이 현실성으로 연결되는 방향으로 전개되었고, 매 작품에서 더 높은 자기됨을 요청하고 있다. 이렇게 볼 때 키에르케고어의 삶과 작품 활동은 정확히 리쾨르의 세 단계 미메시스 과정에 상응한다고 할 수 있다.

비록 미적 실존의 자기됨의 길이 미학적 가능성과 신학적 현실성과의 첨예한 대립 때문에 그의 익명 저서들 안에서는 해결되지 못한 한계를 지니고 있지만, 키에르케고어 자신의 실존 방식이 미메시스적 자

Pennsylvania Press, 1971), 247.

10 Kierkegaard(2003), *Die Schriften über sich Selbst*, Gesammelte Werke und Tagebücher, 33. Abt. von Emanuel Hirsch und Hayo Gerdes; 키에르케고어, 임춘갑 옮김, 『관점』(서울: 치우, 2011). 이 책들에서 키에르케고어는 자신이 익명으로 쓴 글들을 독자의 관점에서 평론하고 비판하는 능청스러움을 보여주며 현대 해석학에서 말하고 있는 작품과 독자의 새로운 이해 지평을 열고 있다. 즉, 가다머의 말처럼 키에르케고어의 익명 저서들(텍스트)은 저자인 키에르케고어 자신을 넘어 독립체로 독자 앞에 선다. 이 관계를 키에르케고어는 스스로 역할 분담을 통해 보여주는 것이다.

기됨의 방식이었음을 고려할 때, 미적 실존의 자기됨 문제는 '미메시스적 자기됨'의 형식에서 재평가되어야 하고, 키에르케고어의 전기와 함께 더 연구되어야 하는 분야로 평가됨이 마땅하다.

이에 다음에서는 키에르케고어 자신의 인격적 투사이기도 했던 미적 실존이 리쾨르의 미메시스적 자기됨의 이론과 어떻게 연결되고 수용될 수 있는지 살펴보고자 한다. 그리하여 키에르케고어 스스로가 성공시키지 못한 미적 실존의 자기됨의 길을 리쾨르의 미메시스적 자기됨의 이론을 통해 밝히고자 한다. 이것을 밝힐 때 미적 실존의 자기됨의 문제는 저절로 해결되며, 나아가 미와 예술을 통해 자기가 되는 길을 실존의 차원에서 마련할 수 있게 된다.

2. 미적 실존의 문제

키에르케고어는 미적 실존을 가리켜 무시간성(Zeitlosigkeit)의 실존이라고 말한다.[11] 미적 실존은 가능성에 거하는 실존이기 때문에 흐르는 시간의 밖에 위치한다. 그래서 시간 감각이 결핍되어 실존의 긴장을 느끼지 못하고 권태와 지루함에 빠지고 우울감에 사로잡힌다. 마

---

[11] 키에르케고어에게 가능성은 무한성 범주이다. 따라서 가능성에 거하는 미적 실존은 시간의 문제에서도 무한성의 논리에 따라 '무시간성'을 특징으로 한다. 흐르는 시간이 일상 현실의 시간이면, 미적 실존의 시간은 일상 현실의 시간의 단면인 '순간'을 무한히 확장한 공상과 상상의 시간이다. 이러한 시간이 일상 현실의 시간에서 보면 '무시간성'이다. 그러나 미적 실존의 '순간'은 그리스도인의 '순간'과는 다르다. 전자는 지루함과 권태를 낳지만, 후자는 시간과 영원의 종합을 낳는다. 전자는 절망을 낳지만, 후자는 구원을 낳는다. 전자는 가능성에 고립되지만, 후자는 하나님의 현실성으로 연결된다.

치 바그너의 오페라에 등장하는 탄호이저가 비너스 성에 갇혀 느끼는 권태와 지루함과도 같다. 비너스 성에서의 쾌락은 영원히 지속될 듯하지만, 탄호이저는 점차 무기력과 권태, 우울감에 빠진다.

이러한 현상은 리쾨르가 언급하고 있는 토마스 만의 『마의 산』(Zauberberg) 주인공에서도 나타난다. 현실에서의 삶과 노동의 시간을 떠나 외딴 마의 산에 격리된 정신병원에서 7년 동안 마치 마술에 홀린 듯한 시간을 보낸다. 그 시간은 실존을 망각한 시간이고, 쾌와 죽음의 충동을 계속해서 연장한 것과도 같은 시간이다. 그것은 마치 "낯선 장소에서의 허상의 삶"과도 같다.[12] 그곳에서는 시간이 길게 늘어져(ver-längern) 지루하고 단순하며, 다른 한편으로는 속도를 재빠르게 하여 완전히 무가 된다. 구체적인 것이라고는 없고 무료하고 권태롭고 공허한 시간이다. 그것은 "순간에 무한한 지속성을 부여한 것"과 같다.[13]

비너스 성에서의 탄호이저나 『마의 산』에서의 주인공은 모두 실존의 긴장과 순간과 영원이 종합하는 시간성(Zeitlichkeit)으로 나아가지 않고 순간의 무한함에서 빠져 지루해하고 우울해하는 인물들이다. 이러한 면에서 그들은 무시간성을 특징으로 하는 키에르케고어의 미적 실존과 같은 문맥에서 만난다. 일상의 시간이 세상의 시간에 노출되어 있을 때, 미적 실존은 그 세상의 시간 밖으로 나와 일상과 거리를 둔 무관심한 자들로 이해될 수 있다. 흐르는 시간 밖으로 나와 내면으로 들어가버린 자들이다. 키에르케고어는 이러한 미적 실존에 대해 다음과 같이 말한다:

---

12 리쾨르(2000), 『시간과 이야기 2』, 251.
13 *Ibid.*, 253. 여기서 순간은 하이데거의 '내시간성'에 나타나는 시간의 단절이나 틈새(Riss)로서 순간이 아니라, 무한으로 연장되는 순간이다.

"시간은 흐르고 인생은 흐르는 물과 같다는 말들을 한다. 나는 그렇게 생각하지 않는다. 시간은 정지해 있고 나도 시간과 더불어 정지해 있다. 그래서 내가 꾸미고 있는 일체의 계획은 곧장 나 자신에게로 되돌아온다. 그러니 내가 침을 뱉으면 나 자신의 얼굴에 침을 뱉는 셈이 된다. (…) 나는 재귀대명사처럼 내성적이다."[14]

미적 실존은 흐르는 시간과 단절하고 세상의 시간이 정지된 내면에 숨어 있다. 그것은 마치 거미가 어떤 고정된 지점에서 자신을 투하해 자기 앞에 오로지 하나의 빈 공간만 바라보는 것과 같다. 무중력 상태와 같은 빈 공간에서 거미는 아무리 허우적거려도 발판을 찾지 못한다. 이처럼 미적 실존의 앞에도 무시간성의 빈 공간만 있을 뿐이다. 그 안에서 미적 실존은 허우적거리고 있다.[15]

이처럼 키에르케고어는 미적 실존을 흐르는 시간에서 떼어내 시간이 멈춘 무중력의 공간에 거하게 한다. "그는 현재도 과거도 미래도 갖고 있지 않다. 그는 시간이라는 것을 전혀 갖고 있지 않기 때문에 무력하다. (…) 세계는 변하지만 그는 변화를 모른다. 시간은 흘러가지만 그에게 미래란 시간은 없다."[16] 이처럼 미적 실존은 '무시간성' 안에 거

---

14 키에르케고어(2012), 『이것이냐 저것이냐 1』, "디아프살마타 ─ 자기 자신에게" 중, 43, 37.

15 "나는 미래를 모른다. 미래가 무엇을 가져다줄지 아무런 예감도 갖고 있지 못하다. 거미란 놈은 자신의 본질이 그래서 그런 것이긴 하지만, 어떤 고정된 지점에서 자신을 투하할 때는 언제나 자기 앞에 오로지 하나의 빈 공간만을 볼 뿐, 아무리 허우적거려도 발판을 찾지 못한다. 나 역시 그렇다. 내 앞에는 언제나 하나의 빈 공간이 있을 뿐이다." *Ibid.*, 40.

16 키에르케고어(2012), 『이것이냐 저것이냐 1』, "가장 불행한 사람 ─ 심파라네크로메노이에게 한 열광적인 인사. 금요집회에서의 폐회사" 중, 376-378.

하여 현실의 삶을 사는 것이 아니라 가능성에서 공상하고 상상한다.

『이것이냐 저것이냐』 1부가 이러한 미적 실존에 대한 글이라면, 『이것이냐 저것이냐』 2부는 현실의 시간에서 실존하고 역사를 만들어가는 윤리적 실존에 대한 글이다. 여기서 키에르케고어는 판사 빌헬름(Wilhelm)으로 분해 윤리적 실존의 시각에서 미적 실존을 훈계하고 평가하며 자기 자신이 될 것을 요청한다. 무시간성에 숨어 있는 미적 실존으로 하여금 역사가 있는 현실의 시간으로 나올 것을 촉구한다. 역사적 현실의 시각에서 미적 실존의 무시간성은 마치 존재하지 않는 것처럼 보이고, 그의 말과 행동 또한 일관성 없고 파편적이며 우연적으로 보인다.[17] 반면 윤리적 실존의 삶은 공공성과 보편적 가치를 지니기 때문에 그의 말과 행동은 사회적 환경에서 일관성 있게 나타나고 모범적으로 보이며, 누구나 이해할 수 있는 삶으로 나타난다.

미적 실존의 사랑은 공상과 상상 속의 사랑이지만, 윤리적 실존의 사랑은 현실에 근거한 사랑이다.[18] 미적 실존의 사랑이 첫사랑의 감정이라면, 윤리적 실존의 사랑은 결혼으로 정착하고 현실의 제도권 속으로 들어와 가정과 이웃 공동체에 대해 책임을 다하는 행동하는 이성 주체로서의 사랑이다. 판사 빌헬름은 이러한 사랑만이 심미적인 것과 윤리적인 것의 균형과 조화를 이루고 사랑의 역사성을 실현해간다고 주장하며, 미적 실존에게 결혼의 의미를 설파하고 현실의 삶으로 나올 것을 권고한다.

---

[17] 그래서 『이것이냐 저것이냐』 1부는 서로 문맥 없이 나열된 파편적 글들과 아포리즘으로 구성된다.

[18] 미적 실존의 사랑은 단테와 베아트리체의 사랑과도 같다. 단테는 실제 현실에서 베아트리체를 우연히 몇 번 보았을 뿐이다. 그럼에도 그의 모든 저서에서 베아트리체는 시적 영감의 원천이 되고 구원의 여인상, 이상적 사랑으로 그려진다.

이러한 윤리적 실존의 관점에서의 일방적 평가 때문에 키에르케고어 연구자들 사이에서도 미적 실존은 오랜 기간 저평가되어왔다. 그러나 코펜하겐 신학대의 키에르케고어 연구자인 J. 가프는 키에르케고어가 미적 실존을 통해 대변하고자 하는 것은 다름 아닌 시대의 과도기에서 "개인"이 느낀 현대의 문제(problem of modern)라고 말한다.[19] 즉 "우리 시대는 가족, 국가, 혈연관계의 모든 본질적 범주들을 상실했기에 각자는 개인으로 돌아와 자기 자신의 창조자가 되어야 하는"[20] 실존의 과제를 지니는데 미적 실존은 이 시대적 과제를 대변하는 개인인 것이다.

서구 유럽은 계몽주의의 도래로 급변하는 과도기에 들어섰다. 구왕정은 무너지고 새로운 시민사회로 넘어가는 시대적 과도기였다. 이때 미적 실존은 계몽주의 이성이 지배하는 시민사회의 질서와 국가 이념에 종속되길 거부하는 개인을 대변하고 있다. 칸트의 이성 주체와 시민 윤리 그리고 헤겔이 말한 인륜(Sittlichkeit)은 당시 부상한 시민사회와 국가 이념을 실현하기 위해 개인이 책임과 의무를 다하는 방향으로 유도되는 사상들이었다. 키에르케고어의 윤리적 실존 역시 그러한 계몽주의의 사회사상을 대변하고 있는 인물이다. 반면 미적 실존은 그러한 삶을 외적인 삶으로 규정한다. 그리고 외부로부터 내면으로 방향을 전환한다. 『이것이냐 저것이냐』에서 그려지고 있는 미적 실존과 윤리적 실존의 대립에 대해 키에르케고어는 『이것이냐 저것이냐 1』의 서

---

19 Garff(2015), "A Matter of Mimesis: Kierkegaard and Ricœur on Narrative Identity," 315.
20 키에르케고어(2012), 『이것이냐 저것이냐 1』, "현대의 비극적인 것에 반영된 고대의 비극적인 것 — 심파라네크로메노이들의 모임에서 낭독한 단편적인 시론" 중, 245.

문에서 다음과 같이 말한다:

"친애하는 독자여, 어쩌면 그대도 외면은 곧 내면이고 내면은 곧 외면이라고 하는 저 낯익은 철학적 격언의 정당성을 조금은 의심해 본 적이 있으리라고 생각된다. (…) 이 글을 통해 나는 두 인간의 생활을 통찰해 볼 수 있는 기회를 얻었고, 이 통찰은 외연적인 것이 내면적인 것은 아니라는 나의 예감을 재확인시켜 주었다. 외면적인 생활 태도는 내면생활과는 완전히 모순된다. 그다지 중요하지 않은 외면 속에 매우 중요한 내면적인 것을 숨기고 있는 것이다. (…) 나의 정신은 '외면은 내면이 아니다'라는 명제에 대한 확신을 재확인했다."[21]

키에르케고어의 미적 실존과 윤리적 실존은 계몽주의와 함께 구 왕정 시대로부터 근대 시민사회로 옮겨가는 과도기에 나타난 실존의 두 유형을 대변한다. 윤리적 실존인 판사 빌헬름은 이성 주체로서 시민사회의 시대정신을 대변하는 실존 유형으로 구시대의 신정과 왕정에서의 억압의 끈을 끊고 스스로 자신의 인생에 결정권을 가지고 시민사회의 구성원으로 책임을 다하고자 한다. 따라서 판사 빌헬름이 미적 실존에게 자기 자신이 되라고 한 요청은 지나간 구시대에 대한 보상(compensation)과도 같은 것이다.[22] 즉 개인이 자신의 삶에 주도권을 가지

---

[21] 키에르케고어(2012), 『이것이냐 저것이냐 1』, 7, 9, 13. 여기서 키에르케고어가 말하는 "외면은 곧 내면이고 내면은 곧 외면이라고 하는 저 낯익은 철학적 격언"은 헤겔의 『논리학』에 제시된 명제이다. 키에르케고어는 『이것이냐 저것이냐 1』(미적 실존에 관한 글)의 서문에서 이 말을 하며 미적 실존이 헤겔의 논리학에 대립각을 세우고 있는 실존임을 밝힌다.

[22] Garff(2015), "A Matter of Mimesis: Kierkegaard and Ricœur on Narrative

고 사는 대신 다른 대타자(신적, 세속적 통치자)에게 삶의 주도권을 넘겨주었던 지난 시대에 대한 보상심리와도 같은 것이었다.

윤리적 실존이 추구하는 세계는 자신이 삶의 주인이 되어 가정과 사회에 책임과 의무를 다하는 근대 시민 주체의 이상적 공동체였다. 반면 미적 실존은 계몽주의에 대항하여 나타난 낭만주의를 대변하고 있는 인물이다. 그는 이성의 통제하에 신과 자연도 포섭되어 이전에 신과의 유대 속에서 가치 있던 사랑과 우정, 가족, 국가, 혈연관계의 본질도 사라졌다고 여긴다.[23] 미적 실존은 윤리적 실존이 지향하는 세계란 소심한 장사치의 영혼밖에 갖지 못한 소시민적 사회라고 비판하며 다음과 같이 말한다:

"현대는 열정이 없는 시대이며 사람들은 자신의 의무는 다하지만 소심한 장사치의 영혼밖에 갖지 못한다. 그러나 하나님의 형상을 본떠서 지음을 받았다는 인간 존재가 그럴 수는 없다. 그래서 나(미적 실존)의 영혼은 언제나 사랑과 미움과 죄와 죽음이 있는 구약성서와 셰익스피어로 되돌아간다."[24]

이 말로 미적 실존이 지향하는 세계는 윤리적 실존이 지향하는 세계와 완전히 다르다는 것을 알 수 있다. 그는 계몽주의 시대가 요구하는 질서에 고분고분 따르기보다 오히려 단독자, 외톨이가 되기를 원한다.

Identity," 316.

[23] 하이데거적 용어로는 존재 망각(Seinsvergessenheit)이라고 말할 수 있다.

[24] 키에르케고어(2012), 『이것이냐 저것이냐 1』, "디아프살마타 — 자기 자신에게" 중, 46-47.

앞으로 나아가는 대신에 뒤로 물러나 시간을 멈추고 그 속에서 자신의 내면을 성찰하길 원한다. 그 안에서 공상과 상상을 통해 새로운 실존의 가능성을 꿈꾸며 윤리적 실존이 요청하는 자기가 아닌 새로운 자기를 창조하려고 한다. 그러나 바로 이러한 꿈 때문에 그는 시대 부적응자로 평가되고 그의 삶은 아포리즘적으로 흩어진 것처럼 보인다. 공동체의 삶으로부터 떨어져 나와 미적 실존의 삶은 문맥 없고 파편적이고 우연적으로 나타나는 것이다. 이에 대해 미적 실존은 다음과 같이 말한다:

"우리의 활동은 아포리즘적이고 우연적인 것에만 전념하고 있다. 단지 아포리즘적으로 생각하고 말하는 것이 아니라 아포리즘적으로 살고 있다. 인간들의 공동체와는 관계없이, 인간들의 슬픔이나 기쁨과는 관계없이 동떨어져 살고 있다. 우리들은 삶의 소음 속에 끼어 있는 화음(和音)이 아니라 밤의 고요 속에서 살고 있는 고독한 새이다."[25]

이처럼 윤리적 실존과 미적 실존은 서로 다른 세계에서 살며 서로 다른 세계를 지향한다. 윤리적 실존은 계몽주의 사회 질서에 따라 공동체에 책임과 의무를 다하는 자기가 되고자 한다. 그러나 미적 실존이 꿈꾸며 되찾고자 하는 자기는 그러한 자기가 아니다. 윤리적 자기가 이성 주체의 자기라면, 미적 실존이 되고자 하는 자기는 이성에 의해 인간으로부터 멀어진 신과 자연을 다시 되찾고자 하는 자기이다.

---

[25] *Ibid.*, 365-366. 그리스어 *aphorismenoi*는 '배제', '내던져짐', '쫓겨남' 등의 뜻으로 쓰인다. 위의 인용구는 미적 실존의 아포리즘적 삶에 대한 키에르케고어의 표현이다.

윤리적 자기가 낙관적이라면, 미적 실존이 되고자 하는 자기는 비극적이다. 시대에 적응하지 못하고, 내면으로 들어와 신 앞에서 스스로의 죄과를 낱낱이 밝히고 그것을 투명하게 만드는 고통이 따른다. 키에르케고어는 이것을 특별히 "미학적 고통"이라고 부른다.[26] 미학적 고통은 내적 반성이 동반된 실존적 고통이다. 보편 공동체로부터 떨어져 나온 단독자 개인이 신 앞에 홀로 서서 짊어져야 하는 고통이다. 이것이 키에르케고어가 미적 실존을 통해 말하고 있는 "현대의 문제"(problem of modern)이다.[27]

---

[26] 키에르케고어(2012), 『이것이냐 저것이냐 1』, "현대의 비극적인 것에 반영된 고대의 비극적인 것" 중, 244. 키에르케고어는 현대 비극의 특징을 "고통"이라고 말하며, 고대 비극의 특징이 비애인 것과 비교한다. "고대의 비극에 있어서는 비애는 더 깊고 고통은 더 적다. 현대의 비극에 있어서는 고통이 더 크고 비애는 더 작다"(*Ibid.*, 243). 키에르케고어는 비애를 어린아이의 상태로, 고통을 어른의 상태로 비유하며, 그 차이는 그리스 사상과 그리스도교 사상의 차이라고 말한다. 이 차이는 "정신"의 개입에 기인한다. 어린아이는 고통을 느낄 정도로 충분히 반성적이지 못하지만 그의 비애는 무한히 깊다. 그리스의 비애가 바로 그렇다. 그러나 정신이 되면서 인간은 자신의 죄과를 반성한다. 죄과의 개념이 분명히 나타날수록 고통은 더욱 커지지만 비애는 상대적으로 줄어든다. 이 때문에 고대의 비극에는 비애가 더 깊고, 현대의 비극에는 고통이 더 크다(*Ibid.*). 비애가 분위기에 함몰된 것이라면, 고통은 주체의 정신적 반성의 산물이이다. 전자가 죄에 대한 개념을 가질 정도로 충분히 반성적이지 못하다면, 후자에서는 죄의 개념이 분명히 나타나고, 이것이 크면 클수록 고통은 더욱 커진다. 하지만 비애는 줄어든다. 그리스 비극에서도 신들의 노여움이 무서운 것이기는 하지만, 주인공이 자기 자신을 신 앞에서 투명하게 하는 현대의 비극에서처럼 고통이 크지는 않다(*Ibid.*, 244). 이 차이를 우리는 고대 비극과 셰익스피어 비극의 주인공들을 통해 엿볼 수 있다. 이처럼 키에르케고어는 주체의 정신적 반성을 통해 나타나는 죄의식을 기준으로 고대 비극과 현대 비극의 특징을 나누고 각각 "미학적 비애", "미학적 고통"이라고 부른다. 그리고 미학적 고통의 가장 대표적 인물을 그리스도라고 말한다(*Ibid.*, 234). 그리스도야말로 신 앞에서 자신을 투명하게 "반성"했고 인류의 죄를 지셨기 때문이다. 그리스도는 종교적 실존이다. 그럼에도 키에르케고어가 그리스도의 고통을 "미학적 고통"이라고 부른 것은 그리스도를 비극의 주인공으로 바라보는 미적 실존의 관점이 투사된 것이라 할 수 있다.

[27] J. 가프(Garff)가 말한 "현대의 문제"와 유사한 문맥에서 리쾨르는 포스트-철학 시대

실존의 고독을 선택한 미적 실존이 '자기'가 되는 데에는 미학적 고통이 수반된다. 그 고통은 인간의 힘을 넘어서는 초월적 영역에서 해결되는 실존적 고통이다. 그래서 미적 실존은 자신의 인생을 스스로 주도하지 않고 신에게 넘긴다.[28] 그리고 신이 편집하는 거대한 우주적 드라마 속으로 들어가 그 안에서 '자기'를 찾고자 한다.[29]

키에르케고어의 실제 삶은 윤리적 실존보다는 미적 실존에 가까웠다. 그는 제도 안에서의 사랑을 거부했고, 목사와 학자가 되는 대신 시인이 되어 신 앞에서 스스로를 성찰하고 자기가 되고자 했다. 결혼도 하지 않고 아이도 없이 고독한 시인의 삶을 산 그에게는 윤리적 실존

(the era of post-philosophy)의 문제를 언급한다. 헤겔이 형이상학적 담론의 완성에 도달했다면, 헤겔 이후 철학은 더 이상 형이상학적 프레임으로 담론화되지 않는 완전히 다른 사상을 표명한다. 이는 관념론을 공격한 세 가지 새로운 철학으로 나타난다. 하나는 마르크스의 혁명적 실천이라는 철학적 자각이고, 다른 하나는 니체의 가치 전도의 니힐리즘이며, 마지막 하나는 키에르케고어의 "신 앞에 선 저항적 개인" (defiant individual standing alone before God)의 사상이다. 헤겔이 전통 철학의 끝을 장식한다면, 마르크스와 니체, 키에르케고어로 대변되는 세 사상은 현대로의 과도기에서 포스트-철학의 시작을 알린다고 리쾨르는 말한다. Ricœur(1998), "Philosophy after Kierkegaard," In: Jonathan Ree, Jane Chamberlain(1998), *Kierkegaard: A Critical Reader*, 10. 가프가 미적 실존을 가리켜 시대의 과도기에서 개인이 느낀 '현대의 문제'라고 말한 것과 리쾨르가 말한 '포스트-철학의 시작'은 논리적 사변 시스템과 실존하는 개인이 충돌하며 나타난 문제이며 '본질'과 '실존'의 대립 문제라고 할 수 있는 것이다.

28 "A (aesthetical existence) does not want to be his own life's responsible editor, but instead wants the editorship to be given over to another, to the true editor whose name is God." Garff(2015), "A Matter of Mimesis: Kierkegaard and Ricœur on Narrative Identity," 137-138.

29 키에르케고어의 미적 실존이 추구하는 자기는 계몽주의의 반대편에 서 있던 낭만주의의 자기관을 정확하게 반영한다. 계몽주의가 이성의 통제하에 신과 자연을 두었다면, 낭만주의는 시와 열정과 포에지로 신과 자연을 다시 인간 내면으로 되찾고자 했다. 키에르케고어의 미적 실존은 이러한 낭만주의 이념을 정확히 반영하는 실존의 유형이고 실제 키에르케고어 자신의 모습과도 일치한다.

이 오히려 허구였고 미적 실존이 진짜 현실이었다. 그의 실제 삶은 칸트나 헤겔이 지향한 시민사회의 이상 공동체를 이미 떠났고, 신 앞에 홀로 서서 시대를 거스르며 다가올 '현대의 문제'를 고독하게 선취하고 있었다.

그러한 키에르케고어가 되고자 한 자기는 윤리적 자기가 아니라 신앙의 자기였다. 그것은 자신의 힘으로 정립할 수 있는 자기가 아니라 신이 주관하는 거대한 서사 안에서 발견되는 자기이다. 이에 대해 키에르케고어는 다음과 같이 말한다:

"나의 인생의 주인(Lord)은 내가 아니다. 나는 인생이라는 천 속에 짜인 수많은 실 중 한 오라기에 불과하다. 일체는 고요 속에서, 신적인 것의 침묵 속에서 얻어져야만 한다."[30]

미적 실존은 시대의 과도기에서 세상의 시간을 등지고 침묵의 고요 속에서 내면을 성찰하며, 신이 편집한 거대한 서사시 안으로 들어가 그 안에서 자기를 발견하길 원한다. 그리하여 그가 되려는 자기는 이성의 힘으로 스스로 정립하는 자기가 아니라, 사랑과 미움, 죄와 벌, 회개와 구원이 있는 구약성서와 셰익스피어의 이야기 안에 존재하는 자기이다.

그러나 이러한 자기는 결과적으로 공상 속에서 맴돌고 가능성에 머문다. 가능성이냐 믿음이냐의 양자택일에서 현실에서의 믿음의 힘이 결핍하며 결국 가능성을 선택하고 공상적 자기에서 벗어나지 못한다. 이것이 II장에서 논한 미적 실존의 한계이고 미학의 한계이다. 미적 실

---

30 키에르케고어(2012), 『이것이냐 저것이냐 1』, "디아프살마타" 중, 53.

존의 당면 문제는 미학적 세계에서 발견한 가능성의 자기를 현실성으로 연결하는 것이다. 여기서 등장하는 것이 '미학적 자기됨'의 문제이다. 자기는 공상이 아니라 믿음을 통해 확립되고, 믿음은 현실이다. 그러나 미적 실존은 공상과 상상으로만 신과 관계하고, 믿음으로 관계하지 않는다. 그리하여 미적 실존은 가능성에서 고립되고 현실성으로 나아가지 못한다. 이에 대해 키에르케고어는 다음과 같이 말한다.

"믿음의 가능성은 믿음의 대상을 지평선 끝에서 예감은 하지만 거대한 절망의 심연 때문에 그 대상과는 분리되어 있는 그런 것이다."[31]

공상과 상상 속에서 아무리 거대한 누각을 지어도 그것은 가능성일 뿐이다. 그러나 믿음의 자기는 현실성이다. 미적 실존은 현실성으로 이행하는 대신 가능성에서 공상과 상상으로 신과 관계하고 실존하는 대신에 시를 짓는다.[32] 미적 실존에게는 믿음도 공상 속에서 이루어진다. 믿음의 대상을 지평선 끝에서 예감은 하지만, 결국 가능성의 심연에서 벗어나지 못하며 절망한다. 자기가 될 수 있을 것 같은 가능성은 무수히 나타나고 점점 더 크게 느껴지지만, 실제 현실에서 변화하는 것은 아무것도 없다. 가능성은 아무리 커도 신기루일 뿐이다. 모든 것이 가능해 보이지만 현실화되지 못하는 결과는 절망이다. 자기는 공상과 상상이 아니라 믿음에서 이루어진다. 믿음의 힘으로만 가능성은 현실성으로 이행한다.

J. 가프는 리쾨르의 미메시스 개념을 가지고 키에르케고어의 미적

---

31 키에르케고어, 임춘갑 옮김, 『공포와 전율/반복』(서울: 다산글방, 2007) 39.
32 키에르케고어(2011), 『죽음에 이르는 병』, p.162.

실존을 재평가한다. 즉, 미적 실존을 가장 낮은 차원의 실존 형태가 아니라 윤리적 이성 주체와 다른 주체됨의 길을 추구한 실존이라고 진단한다. 계몽주의 시대의 보편적 가치에서는 시대의 반항아로, 고독한 외톨이로 나타나지만, 내면에서부터 새로운 실존과 새로운 현실의 가능성을 공상하고 꿈꾸었다는 점에서 예외자(Exception)로서 "현대의 문제"를 대변하는 실존이다.

신을 이성에 포섭된 존재로 두는 것이 아니라, 신 앞에서 미학적 방식으로 자기를 발견하고자 한 점에서 미적 실존은 분명 존재의 힘 앞에서 자기가 되고자 한 미메시스적 자기됨의 길을 선취하고 있다. 다음에서 다룰 '반복' 개념은 그 미메시스적 자기됨의 길에서 미적 실존이 안고 있는 문제를 철학적 지평에서 더욱 심층적으로 다루고 있다. '반복'은 키에르케고어에게 '믿음' 즉 '비약'의 범주이고 미적 실존은 반복에 실패하는 실존이다. 하지만 리쾨르의 미메시스적 자기됨에서는 "해석학적 순환"을 통해 반복에 성공한다. 이에 아래에서는 우선 키에르케고어의 『반복』 저서를 통해 '반복'이 무엇인가를 분석할 것이고, 다음에는 키에르케고어의 반복과 리쾨르의 해석학적 순환이 어떤 유사성을 지니고 있는지를 분석하며, 키에르케고어에게서는 실패한 미적 실존의 반복이 리쾨르의 해석학적 지평에서는 이루어진다는 것을 보여줄 것이다. 이것이 중요한 것은 반복이 구원의 개념이기 때문이다. 즉, 미적 실존이 해석학적 순환에서 반복을 이루었다는 것은 곧 미와 예술을 통한 구원이 가능하다는 것을 의미하는 것이다.

3. 미와 구원 — '반복' 개념을 중심으로

미적 실존이 믿음의 자기가 되는 데에 생기는 문제를 다룬 저서가 『반복』이다. 키에르케고어는 『이것이야 저것이냐』(1843)를 집필한 후 같은 해 바로 『반복』(1843)을 발간하며, 미적 실존이 자기가 되는 문제를 그리스 철학과 그리스도교 신학을 배경으로 심층적으로 다룬다. 미적 실존의 자기됨 문제에는 형이상학을 넘어서는 윤리의 문제가 있고 신앙의 문제가 있다. 반복 범주는 이것을 보여준다.

반복에 성공했다는 것은 자기가 된 것을 의미한다. 또한 반복은 믿음을 통해서만 이루어지는 그리스도교에만 있는 독특한 범주이자 철학의 역사에서는 키에르케고어가 처음 도입한 범주이다.[33] 키에르케고어는 『반복』 저서에서 미적 실존의 자기됨을 실험하며 미학과 종교의 관계를 분석하고 동시에 자신의 실제 삶에서 자기됨의 문제를 실험한다. 키에르케고어는 당시 레지나 올슨(Regine Olsen)이라는 여인과의 약혼을 파혼하고 베를린에서 1년간 외유 생활을 한다. 『반복』은 이때 쓴 책으로 그 안에는 키에르케고어의 실연 이야기가 젊은 시인의 실연 이야기로 빗대어져 고스란히 반영된다.[34]

키에르케고어의 익명 저자인 콘스탄틴 콘스탄티우스(constantin constantius)[35]는 책에 등장하는 첫 번째 주인공이다. 그는 그리스적 심성

---

33 책의 부제인 '실험적 심리학적인 시도'(Ein Versuch in der experimentierenden Psychologie)에서부터 반복이 철학의 역사에서 처음 도입되는 실험적 개념이라는 것을 암시한다.

34 Guarda, *Wiederholung: Analyse zur Grundstruktur menschlicher Existenz im Verständnis Søren Kierkegaards* (Regensburg: Hanstein, 1980), 18.

35 『반복』의 저자 콘스탄틴 콘스탄티우스는 반복이 "같은 것의 되풀이"가 아니라는 것을

을 지닌 인물로 현실을 이상의 그림자 같은 것으로 여기는 자이다. 이
상을 우선시하는 그에게 현실은 무의미하고 권태로운 것이다. 그는 어
느 날 베를린 극장에서 탈리스만을 상영한다는 소식을 듣고 예전에 그
곳에 방문했을 때의 감동적 기억을 떠올린다. 그리고 그때의 기억이
다시 현실에서 반복될 수 있는지 실험하기 위해 베를린으로 향한다.
똑같은 극장을 방문하여 그때와 똑같은 감정이 일어나는지 실험하고
자 한 것이다. 그러나 그때의 기억은 단지 기억일 뿐 현실에서는 텅 빈
극장 안에 웅웅거리는 소음만 들릴 뿐이다. 그래서 그는 자신이 반복
에 실패했다고 생각하며 다음과 같이 푸념한다:

"이 극장에서 맛본 즐거움만큼은 영속적인 것이라고 믿고 있었는데, 우
리가 인생에서 요구하는 최소한의 것마저도 반복되지 않다니! 나의 사
색은 하나도 열매를 맺지 못했고 상상력은 회상에만 끌려서 모든 상념
의 떡잎을 말라버리게 하였다. 반복된 유일한 것은 반복은 불가능하다
는 것뿐이었다."[36]

'반복'은 덴마크어로 Gjentagelsen이고 독일어로 Wieder-holen
이며 문자적으로는 '다시-되찾다'라는 의미를 지닌다. 이는 영어의 반
복(repetition 〈 repetere)이 지니는 되풀이(do or say again)의 의미와는
완전히 다른 차원에서 이해된다. 키에르케고어에게 반복은 같은 것의
되풀이가 아니라 잃어버린 것을 "되찾는 것"이다. 키에르케고어가 『반
복』 저서에서 되찾고자 하는 궁극적 대상은 "자유"이고 "자기"이다. 그

패러디하는 키에르케고어의 필명이다.
36 키에르케고어(2007), 『공포와 전율/반복』, 299-302.

러한 것으로써 반복은 종교적 운동이고 신앙 운동이며 구원의 운동이다.[37]

'되찾는 것'의 전제는 무언가의 상실이다. 키에르케고어는 기본적으로 모든 인간은 자유와 자기를 상실했다고 여긴다. 죄로 인해 자유의 근원자인 신과의 관계가 끊어지자 자유는 결박되고, 우리는 자기가 누구인지 모른 채 살아간다. 이 잃어버린 자유를 되찾고 자기를 회복하는 것이 실존의 과제이고 반복의 성공이다. 그렇기 때문에 반복이 성공하기 위한 유일한 조건은 신과의 관계 형태인 믿음이다. 믿음이 자유와 자기를 되찾는 조건이라면 자유와 자기를 잃어버린 상태는 절망이다. 그러나 대부분의 사람은 자신이 절망하고 있다는 것을 스스로 의식하지 못한다. 그래서 계기(Anlass)가 필요하다. 일상의 삶에서 무언가를 잃어버렸을 때 그 상실이 절망을 깨닫게 되는 계기가 된다. 사람을 절망으로 이끌 만큼의 커다란 상실 체험이 역설적으로 신에게 이르는 계기가 되고, 자유와 자기 자신을 되찾고자 마음먹는 계기로 작용한다. 콘스탄틴 콘스탄티우스의 반복 실험에는 그러한 '현실'에서의 계기가 없었다. 과거의 기억만 반복하려고 할 뿐 현실과 닿아 있는 이야기가 없기 때문에 반복은 일어날 수가 없다. 기억은 기억에 머물 뿐이다.[38]

---

37 Guarda(1980), *Wiederholung*, 30; Glöckner, *Kierkegaards Begriff der Wiederholung: Eine Studie zu seinem Freiheitsverständnis* (Berlin: de Gruyter, 1998), 12. 글뢰크너(Glöckner)는 키에르케고어의 반복 개념으로 신학 박사 논문을 썼는데, 반복이 죄로 인해 잃어버린 자유를 회복하는 범주라는 것을 논문에서 분석하고 있다. Dorothea Glöckner, *Kierkegaards Begriff der Wiederholung: Eine Studie zu seinem Freiheitsverständnis* (Berlin: de Gruyter, 1998).

38 콘스탄틴 콘스탄티우스의 한계는 현실을 이상의 그림자로 보고 이상만 기억하려는 그리스 상기론의 한계를 보여준다. 그리스의 상기론이 뒤를 향해 기억한다면, 반복은

자신이 반복에 실패한 것을 스스로 인정하고 있던 콘스탄티우스의 앞에 한 젊은 시인이 나타난다. 이 젊은 시인은 콘스탄티우스에게서 부재하는 현실의 '계기'를 지니고 있었다. 즉, 사랑의 상실이었다. 젊은 시인도 콘스탄티우스와 마찬가지로 그리스적 심성을 지닌 이상주의자였지만, 사랑에 빠지며 현실과의 갈등을 지니게 된다. 그는 여인과의 사랑을 시적 창조의 모티브로 여긴 미적 실존이었다. 그래서 그는 공상과 상상으로 여인을 사랑했다. 그러나 여인은 시인을 현실에서 사랑했고, 사랑을 현실 결혼으로 연결하고 싶어 했다.

시인에게 사랑은 이상인데 여인에게 사랑은 현실이었다. 이상과 현실의 양립할 수 없는 갈등 상황에서 젊은 시인은 콘스탄티우스에게 조언을 청하러 갔고, 콘스탄티우스는 시인의 갈등적 상황이야말로 반복 실험의 적합한 대상이라고 생각한다. 그는 젊은 시인을 실험 대상으로 여기고 자신이 짠 시나리오에 따라 사랑을 냉정히 버리라고 말한다. 그래야 사랑을 되찾는 것을 실험할 수 있기 때문이다. 시인은 콘스탄티우스의 시나리오대로 그녀를 떠난다. 그러나 시인도 반복에 실패한다. 버리고 되찾는다는 외적 상황은 속일 수 있지만, 내면은 속일 수 없는 것이다. 속임수는 내면화될 수 없다. 젊은 시인은 여인을 버렸다는 '죄책감'에 사로잡혀 자유로울 수 없게 된다. 뜻하지 않은 윤리적 죄책감이 반복을 가로막는다. 죄책감 때문에 반복에 실패하고 젊은 시인은 절망한다. 자신은 죄가 없다고 스스로 부인하고 죄책감으로부터 벗어나려 발버둥치지만 이미 정립된 죄책감은 현실이 된다.

이제 시인이 되찾아야 할 것은 죄책감으로 상실한 자유와 자기이

앞을 향해 기억하는 범주이다. 그래서 반복은 현실을 거치는 미래의 범주이다.

다. 그리고 여기서 반복은 종교적 차원과 연결된다. 젊은 시인은 자신의 조력자인 콘스탄티우스와 연락을 끊고 구약성서의 욥기를 읽기 시작한다. 욥 역시 모든 것을 잃어버렸다는 점에서 시인은 욥의 상황이 자신의 상황과 비슷하다고 여긴 것이다. 그는 욥이 모든 것을 상실한 상태에서 다시 모든 것을 되찾는 과정을 본보기로 여기며 다음과 같이 말한다:

"나의 잊을 수 없는 은인, 허다한 고초를 겪은 욥이여! 저를 당신들의 모임에 넣어줄 수는 없습니까? 당신의 이야기를 듣게 하여 주십시오. 저는 이 세상의 재물이 없습니다. 당신처럼 일곱 아들과 딸 셋을 가지지 못했습니다. 그렇지만 거의 가진 것이 없는 사람이라 할지라도 역시 모든 것을 잃을 수는 있습니다. 사랑하는 사람을 잃은 자도, 역시 아들들과 딸들을 잃은 것이나 마찬가지가 아니겠습니까?"[39]

재산과 자식 모두를 잃은 욥의 비참한 현실을 주변인들은 두 가지 대조적인 시각으로 바라본다. 하나는 친구들의 시각이다. 친구들은 욥이 죄인이기 때문에 마땅히 그 죄에 대한 벌을 받은 것이고 벌을 주신 하나님은 언제나 정의롭다고 말한다. 다른 시각은 욥의 아내를 통해 대변된다. 즉, 욥은 죄가 없는데 벌을 받았기 때문에 죄 없는 욥을 벌하신 하나님은 정의로운 하나님이 아니라는 시각이다. 자신의 불행을 바라보는 이 두 가지 상반된 태도에 대해 욥은 하나님은 정의의 기준으로는 측정할 수 없는 존재이며 하나님은 사랑이라는 입장을 내세운다.

---

39 키에르케고어(2007), 『공포와 전율/반복』, 348.

욥에게 하나님은 사랑이고 그 사랑을 욥은 믿었다.

욥은 자신이 할 수 있는 일이란 하나님을 믿고 기다리는 것뿐이라고 생각한다. 그 기다림이 시험일지라도 그 시험은 끝이 있는 시험이다. 인생 자체가 시험이라고 말하는 것은 이교적이지만, 하나님에 대한 믿음으로 극복하는 시험은 그리스도교적이다. 욥은 기다림의 끝에서 결국 하나님의 거룩한 음성을 듣고 마음의 평온을 '되찾는다'. 그 결과 잃어버렸던 자유와 자기를 되찾고, 현실에서의 부와 명예를 되찾는다. 이것이 반복이다. 반복은 기억에 머무는 것도, 사변의 꾀도 아닌 실제 현실에서 일어나는 '사건'이다.

젊은 시인은 반복에 성공한 욥을 본보기로 삼고 사랑을 기다리기로 작정한다. 욥의 하나님이 천둥으로 응답하신 것처럼 자신의 사랑도 천둥이 치듯 되돌아올 것을 기다린다. 사랑이 되돌아와야 자유를 옥죄는 죄책감에서 해방되고 미래로 나갈 수 있기 때문이다. 그러나 그에게 들려온 것은 사랑하는 여인이 다른 남자와 결혼했다는 뜻하지 않은 소식이었다. 그녀는 다시 돌아오지 않았고, 사랑은 완전히 떠난다. 그러나 사랑하는 여인의 결혼 소식을 접하며 시인은 왠지 죄책감에서 해방된 기분을 느낀다. 그러고는 이전의 자기 자신을 되찾았다고 선언한다.

"그녀가 결혼하였습니다. 나는 다시 나 자신입니다. 이제 나는 반복을 획득하였습니다. 그녀가 나를 완전히 잊어버렸다는 것만으로도, 그녀는 나에게 너그러움을 베풀어준 셈입니다."[40]

---

40 키에르케고어(2007), 『공포와 전율/반복』, 383. 젊은 시인은 그녀의 결혼 소식을 듣고 시인으로서 자신의 실존을 가로막고 있던 죄책감에서 해방되었다고 느꼈고 그것을 반복이라고 여긴 것이다.

그러나 이것은 반복의 또 다른 오해이다. 키에르케고어는 이 역시 반복이 아니라고 말하는데, 시인이 되찾았다고 생각한 '자기'는 현실에서 되찾은 자기가 아니라 기억 속에 있던 자기를 상기한 것뿐이다. 즉, 욥과 같이 고난의 현실에 대항해 믿음으로 "되찾은" 자기가 아니라, 과거의 기억으로 "되돌아간" 자기이다. 이것을 도표로 나타내면 다음의 〔도표 1〕과 같다.[41]

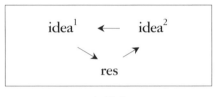

[도표 1]

이 도표가 보여주는 것은 그리스도교의 반복이 아니라 그리스의 상기(anamnesis)이다. 도표에서 눈에 띄는 것은 이상(idea)과 현실(res)이 같은 선상에 놓이지 않고 현실이 이상보다 한 단계 아래에 있는 점이다. 그리스 사상에서는 현실이 이데아의 그림자에 불과하다. 그래서 현실이 이상의 아래에 놓여 있다. '이상¹'은 현실의 원형인 이데아이다. 그리스 사상에서는 이상과 현실이 하나의 실체(entity)이기 때문에

---

41 다음에 나오는 두 도표는 요하네스 슬뢱의 논문에서 인용한 것이다. Johannes Sløk (1979), "Die greichische Philosophie als Bezugsrahmen fur Constantin Constantius und Johannes de Silentio," In: Michael Theunissen, Wilfried Greve (hrsg.), *Materialien zur Philosophie Søren Kierkegaards* (Frankfurt a. M.: Suhrkamp, 1979), 293-294. 여기서 슬뢱은 키에르케고어의 반복 개념을 그리스 철학과의 관계 속에서 두 도표를 통해 효과적으로 전달한다.

'이상[1]'(이데아)에서 현실(res)로 가는 운동은 논리적이다. 그리고 현실에서 '이상[2]'로 가는 운동도 인식론적(epitemologisch)이다. 현실에서 이데아(idea[1])를 기억해 이상[2]로서의 인식(idea[2])에 이른다.[42]

그리고 이상[2](인식)가 이상[1](이데아)로 되돌아가는 데에 아무 걸림돌이 없다. 이상의 그림자로서 현실이 이상 아래에 있기 때문이다. 그래서 현실은 간과되고, 이상끼리 맴돌며 상기를 통해 인식(이상[2])이 이데아(이상[1])로 되돌아간다. 이것이 그리스의 상기론이다. 상기는 반복이 아니다. 상기론에서는 현실이 간과되기 때문에 현실에서의 변화가 일어나지 않는다. 젊은 시인이 죄책감으로부터 해방되어 되찾았다고 선언한 자기는 상기론에 근거한 자기이다. 현실에서는 아무 변화가 일어나지 않은 채 과거의 이상적 자기를 상기한 것뿐이다. 그래서 키에르케고어는 상기는 사람을 불행하게 하지만 반복은 사람을 행복하게 만든다고 말한다.

> "반복과 상기는 동일한 운동이다. 단지 방향이 다를 뿐이다. 상기는 뒤를 향한 반복이지만, 진정한 반복은 앞을 향하여 반복한다. 그러므로 반복은 사람들을 행복하게 하지만 상기는 사람들을 불행하게 한다. (⋯) 진정한 반복을 택한 사람만이 참으로 산다고 할 수 있겠다."[43]

그리스의 상기는 "뒤로 향한 기억"이고 반복은 "앞을 향한 기억"이다. 반복은 잃어버린 것을 '현실'에서 되찾음으로써 현실을 변화시키고 미래를 연다. 아마 젊은 시인이 반복을 했다면 현실에서 사랑을 되

---

42 *Ibid.*, 293.
43 키에르케고어(2007), 『공포와 전율/반복』, 232, 234.

찾고 고통스러운 현실을 변화시키며 앞으로 나갔을 것이다. 그러나 상기를 했기에 기억 속의 자기를 되풀이했을 뿐 현실은 그대로인 것이다. 키에르케고어는 반복을 그리스도교에서만 발견되는 독특한 범주라고 말한다. 욥이 현실에서 믿음으로 되찾은 자유와 자기가 바로 반복이다. 반복은 다음과 같은〔도표 2〕로 나타난다.

$$\text{idea}^1 \longrightarrow \text{res}^1 \longrightarrow \text{idea}^2 \longrightarrow \text{res}^2$$

[도표 2]

상기론의〔도표 1〕과 달리 여기서는 이상(idea)과 현실(res)이 같은 선상에 놓여 있다. 그리스 사상과 달리 그리스도교에서는 현실이 이상의 그림자가 아니라 창조의 결과물이기 때문이다. 이상[1]로부터 현실[1]로 이행하는 운동은 논리가 아니라 "창조"이다. 키에르케고어는 하나님이 반복을 하지 않으셨다면 세상은 존재하지 않았을 것이라고 말한다.[44]

"하느님께서 친히 반복을 원하지 않으셨다면, 이 세상은 결코 생겨나지 않았을 것이다. 하나님께서는 기대에다 소망을 걸고 얄팍한 계획을 잇달아 세워나가거나, 아니면 모든 것을 거둬들여서 회상 속에 간직하여 두셨을 것이다. 그러나 하나님께서는 그렇게 하지 않으셨다. 그렇기 때문에 세상은 이렇게 존립하고 있는 것이다. 세상은 반복이라고 하는 사

---

44 키에르케고어(2007),『공포와 전율/반복』, 232, 234.

실을 통하여 존립하고 있다는 바로 이것이야말로 현실이고, 인간 세상의 엄숙성인 것이다."

하나님이 이상[1](idea[1])이고 창조된 세상이 현실[1](res[1])이다. 인간의 인식이 이상[2](idea[2])일 때 여기서는 이상[2]가 이상[1]로 되돌아가는 길이 현실에 의해 막혀 있다. 세상의 창조뿐만 아니라 그리스도의 출현도 현실이고 하나님의 반복이기 때문이다. 하나님은 구원을 생각만 하신 것이 아니라 말씀의 육화를 통해 현실에서 구현하신다. 그리하여 창조와 말씀의 육화로 현실은 이상보다 아래가 아니라 같은 선상이 놓이게 된다. 그리하여 인간의 인식(이상[2])이 하나님(이상[1])으로 되돌아가는 데 걸림돌이 생긴다. 그리스도교에서는 이상[2]가 이상[1]로 되돌아가는 데에 그리스 사유에서의 논리만으로는 안 된다. 논리만으로는 해결되지 않는 현실이 하나님과 인간 사이를 가로막고 있다.[45]

인간의 인식(idea[2])이 하나님(idea[1])으로 되돌아가는 길은 오직 현실을 변화시키는 것밖에는 없는데 그 방법은 오직 믿음뿐이다. 하나님이 반복하셨음을 믿어야 이상[1]을 현실에서 되찾고 새로운 현실을 창조할 수 있다. 이 새로운 현실이 현실[2](res[2])이다. 현실[2]가 인간의 반복이 이루어지는 장소이고 욥이 신앙을 통해 되찾은 새로운 현실도 여기에 해당한다. 반복은 믿음의 운동이고 현실의 변화를 통해 자유와 자기를 되찾는 종교적 운동인 것이다.

콘스탄티우스와 젊은 시인의 반복은 생각의 되풀이 즉 상기이다.

---

45 Johannes Sløk(1979), "Die greichische Philosophie als Bezugsrahmen fur Constantin Constantius und Johannes de Silentio," 294.

논리적 사유로 이상과 인식 사이를 맴돌 뿐이다. 그러나 현실에서는 아무런 변화도 없다. 이상을 상기할 뿐 현실로는 한발도 나아가지 않는다.[46] 그래서 상기론에는 미래가 없다. 과거로의 회귀만 있을 뿐이다. 반면 반복은 믿음을 통해 미래로 나아간다. 이것을 키에르케고어는 "현대의 철학"이라고 말한다. 그리스의 상기론이 전통 형이상학이라면, 반복은 새로운 철학이고 그리스도교의 범주이다. 상기가 이교적 인생관이라면, 반복은 그리스도교적이고 현대적인 인생관이다. 반복은 이교의 형이상학이 부딪혀 좌초한다는 점에서 형이상학의 관심사이다. 따라서 반복은 모든 그리스도교 교의학에서 없어서는 안 될 전제(condition sine qua non)이다.[47]

반복은 믿음으로 하나님과의 관계를 회복하고 현실을 변화시키며 미래로 나아가는 그리스도교의 독특한 범주이다. 미래를 연다는 점에서 반복은 '미래를 향한 기억'이다. 하나님을 믿음으로써 과거에 머무는 것이 아니라 미래를 창조한다. 이러한 점에서 반복은 현실성의 범주이다. 믿음으로 현실을 변화시키고 변화된 현실에서 자기를 되찾는다. 믿음의 현실을 대변하는 개념이 반복이다.

『반복』 저서에서 욥은 믿음으로 반복에 성공하고 새로운 현실(res^2)을 창조한다. 그러나 콘스탄티우스와 젊은 시인은 상기에 머문다. 생

---

[46] 상기와 반복의 관계를 키에르케고어는 운동을 부정한 엘레아학파와 운동을 주장한 디오게네스를 빗대어 다음과 같이 말한다. "엘레아학파가 운동을 부정하였을 때, 주지하는 바와 같이 반대론자로서 디오게네스가 걸어 나왔다. 그는 실제로 걸어 나왔다. 그는 한마디 말도 하지 않고 몇 번 앞뒤로 걸었을 뿐이다. 그것만으로써 그는 그들을 충분히 반박하였다고 생각했기 때문이다." 키에르케고어(2007), 『공포와 전율/반복』, 231. 반복은 현실로 나아가는 것이고 운동을 통해 현실을 새롭게 변화시키는 범주이다.

[47] Ibid., 264-265.

각을 되풀이할 뿐 현실의 변화는 산출하지 못한다. 현실에서의 윤리적 죄책감을 지녔다는 점에서는 젊은 시인이 콘스탄티우스보다 좀 더 현실로 다가간 점이 있다. 그럼에도 죄책감에서 해방되어 되찾았다고 주장한 자기가 현실을 변화시켜 되찾은 자기가 아니라, 생각 속의 자기로 되돌아간 점에서는 콘스탄티우스의 경우와 근본적으로 다르지 않다. 즉, 콘스탄티우스와 젊은 시인은 그리스적 심성을 지닌 이상주의자들로 현실의 변화로는 한 발도 나아가지 못한다는 점에서 키에르케고어적 의미의 미적 실존을 대변하는 인물들이다.[48]

콘스탄틴 콘스탄티우스와 젊은 시인의 한계는 미적 실존의 한계이자 키에르케고어 자신의 한계였다. 『반복』 저서에 등장하는 두 인물은 모두 키에르케고어의 두 인격체로 이들을 통해 실험한 반복은 키에르케고어 자신이 처한 현실 상황에서의 반복 실험이었다. 『이것이냐 저것이냐』를 집필한 후 키에르케고어는 홀연 베를린으로 떠나 1년간 외유 생활을 하는데 이때의 경험이 『반복』을 쓴 배경이 된다. 젊은 시인의 실연과 반복 이야기는 실제 키에르케고어가 레지나 올슨(Regina Olsen)과의 약혼과 파혼 그리고 레지나가 다른 남자와 결혼한 실제 이야기에 바탕을 두고 있는 것이다.

당시 사회적 분위기를 미루어볼 때 레지나 올슨은 키에르케고어를 결혼을 전제로 만났다. 그러나 키에르케고어는 하나님 앞에서 죄의 문

---

[48] 미적 실존은 가능성의 실존이고 공상과 상상에 거하며 현실과 거리를 두는 것을 특징으로 한다(미학적 무관심성). 따라서 키에르케고어에게는 헤겔의 거대한 사변체계도 현실과 무관한 공중누각의 사변이라는 점에서 미적 실존의 단계에 불과하다. 그리스도교에서의 죄와 용서와 구원의 문제는 믿음의 실천을 통해 현실에서 일어나는 일들인데 헤겔은 그 문제들을 논리적 사변에 가둔다. 반복은 그 문맥에서 사변에 대항한 범주이고 그리스도교의 믿음을 대변하는 범주인 것이다.

제와 그로 인한 불안과 우울감의 실존 문제를 해결하지 못하고는 사랑하는 여인을 불행하게 만들 거란 것을 알고 있었고 따라서 한량 행세를 자처하며 그녀와 파혼하고 홀연히 베를린으로 도피하다시피 떠난다. 여기서 키에르케고어의 두 가지 인격이 나타난다. 하나는 양심의 가책이라고는 없는 냉철한 사변가 콘스탄틴 콘스탄티우스이고, 다른 하나는 양심의 가책과 윤리적 죄책감에 시달리는 젊은 시인이다. 이 두 인격이『반복』저서에 고스란히 반영되어 반복 범주를 실험한 것이다.

　『반복』저서에서 키에르케고어가 말하고자 하는 것은 그리스도교는 현실의 종교이고, 공상과 상상의 미학적 단계에서는 그리스도교를 대변하는 반복 범주가 이루어지지 않는다는 것이다. 반복의 성공에는 믿음과 신의 은총이 전제된다. 이로부터 인간의 변화와 현실의 변화가 일어나며 미래가 열린다. 욥과 같은 믿음의 실존에게 반복은 일어난다. 그래서 콘스탄티우스는 "나에게는 반복이 너무나도 초월적이다. 나는 나의 주위를 주항(周航)할 수는 있다. 그렇지만 나 자신을 넘어서서 나아갈 수는 없다"라고 자신의 한계를 고백한다.[49]

　젊은 시인은 반복에 성공한 욥의 이야기를 내면화하며 콘스탄티우스와 결별하고 종교적 실존으로 향하는데, 키에르케고어의 다음 저서인『공포와 전율』(1843)의 익명 저자인 '침묵의 요하네스'가 바로 젊은 시인의 분신이다. 키에르케고어는『반복』에서 미완성으로 남긴 젊은 시인의 과제를『공포와 전율』에서 계속 이어가며 풀고 있는 것이다.[50] 즉 욥을 통해서 미적 실존인 젊은 시인은 자신의 실존적 과제를 "믿음"

---

49 키에르케고어(2007),『공포와 전율/반복』, 326-327.
50 Sløk(1979), "Die greichische Philosophie als Bezugsrahmen fur Constantin Constantius und Johannes de Silentio," 297.

이라고 보았고, 이 믿음의 문제를『공포와 전율』에 나오는 아브라함의 신앙 이야기를 통해 심화하고 있다.[51]

키에르케고어의 초기 저서『이것이냐 저것이냐』(1843),『반복』(1843),『공포와 전율』(1843)은 키에르케고어 자신의 삶을 바탕으로 창작된 글들로 이를 통해 키에르케고어는 시인으로서 자신의 자기됨 문제 즉 미적 실존의 자기됨 문제를 계속해서 다룬다. 여기서 항상 등장하는 미적 실존의 한계는 현실의 문제이고 믿음의 문제이다. 미적 실존의 문제는 공상과 상상으로 사랑과 관계하고 신과 관계하며, 믿음의 현실로 나아가지 못하고 가능성에 고립되어 자기됨에 실패하는 것이다. 이것의 증거가 반복의 실패이다.

그러나 이것은 역으로 말하면, 미적 실존이 반복에 성공하면 자기됨에 성공한다는 것을 뜻한다. 필자는 이 문맥에서 리쾨르의 삼중 미메시스론을 연결하고자 한다. 키에르케고어에게서 미적 실존이 믿음의 벽에 부딪혀 가능성 안에서만 맴도는 악순환에 빠진다면, 리쾨르의 삼중 미메시스에서는 '해석학적 믿음'을 통해 가능성이 현실성으로 연결되며 선순환한다. 예술작품(상징) 안에 내재하는 존재의 힘과 믿음으로 관계하며 독자로서의 미적 실존에게 새로운 자기 이해가 일어난다. 이것이 미적 실존이 자기가 되는 길이다. 그렇게 키에르케고어의

51『공포와 전율』의 주제가 아브라함을 통해 신앙의 문제를 심화하는 것인 만큼 이 책의 저자인 '침묵의 요하네스'가 사변의 체계(system)와는 무관한 사람이라는 것이 책의 서문에 여러 번 강조된다. "이 책을 쓰고 있는 저자는 결코 철학자가 아니다. 그는 체계라는 것을 이해하지 못하고, 그런 것이 현재 존재하고 있는지 어떤지, 또 그런 것이 완성되어 있는지 어떤지도 모르고 있다. (…) 그는 일개의 아마추어 저술가로서 체계는 물론이거니와 체계의 예고(預告)도 쓸 수가 없다." 키에르케고어(2007),『공포와 전율/반복』, 15.

실존사상에서는 불가능한 것이 해석학의 영역에서 가능해진다.

리쾨르의 삼중 미메시스 과정에서 이루어지는 해석학적 순환은 미적 실존의 구원을 의미한다. 『반복』의 미적 실존은 가능성의 악순환에 갇히지만, 삼중 미메시스 과정에서의 미적 실존은 해석학적 믿음을 통해 새로운 자기 이해에 이르고 현실을 새롭게 이해하며, 가능성으로부터 새로운 현실로 해방된다.

미메시스 I이 삶을 실존의 잠재적 이야기로 보는 전-형상화 단계이고 미메시스 II가 그 이야기를 작품화하는 형상화 단계라면 미메시스 III은 형상화된 작품을 해석하며 새로운 자기 이해에 이르고 현실을 새롭게 이해하는 단계이다. 그리고 이제 새로운 자기 이해와 새로운 현실 이해는 다시 미메시스 I로 돌아가 존재 가능의 전 이해에 영향을 준다. 그러나 이 돌아감은 똑같은 것의 되풀이가 아니라 새로운 현실의 변화를 품고 있는 사실상의 앞으로 나아감이다. 키에르케고어의 미적 실존이 반복에 실패할 때 나타나는 역삼각형의 악순환에 갇힌다면, 리쾨르의 삼중 미메시스론에서의 미적 실존은 반복에 성공하며 나선형의 선순환을 산출한다.[52] 이 선순환이 해석학적 순환이다.

해석학적 순환이 이루어졌다는 것은 반복의 실현과도 같다. 같은 것의 되풀이가 아니라 현실의 변화를 함축한 순환이다. 해석학적 순환에 나타나는 가능성과 현실성의 순환은 정확히 키에르케고어의 반복에

---

[52] 역삼각형의 악순환은 〔도표 1〕에 나타난 그리스적 사유이다. 이것은 같은 것의 되풀이이다. 리쾨르는 『시간과 이야기 1』에서 미메시스의 순환이 악순환(circulus vitiosus)이 아니라 건강한 순환(gesunder Zirkel)이라는 것을 여러 번 강조한다. Ricœur (1988), *Zeit und Erzählung*, Bd. 1, 13, 89, 115ff. 악순환이 폐쇄된 역삼각형으로 그려진다면, 삼중 미메시스의 선순환은 미메시스 III에서 미메시스 I로 되돌아가지만 나선형을 그리며 점차 상승하고 무한히 앞으로 나아간다.

서 나타나는 〔도표 2〕의 이상(idea)과 현실(res)의 순환에 상응한다. 독서를 통해 새롭게 자극받은 존재 가능의 전 이해는 더욱 성숙한 작품으로 형상화되고 이것이 더욱 새로운 현실을 산출한다. 그리고 새롭게 산출된 현실은 다시 새로운 존재 가능의 전 이해로 삶에 스며든다. 이러한 방식으로 가능성과 현실성은 현실의 변화를 산출하며 선순환한다. 따라서 미적 실존이 삼중 미메시스의 방식으로 실존하며 해석학적 순환을 이룬다면 반복에 성공한다.

반복은 자기를 되찾는 운동이고 구원의 운동이다. 루이즈 라이머는 키에르케고어의 반복(Wieder-holung)을 "다시-태어나다"의 거듭남(Wieder-geburt)과 비교하면서 반복을 구원의 범주라고 말한다.[53] 반복할 때마다 가능성은 현실성으로 이행하고 미적 실존은 자기로 거듭난다. 따라서 미적 실존에게 삼중 미메시스는 구원에 이르는 방식이고 미학적 방식으로 자기가 되는 문제를 해결하는 길이 된다. 미적 실존의 죄는 가능성에 고립되어 절망하는 것인데 삼중 미메시스에서 전개되는 해석학적 순환과 반복을 통해 미적 실존의 가능성은 현실화되고 이것이 미적 실존의 구원을 의미한다.

반복은 그리스도교의 독특한 범주이며 그리스 철학에 기원을 두는 모든 형이상학적 사변체계와는 구별된다. 반복은 믿음의 범주이고, 신이 인간에게 만들어주신 자신의 본래 모습을 되찾는 운동이다. 이 본래적 모습이 '자기'이고 자기를 되찾는 것이 반복의 진정한 의미이다. 그리고 이것이 구원을 의미한다. 키에르케고어에게서는 자기를 되찾

---

53 Reimer(1979), "Die Wiederholung als Problem der Erlösung bei Kierke-gaard," In: Michael Theunissen und Wilfried Greve (hrsg.)(1979), *Materialien zur Philosophie Søren Kierkegaards*, 302 이하.

는 반복이 믿음의 초월성 때문에 미적 실존에게는 실천 불가능했다. 그러나 리쾨르에게서는 창작과 해석 행위를 통해 실천이 가능하다.

해석학적 믿음을 통해 이루어지는 해석학적 순환과 반복은 욥이 초월적 신앙으로 되찾은 자기처럼 단번에 이루어지는 것은 아니다. 창작과 해석의 긴 우회(detour) 과정을 거쳐 점차 본래적 자기가 되는 방향으로 나아간다. 이 길이 미적 실존이 구원으로 이르는 길이고 미메시스의 방식으로 자기가 되는 '미학적 자기됨'의 길이다.[54]

삼중 미메시스의 과정을 통해 미적 실존은 자신의 소질(Anlage)에 따른 미학적 방식으로 키에르케고어에게서는 실천 불가능했던 반복을 실천할 수 있게 되고, 가능성의 고립에서 해방되어 새로운 현실을 구축한다. 이로써 미적 실존은 미학의 영역을 넘어 윤리적 지평으로 나아가고 시의 영역을 넘어 역사의 지평으로 나아간다. 그리하여 미적 실존은 미와 윤리, 시와 역사를 종합하는 인간이 되고 자기가 된다.

---

54 반복이 잃어버린 자기를 되찾는 것이라는 점에서 타락(원죄) 이전의 상태로 회귀하려는 운동으로 보일 수 있다. 그러나 반복은 결코 과거로의 회귀 운동이 아니다. 오히려 자기가 되는 것은 언제나 새로운 일이라는 점에서 미래적 사건이고 미래지향적 순간의 반복이다. 키에르케고어가 말하는 미래는 실존사(Geschichte)에서의 미래이지 크로놀로지컬한 시간 속의 미래는 아니다. 이 때문에 리쾨르의 이야기적 이해가 요청되고 삼중 미메시스에서 전개되는 해석학적 순환은 키에르케고어의 순간의 반복을 크로놀로지컬한 시간의 미래로 연결시키고 죄는 믿음과 실존적 변증법으로 관계하며 점차 구원으로 나아간다.

4. 미메시스적 자기됨을 통한 키에르케고어 미학의 재평가

키에르케고어와 리쾨르 두 사상가 모두 미학적 언어로 실존을 해명하는 사상가이다. 그럼에도 불구하고 키에르케고어는 미학적 가능성을 현실성으로 연결하지 못한 반면 리쾨르는 가능성을 현실성으로 연결하며 미학적 방식으로 현실의 자기가 되고 인간이 되는 문제를 해결한다. 그 차이의 결정적 이유는 리쾨르의 독특한 해석 이론에 있다. 즉, 해석을 통해 창작의 세계와 현실의 세계를 연결한다.

리쾨르는 자기됨의 문제에 해석의 지평을 끌어들였고 해석에서 작용하는 존재의 힘을 통찰했으며, 그 존재의 힘과의 관계를 해석학적 믿음이라고 했다. 그리하여 텍스트 내에서 믿음의 관계가 성립됨을 밝혔다. 리쾨르의 이 통찰은 키에르케고어의 미적 실존에게 실천 불가능했던 반복과 믿음의 비약 개념에 다리를 놓아준다. 텍스트 안에서 일어나는 해석학적 믿음은 준(準)비약에 상응한다. 텍스트 안에서 존재의 힘과 관계하며 일종의 준비약이 일어나고 그로부터 주어진 새로운 자기 이해는 믿음에 근거한 자기 이해가 된다. 즉, 미학적 언어를 매개로 준(準)믿음의 자기가 산출된다. 키에르케고어와 리쾨르의 차이는 말하자면 미학적 언어의 해석학적 지평을 자기됨과 연결한 것과 그렇지 못한 것의 차이이다.

그럼에도 키에르케고어의 사상을 자세히 들여다보면 리쾨르의 미학적 자기됨이 성립할 수 있는 예비 작업을 했다는 것을 알 수 있다. 즉, 근대 계몽주의의 이성 중심의 윤리와 대립적 위치에 미학을 설정함으로써 키에르케고어는 미적 실존이 자신만의 방식으로 종교적 실존으로 나아가는 길을 예비했다. 미적 실존은 윤리적 실존과 달리 자신의 삶에 주인(Lord)이 되는 것을 거부한다. 미적 실존의 삶은 외부에서 보면 경구적이고 파편적이며 우연으로 가득해 보인다. 외면보다는 내면에 집중된 삶이기 때문에 사회에 객관적으로 통용되는 보편적 윤리의 규범에서는 일관성 없는 파편들로 보인다. 그러나 그러한 삶의 파편들이 신적 드라마 안에서는 오히려 새로운 현실을 위한 '가능성'으로 작용한다. 오직 신적 존재만이 인간의 제도를 넘어 그 파편들을 하나님 나라의 전체 구도에서 퍼즐로 맞추고 내러티브로 전환할 수 있는 것이다.[55] 미적 실존의 우연적이고 파편적인 말과 행동은 신적 드라마에서는 필연적 요소로 수용된다. 이것을 두고 키에르케고어는 역설(paradox)이라고 말한다.

"신들은 최대로 모순되는 것을 결합하기를 좋아한다. 이것은 유대 사람들에게는 걸림돌이 되고 그리스 사람들에게는 미련한 것이지만, 현실에는 얼마든지 있는 하나의 비밀이다. 계기는 항상 우연적이지만, 우연적인 것이 필연적인 것과 똑같이 절대적으로 필요하다고 하는 것은 엄청난 역설이다."[56]

키에르케고어는 하나님 나라의 시각에서 세상을 바라보았고, 세상

---

55 성서에 나오는 하나님 나라의 비유들도 대부분 비존재를 조명하는 이야기들로 가득하다. 겨자씨 한 알의 비유도 그러하고, 보잘것없는 사람들의 이야기가 하나님 나라의 비유로 등장한다. 이처럼 비존재들이 새로운 현실의 지평을 여는 예는 많다. 세상에서는 버려졌지만 하나님 나라에서는 집을 지탱하는 주춧돌이 된다. "집 짓는 사람이 버린 돌이 집 모퉁이의 머릿돌이 되었다. 이것은 주님께서 하신 일이요, 우리 눈에는 놀라운 일이다"(마태 21:42).
56 키에르케고어(2012), 『이것이냐 저것이냐 1』, "첫사랑" 중, 389.

에서 우연으로 보이는 미적 실존의 삶을 실존의 '계기'로 여겼다. 키에
르케고어가 우연의 삶을 실존의 계기로 생각한 것은 리쾨르가 미메시
스 I에서 삶의 현실을 실존의 잠재적 이야기로 여긴 것과 같은 원리이
다. 삶의 현실을 거치지 않은 사유는 공허하다는 점에서도 두 사상가
의 견해는 같다. 키에르케고어의 미적 실존이 리쾨르의 미메시스 I과
II를 실천하고 있는 점도 공통적이지만, 이야기가 갖는 창조력 부분을
설명하지 못한 점에서 키에르케고어는 리쾨르의 통찰에 미치지 못하
였다. 그럼에도 키에르케고어의 미적 실존은 리쾨르의 미메시스 I과
II의 단계를 자기화하고 있는 실존이라는 점에서 미메시스 III으로 연
결이 마치 떨어졌던 가지를 접붙이는 것처럼 수월하게 이루어진다.[57]

키에르케고어는 미적 실존을 가리켜 어떤 신적 존재가 세상에서 불
러낸 자들이라고 말한다. 따라서 미적 실존을 움직이게 하는 것은 오
직 자신을 세상에서 불러낸 그 신적 존재의 목소리뿐이다. 미적 실존
은 신적 존재에 의해 부름을 받은 자들로, 부름을 받는 순간 신적 존재
에게 속하는 자들이 된다. 그리하여 미적 실존의 마음을 움직일 수 있
는 존재는 오직 자신을 부른 신뿐이다. 그리하여 부름 받은 자인 미적
실존과 부른 자인 신적 존재 사이에는 그들에게만 통하는 내면의 세계
라는 것이 생겨난다. 이 내면의 세계에서 미적 실존은 자신을 부른 자
의 음성만 알아듣는다. 아무리 화려한 사상과 철학이 그의 앞에 있을
지라도 그것은 자신의 것이 아니라고 여긴다. 오직 자신을 부른 신적

---

[57] B. 그레고어는 리쾨르의 미메시스 III의 재형상화 단계가 키에르케고어의 반복 개념과
유사한 기능을 지니고 있다고 분석한다. 즉, 자기됨이 일어나는 반복 개념이 리쾨르의
재형상화 개념으로 대체될 수 있다고 본다. Brian Gregor(2005), "Selfhood and
the three R's: Reference, repetition, and refiguration," In: *International
Journal for Philosophy of Religion*, Vol. 58 No. 2, 64.

존재의 음성만 자신을 이끌 수 있고 자신에게 자기 정체성을 부여할 수 있다고 생각한다.[58]

이렇게 볼 때 키에르케고어는 미학적 언어 안에 내재하는 존재론적 역동성을 이미 알고 있었다. 즉, 그 안에서 새로운 자기 이해와 새로운 현실 이해가 일어난다는 것을 알고 있었다. 신적 드라마의 텍스트 안에서 자신을 부른 존재의 부름을 들으며 미적 실존의 내면에는 새로운 자기 이해가 일어나는 것이고 이러한 방식으로 키에르케고어의 미적 실존은 리쾨르의 미메시스 III으로 충분히 연결된다. 이처럼 리쾨르의 삼중 미메시스론의 빛에서 키에르케고어의 미적 실존은 새로운 현실을 위한 가능성의 실존으로 재평가될 수 있다. 미학은 윤리와 신학의 짐이 되는 것이 아니라 오히려 윤리와 종교의 새로운 현실을 위한 가능성이 된다.

키에르케고어의 미적 실존과 리쾨르의 미메시스론을 자연스럽게 연결할 수 있는 또 다른 근거는 시인으로서 키에르케고어의 삶의 방식 자체가 많은 부분에서 리쾨르의 미메시스론을 선취한다는 점이다. 키에르케고어에게 작가로서의 저술 활동과 삶은 서로 떼어놓을 수 없다. 실존적 삶 자체가 창작의 원천이고, 작품 속의 주인공들은 키에르케고어 자신의 인격적 투사체들이다.

미적 실존으로서 키에르케고어의 삶과 창작 활동은 미메시스 I의 전 형상화와 미메시스 II의 형상화 단계에 정확히 상응한다. 그리고 그

---

[58] "시의 신은 우리들 누구나를 부르는 것이 아니라 해당되는 사람을 부른다. 그리고 그들은 이제 시의 신의 음성에만 귀를 기울인다. 모든 사상(Gedanken)이 그들 앞에 공개된 채로 놓여 있지만 시의 신이 하도 압도적인 힘을 갖고 있기 때문에 사상은 자신들의 것이 아닌 것으로 여긴다." 키에르케고어(2012), 『이것이냐 저것이냐 1』, 388.

의 작품들을 자세히 들여다보면 미메시스 III의 단계도 이미 선취되어 있다는 것을 알 수 있다. 시인으로서 키에르케고어는 미적 실존이고 작가이지만, 독자이기도 하다. 그는 자신이 쓴 글에 스스로 영향을 받으며 새로운 자기 이해와 현실 이해에 이른 독자였으며 이를 바탕으로 다음 작품을 새롭게 구상한 작가였던 것이다. 이에 대해 J. 가프는 다음과 같이 말한다:

"작가는 글을 쓰는 사람일 뿐만 아니라 그가 쓰는 대로 쓰이는 사람이다. 열정의 운동은 사람으로부터 글로 향할 뿐만 아니라 글로부터 사람으로도 향한다. 그리하여 작가는 인간이 되어가는 과정, 일종의 인격을 형성하는 소설(Bildungsroman)의 주체가 된다. 작가는 작품과 영감과 구원의 관계, 산파술의 관계를 지닌다. 키에르케고어는 스스로를 교육하고 발전시키는 것으로서 자신의 작품들을 되돌아본다. 사람들은 그를 시대의 총아라고 부르지만, 그는 그 자신의 작품들이 낳은 총아였다. 키에르케고어는 글을 쓰면서 동시에 쓰였다. 그래서 그의 작품을 읽는 데에는 필연적으로 전기적(biographical) 요소들이 따라온다."[59]

키에르케고어는 하나님 앞에서 단독자로 실존하였고 그 실존의 경험을 바탕으로 작품을 제작하고 출판하였다. 그리고 동시에 자신이 쓴

---

[59] Garff(2003), "What did I find? Not my I," In: *Kierkegaard Studies* (2003), 124. 위의 인용문에서 언급된 "산파술"(midwifery)은 소크라테스가 제자들에게 즐겨 사용했던 진리 전수 방법으로 교사가 제자의 내면에 있는 것을 밖으로 나오게 하는 대화 방식을 일컫는다. 즉, 제자 스스로 자신 안에 있는 진리를 찾아낼 수 있도록 돕는 교육 방식을 말한다. 이 산파술을 케에르케고어는 자신의 책을 읽는 독자들뿐만 아니라 자기 자신에게도 적용하고 있는 것이다.

글을 독자의 관점에서 읽고 영향을 받으며 평론을 하였다. 글을 쓰는 작가와 글을 읽는 독자의 입장에서 그는 자신의 글을 통해 하나님 앞에서 참 그리스도인이 되어가는 길을 간 것이다. 이러한 방식으로 그의 삶과 작품은 미메시스 I, II, III을 정확히 선취했다고 볼 수 있다.

키에르케고어가 그리스도인의 실존이 되어가는 길에서 목사나 신학자가 아닌 시인의 길을 선택한 것은 그가 실제 삶에서 미적 실존의 삶을 살았고 미메시스적으로 실존하는 방식을 자기됨의 방식으로 취했음을 알게 한다. 이에 대해 키에르케고어는 다음과 같이 말한다:

"참 그리스도인이 되는 것이 자신의 사고 전체를 이루고 있는 종교적 저술가가 미적 실존으로 출발하는 것은 옳다. (…) 그리스도인이 아닌 사람이 그리스도인인 체할 때 해로움은 크지만 한 사람의 진정한 그리스도인이 자기는 그리스도인이 아니라는 인상을 줄 때는 별로 해로울 것이 없기 때문이다. (…) 종교적 저술가는 동시에 미적 저술가여야 한다. 그러나 자기가 시도하는 전체의 의도가 종교적인 것이라는 사실 그리고 미적인 작품들은 단지 전달의 수단이란 사실을 망각해서는 안 된다."[60]

키에르케고어는 당시 덴마크 그리스도교계(Christendom)의 비판자로도 유명하다. 키에르케고어의 시각에서 당시 덴마크에서 "그리스도인이 된다는 것"은 누구나 될 수 있는 것이었다. 이러한 그리스도교계를 맹렬히 비판하며 키에르케고어는 하나님 앞에 홀로 설 것을 주장하였다. 이것이 실존이며 자기 자신이 되는 길이다. 실존은 신앙의 초심

---

[60] 키에르케고어(2011), 『관점』, 51-52.

으로 돌아가는 것이다. 신앙의 초심으로 돌아가는 길에서 키에르케고어는 그리스도교 이전의 그리스인들을 만난다. 그리고 그 이방인의 시각에서 그리스도인이 되는 것을 사유한다.

그리스 사상과 비교해 산출되는 그리스도교의 독특한 사상이 키에르케고어에게는 현대 철학이었다. 그래서 그는 그리스 철학과 그리스도교의 현대 철학을 비교하는 일을 많이 했고 반복도 그 문맥에서 생겨난 현대 철학의 개념이었다. 그는 신앙의 초심으로 돌아가 그리스 사상의 시각에서 그리스도교의 사상을 새롭게 바라보았다. 그에게 그리스인은 미적 실존과 동일시되었다. 아직 그리스도인이 되지 못한 이방인이지만 그리스도인이 될 수 있는 '가능성'을 지닌 자들이 그리스인이고 미적 실존이다.

그가 자신을 미적 실존과 동일시하며 거기서부터 그리스도인이 되고자 한 것은 신앙의 초심으로 돌아가기 위함이었다. 스스로를 그리스도인이라고 자처하며 반(半)그리스도인 행세를 하던 당시 그리스도교계를 이단이라고 맹렬히 비판할 수 있었던 나름의 처세 방식이었다. 그리스인은 미적 실존으로서 그리스도인이 될 수 있는 '가능성'을 지니고 있지만, 자칭 그리스도인들은 자신들이 이미 그리스도인이 되었다고 생각하고 미적 실존을 비하하며 가능성으로부터 멀어진 존재들이다. 그래서 키에르케고어는 그들에게서 떨어져 나와 홀로 신 앞에 선 단독자가 되어 "자신이 그리스도인이 아니라는 인상을 주며" 그리스도인이 되는 길을 가고자 한 것이고 그 출발이 미적 실존이었던 것이다.[61]

_____

61 키에르케고어는 자신이 그리스도교에 대해 쓴다고 하여서 독자들이 자신을 그리스도

이러한 키에르케고어의 인격에 대해 리쾨르는 다음과 같이 말한다: "저자로서 키에르케고어는 자신의 저술을 통해 창조된 영웅적 인물이다. 그는 스스로를 작품에서 비현실화(derealized)함으로써 기존의 질서로부터 자유롭게 실존한 개인이다."[62]

키에르케고어의 미적 실존은 당시 헤겔주의가 지배하던 덴마크 그리스도교계에서 떨어져 나와 참 그리스도인이 되고자 한 키에르케고어의 의도를 반영하는 실존이다. 미학은 수단이고 목적은 참 그리스도인이 되는 것이었다. 키에르케고어에게 참 그리스도인이 되는 길은 자기가 되는 길이요, 존재 가능성으로부터 현실성(존재)에 이르는 길이다. 그러나 참 그리스도인이 되는 것에 수반되는 너무 높은 조건 때문에 미적 실존의 가능성은 현실성으로 연결되지 못하고 가능성에 고립된다. 그러나 이 한계가 끝이 아니라고 리쾨르의 미메시스론은 말한다.

키에르케고어는 누구나 그리스도인이 될 수 있던 시대에 참 그리스도인이 되는 것이 얼마나 어려운 일인지 말하고자 했다. 그래서 헤겔주의의 근간인 사변의 논리가 근접할 수 없는 비약(Sprung) 개념을 믿음의 범주로 창조하였다. 그래서 미적 실존의 가능성도 비약의 높은 벽에 부딪혀 가능성에 주저앉은 것이다. 그러나 리쾨르는 사유 불가능한 '비약'조차도 치밀하게 사유하며 키에르케고어의 미적 실존이 지닌 문

인으로 동일시하기를 원하지 않았다. 그래서 그는 미적 실존으로 위장했고 익명으로 저술 활동을 하며 그리스도인이 되는 길을 갔다. 이에 대해 그는 "이상에 대한 요구가 극도에 달할 때, 사람들은 자신이 이상이라고 착각하는 것을 주의해야 한다. 이 점에서 익명을 사용한 것은 옳다"라고 말한다. Kierkegaard(1996), *Journals: A Selection*, trans. and ed. Alastair Hannay, London, 339.
[62] Ricœur(1998), "Philosophy after Kierkegaard," 13.

제를 해결한다. 즉, 해석학적 믿음의 방식으로 가능성이 현실의 자기로 나아가는 길을 마련한다.

실존 철학에서 리쾨르의 공헌은 실존적인 것(the existenziell)을 실존론적인 것(the existenzial)으로, 개인적 결단을 인간학적 구조로 바꾸며 실존을 사유 가능한 것으로 체계화한 데에 있다.[63] 미학적 언어는 보이지 않는 실존을 가시화한다. 그래서 예술은 실존을 사유하는 원천이 되고 새로운 현실을 여는 매개가 된다. '반복'과 '비약'은 그리스도인의 실존 즉 자기가 되는 관문으로 키에르케고어가 새로 도입한 철학적 개념들인데 이것이 오히려 키에르케고어 사상 안에서는 미학적 자기됨의 마지막 걸림돌이 된다. 그러나 리쾨르는 반복과 비약조차도 해석학적 지평에 수용하여 실천 가능한 범주로 만든다.

키에르케고어에게서는 초월적 믿음을 대변하는 반복과 비약이 이해될 수 없기에 실천 불가능한 범주였다면, 리쾨르에게서는 믿음의 초월성이 해석학적 믿음을 통해 접근되어 이해 가능한 영역으로 들어온다. 그리하여 '해석'은 키에르케고어의 반복과 비약을 실천 가능한 것으로 만들어 미적 가능성이 자기됨의 현실로 이행하는 장이 된다.[64]

키에르케고어의 미학이 제대로 된 평가를 받지 못한 것은 키에르케고어가 미적 실존의 존재 가능성을 현실성으로 연결하지 못했기 때문

---

[63] Ricœur(1998), "Philosophy after Kierkegaard," 22.

[64] 이에 대해서는 Gregor(2005), "Selfhood and the three R's: Reference, repetition, and refiguration," In: *International Journal for Philosophy of Religion*, Vol. 58 No. 2, 63-94. 그레고어는 키에르케고어의 반복(Repetition) 범주와 리쾨르 해석학의 대상 지시(Reference) 기능과 미메시스 III의 재형상화(Refiguration) 기능을 세 가지 R이라고 부르며 이들이 자기 정립의 문제에서 유사한 기능을 지닌다고 분석한다.

이다. 그래서 가능성에 고립된 미적 실존은 비하되었고 키에르케고어의 사상에서 미학과 종교는 양립 불가하다는 주장들이 키에르케고어 연구의 주류를 이루어왔다. 심지어는 프로테스탄트 신학의 탈미학화 경향에 키에르케고어가 결정적인 쐐기를 박았다는 비난도 받았다.[65]

그러나 키에르케고어의 삶과 저술 활동 자체를 미적 실존으로 바라보고 문학적으로 접근한 학자들이 리쾨르의 미메시스론에 주목하기 시작하며 키에르케고어의 미학과 미적 실존에 대한 재평가가 급속히 이루어졌다. 이 책 역시 이 재평가의 흐름에 발맞추어 '미학적 자기됨'이라는 화두로 리쾨르를 통해 키에르케고어의 미학과 미적 실존을 재평가하고 예술을 매개로 신과의 관계에 이르는 길을 마련하고자 했다.

---

65 Balthasar(1961), *Herrlichkeit. Eine Theologische Ästhetik*, Bd. 1, 46.

5장
'미학적 자기됨'과 새로운 존재론

키에르케고어와 리쾨르를 연결하여 산출한 '미학적 자기됨'의 길은 전통 철학의 존재론에 대한 새로운 대안으로 제시될 수 있다. 전통적 존재론을 "실체적 존재론"이라 한다면, 미학적 자기됨이 제시하는 새로운 존재론은 "가능과 현실의 존재론"이라 할 수 있다. 이를 위해 리쾨르는 아리스토텔레스를 소환한다.[1] 아리스토텔레스는 존재론의 기원을 두 가지로 말하는데, 하나는 "실체적 존재론"이고 다른 하나는 "가능과 현실의 존재론"이다. 실체적 존재론은 그리스어 우시아(ousia)와 라틴어 번역 서브스텐시아(substancia)의 의미에 기반한 존재론이고, 가능과 현실의 존재론은 그리스어 두나미스(dunamis)와 에네르기아(energia)의 의미로 도식화되는 존재론이다.

---

[1] 리쾨르의 "가능과 현실의 존재론"(Ontologie von Potenz und Akt)에서 'Potenz'와 'Akt'는 말 그대로 풀이하면 '잠재'와 '활성'을 뜻한다. 그러나 본문에서는 키에르케고어의 양태 범주와 쉽게 비교하기 위해 '가능'과 '현실'로 의역하였다. 키에르케고어의 가능성과 현실성 역시 잠재성(kata dynamin)과 현실태(actuality)의 의미를 지니고 있기 때문에 의역해도 의미상 큰 지장은 없다.

'실체적 존재론'이란 실체(Wesen/substance)라는 것이 있어서 이에 대한 사유로 존재를 설명하는 방식이며, 플라톤 이래 모든 형이상학적 사유가 실체적 존재론에 해당한다고 할 수 있다. 그렇기에 실체적 존재론은 서구 철학을 지배해온 주류 철학의 기원이라고 말할 수 있다. 리쾨르는 이러한 천편일률적인 서구 철학의 전통을 비판하며 또 다른 존재론의 길을 대안으로 제시한다. 즉, '가능과 현실의 존재론'이 그것인데, 인간 안에 잠재하는 존재 가능성이 활성화(actualize)되는 관점을 부각시키며 인간 존재를 설명하는 데에 순수 사유(Denken) 외에 또 다른 길이 있음을 보여준다.[2]

'가능과 현실의 존재론'이란 말하자면 형이상학적 전통에 대립해 등장한 실존의 지평을 존재론적으로 설명하는 이론이다. 이 관계에서 키에르케고어는 실체(Wesen)의 영역과 존재(Sein)의 영역을 확실히 분리하고 실존은 '실체'가 아닌 '존재'의 영역에 속한다고 분명히 선을 긋는다.[3] 왜냐하면 '실체'에서는 그 어떤 운동도 변화도 일어나지 않기 때문에 현실에서 발생하는 어떤 변화도 설명할 수 없는 것이다. 반면 '존재'는 비존재로부터의 운동과 변화와 생성을 전제한다. 그래서 비존재로부터 존재로의 이행을 밝히는 것이 현실에서의 변화를 설명하는 일이 된다. 키에르케고어의 비존재-존재 도식이 말하자면 리쾨르의 '가능과 현실의 존재론'에 상응한다고 볼 수 있고, 그 기원은 아리스토텔레스의 '두나미스-에네르기아' 도식으로 소급된다.

비존재로부터 존재로의 운동, 변화, 생성을 설명하는 것이 곧 가능

---

[2] '가능과 현실의 존재론'이란 말하자면 '존재의 힘'에 의해 전개되는 존재론이다.

[3] Kierkegaard(1976), *Philosophische Brosamen und Uuwissenschaftliche Nachschrift*, 87-89.

성으로부터 현실성으로의 운동, 변화, 생성을 설명하는 것이고 이것이 실존으로부터 존재로의 이행을 설명하는 존재론이 된다. 키에르케고어가 '실체'와 '존재'를 분리하고 존재를 '현실성'과 일치시킨 것 그리고 리쾨르가 '실체적 존재론'으로부터 '가능과 현실의 존재론'을 독립시키고 여기서 존재 의지의 구현을 해명하고자 한 것은 모두 순수 사유가 아닌 실존 현실에서의 인간을 사유한 것으로 볼 수 있다. 두 사상가 모두 불완전한 실존으로부터 존재로 이행하는 운동의 역동성 속에서 인간의 인간됨과 구원과 자유의 실현을 기대한 것이다.

리쾨르는 '가능과 현실의 존재론'을 성립 가능하게 하는 키워드로 아리스토텔레스의 "엔텔레키아"(entelechia) 개념을 주목한다.[4] 즉 인간의 잠재 영역에서 어떻게 '운동'이 일어나 가능성으로부터 현실성으로의 변화와 이행이 일어날 수 있는지 설명하는 개념이 '엔텔레키아'이다. 아리스토텔레스는 가능성과 현실성의 관계를 집 짓는 기술을 지닌 자와 집을 짓는 자, 눈을 감은 자와 보는 자, 잠자는 자와 깨어 있는 자의 관계로 설명한다. 집 짓는 기술을 지닌 것이 인간의 잠재력(두나미스)이고 존재 가능성이라면, 그 잠재적 기술을 활성화하는 것이 에네르기아이다.[5] 그리스어 에네르기아(en-ergia)는 "작업 중에 있다"(in-Werk-sein/being-at-work)는 뜻으로 번역되는데, 잠재되어 있던 능력이 운동을 일으켜 활성화(actual)되는 것을 가리킨다. 그런데 잠재된 능력이 스스로 운동을 일으키지는 않는다. 운동은 목적이 있어야 일어나기 때문이다. 아리스토텔레스는 잠재태 안에 내재하는 그 목적성을 바로 엔텔레키아 개념을 통해 설명한다.

---

4 리쾨르(2006), 『타자로서의 자기 자신』, 403.
5 *Ibid.*, 402.

엔텔레키아는 그리스어 'en', 'tel', 'echeia'의 세 단어가 조합된 라틴어이다. 그 뜻은 "자신 안에(en) 목적(telos)을 지닌(echein) 것"이다. 엔텔레키아는 말하자면 자신 안에 목적을 함축한 잠재태의 엔텔레키아(entelechie der Potenz)이다.[6] 잠재 능력은 활성화되지 않으면 잠자고 있는 것처럼 보이지만 잠재태 안에 내재하는 목적, 즉 엔텔레키아 덕분에 운동과 변화가 일어나고 새로운 것이 생성된다. 그 목적이 말하자면 존재 목적이다. 존재 목적이 잠재태 안에 내재하기 때문에 인간에게는 존재하려는 의지가 나오고 존재 의지를 현실화하려는 운동이 이어진다.

존재는 완전한 현실태인데 그 완전한 현실태가 이미 잠재태 안에 목적으로 존재한다. 비존재 안에 이미 존재가 지향되어 있는 것이다. 엔텔레키아로 인해 비존재는 언제든지 존재로, 가능성은 언제든지 현실성으로 운동하고 변화하고 이행할 준비가 갖추어진 것이다. 리쾨르의 의지 철학으로 설명하면, 어떤 개인이 의지를 낼 때 그 의지 안에는 이미 존재하려는 목적이 내재하는 것이다. 그리하여 의지는 존재 목적이 실현되는 방향으로 지향하고 운동한다. 이러한 방식으로 엔텔레키아를 통해 존재의 기원은 비존재에, 현실성의 기원은 가능성에 두고, 비존재로부터 존재로, 가능성으로부터 현실성으로 이행하는 것을 설명할 수 있게 된다. 이것이 '가능(potenz)과 현실(akt)의 존재론'이다.

이로부터 리쾨르는 아리스토텔레스의 엔텔레키아 개념이 운동(Bewegung)에 새로운 "존재론적 위상"을 부여했다고 말한다.[7] 운동은 '실체적 존재론'에서 보면 우연으로 치부된다. 그러나 엔텔레키아가 긍정

---

6 Ricœur(1996), *Das Selbst als ein Anderer*, 368.
7 리쾨르(2006), 『타자로서의 자기 자신』, 403.

되는 순간 운동은 존재 운동이 된다. 그리하여 '가능과 현실의 존재론'은 '실체적 존재론'으로부터 독립하여 독자적인 존재론의 위상을 지니게 된다.[8]

엔텔레키아로 인해서 비존재도 존재를 향한 운동성으로 존재의 정도를 지니게 된다. 이러한 생각을 실체론자들은 매우 불편하게 여겨왔다. 불변하는 실체를 사유하고 그로부터 현실을 논리적으로 설명하는 그들에게 가능성에서 운동과 변화가 일어나고 새로운 무언가가 생성된다는 것은 사변의 아포리아를 의미하기 때문이다.[9] 그래서 실체적 존재론에서 운동은 금기시되어왔고, 이것을 리쾨르는 "파르메니데스의 금지"라고 부른다.[10]

실체적 존재론은 운동과 변화를 통해 새로운 현실이 생성되는 것을 아포리아로 여긴다. 따라서 현실을 이론(theoria) 안에 포섭하고, 운동으로 야기되는 현상을 우연으로 치부하며 존재론에서 배제해왔다. 그러한 실체 사변에 근거한 이론적 형이상학이 철학의 역사에서 우위를 점유해오며 개인의 실존 문제는 설명할 수 없는 우연으로 치부되어온

---

[8] 실체적 존재론에서는 존재하느냐, 존재하지 않고 무이냐 둘 중 하나이지만, 에네르기아 존재론에서는 더 존재하느냐 덜 존재하느냐의 존재의 정도가 생겨난다. '더 존재한다'는 건 결국 삶의 필연성과 절망을 넘어서 사는 것처럼 사는 것을 가리킨다. 그래서 에네르기아 존재론은 실존 철학이나 신학과 연결될 가능성이 많다.

[9] 리쾨르(2006), 『타자로서의 자기 자신』, 404.

[10] Ibid., 403. 파르메니데스는 '실체'를 '존재'로 여기며 존재의 불변성을 말한 최초의 철학자이다. 파르메니데스와 대립각을 세우며 존재의 운동성을 부각한 철학자가 헤라클레이스토스이다. 헤라클레이스토스는 파르메니데스와 달리 모든 것은 운동하고 변화한다고 말함으로써 실체적 존재론과 다른 존재론적 사유에 기원을 마련한다. 파르메니데스가 형이상학의 시조가 되었다면, 헤라클레이스토스는 변증법의 시조가 되었다. 리쾨르가 "파르메니데스의 금지"라고 말한 것은 실체적 존재론에서의 금지를 말한 것이다. 실체적 존재론에서 운동과 변화는 다른 생각(Heresie) 즉 이단과도 같은 것이었기 때문에 '금지'라고 표현한 것이다.

것이다. 바로 이 점을 리쾨르는 지적하며 "키에르케고어 이후의 철학"은 달라야 한다고 말한다.[11] 즉 전통 형이상학과 관념론이 개인을 우연으로 보고 실존 운동을 사유 불가능한 것으로 여겼다면 "키에르케고어 이후"의 현대 철학은 그것을 사유할 수 있게 되었다는 것이다. 리쾨르는 "실존은 무엇인가?"에 대한 물음과 "무엇을 사유할 수 있는가?"에 대한 물음을 서로 분리한다면 철학은 죽는다고 말한다.[12]

실존과 사유를 분리한 현대 철학은 시대착오적이다. 잠재태 안의 엔텔레키아 즉 존재 목적이 일깨워지며 인간에게는 존재 의지가 생겨나고, 이 의지를 실현하기 위해 운동이 일어나고 변화가 생겨난다. 이것은 실존 철학에서는 아주 당연한 수순이고 이를 존재론적으로 설명하는 것이 현대 철학의 과제이다. 리쾨르는 이 과제를 해결하기 위해 해석학적 매개를 요청하였다. 즉, 존재의 힘을 함축하고 있는 은유, 알레고리, 상징 등의 미학적 언어를 매개로 그 안에 내재하는 존재의 힘이 개인 안에 잠재하는 엔텔레키아(존재 목적)를 일깨우며 존재 의지를 생성한다고 보았다. 그 존재 의지를 실현하는 과정에서 비의지적인 것과 통합해야 하는 문제가 따라오는데 이 역시 미학적 언어 안에 내재하는 존재의 힘과 믿음으로 관계할 때 통합된다. 이때 새로운 자기 이해가 일어나며 존재 가능성은 현실성으로 이행한다.

키에르케고어의 경우에는 실존 문제를 해결하는 지점에서 초월적 믿음 앞에 가능성이 현실성으로 연결되지 못하고 비존재가 가능성에

---

11 Ricœur(1998), "Philosophy after Kierkegaard," In: Jonathan Ree, Jane Chamberlain, *Kierkegaard: A Critical Reader* (New Jersey: Wiley-Blackwell, 1998), 9-25.

12 *Ibid.*, 23.

220 | 3부_ 미학적 자기됨과 새로운 존재론

고립되지만, 리쾨르의 경우에는 존재 의지(가능성)가 '해석학적 믿음'을 매개로 존재의 힘과 관계하며 비의지적인 실존 문제를 해명하고 새로운 현실로 연결된다. 예술작품을 해석하는 과정에서 작품 안에 내재하는 존재의 힘이 스며들어 엔텔레키아를 일깨우고 존재를 지향하는 운동이 일어난다. 이 운동은 존재 의지를 실현하는 방향으로 이미 설정되어 있기 때문에 존재의 힘과 자연스럽게 통합하며 존재 실현으로 나아간다. 이처럼 가능과 현실의 새로운 존재론이 성립되는 데에 예술작품의 해석이 결정적인 매개 역할을 한다.

6장
'미학적 자기됨'과 미술

인간의 실존 문제를 밝히고 존재 가능성을 현실성으로 연결하는 데에 결정적인 역할을 하는 매개가 예술작품이다. 실존 문제는 이성의 논리로는 해명할 수 없으며 오직 상징으로서의 예술작품에 내재하는 존재의 힘을 통해서만 해명되기 때문이다. 예술작품을 창작하고 해석하는 과정에서 자기를 되찾고 새로운 현실을 산출하는 것이 미메시스적 자기됨 또는 미학적 자기됨이다. 그런데 '미학적 자기됨'의 길에는 여전히 문제가 남는다. 즉, 이 길이 성립하는 데에 매개 역할을 하는 예술작품의 언어 문제이다.

본문에서 미학적 자기됨의 길을 다루는 데에는 일차적으로 이미지 언어보다 시나 소설, 이야기 등의 문자 언어를 중심에 두었다. 이에 대한 변론은 다음과 같이 요약할 수 있다. 우선 프로테스탄트 신학의 환경에서 '이미지 언어'를 통해 미와 예술을 수용하는 이론을 만드는 일이 사실상 불가능하다. 자료와 선행 연구가 턱없이 부족하기 때문이다. 다음으로는 그리스도교가 기원에서부터 문자 언어와 밀접한 관계를 지닌 문자 종교(Schriftreligion)라는 점 때문이다. 말씀(Wort)이 곧 하나님의 계시라고 보는 그리스도교의 전통으로부터 서구 사상에서는 말(Wort)을 중심으로 신과 존재를 사유하는 사상이 전통을 이루어왔고, 하이데거 같은 사상가에 의해서는 언어(Sprache)가 '존재의 집'으로 표현되기에 이른다.

프로테스탄트 사상가인 키에르케고어와 리쾨르 역시 이 전통에서 예외는 아니었다. 키에르케고어의 경우 자기됨의 방편으로 사용한 미학적 언어가 대부분 문학적 표현에 국한되었고, 인용한 작품들도 성서와 신화를 비롯해 고대 비극이나 셰익스피어 등의 문학 작품들이었다. 리쾨르의 경우도 삼중 미메시스론의 바탕이 되는 상징과 은유론, 이야기론, 텍스트론을 전개하는 데에 일차적으로 문학적 상징을 중심에 두었다. 그럼에도 키에르케고어에 비해 리쾨르는 20세기의 지적 풍토에서 사유했기 때문에 그나마 미술작품을 사유에 좀 더 적극적으로 끌어들일 수 있었다.[1]

---

[1] 19세기와 20세기의 시각예술에 대한 생각은 확연히 다르다. 19세기는 형이상학을 집대성한 헤겔의 시대였다. 헤겔은 자신의 변증법적 사변 체계에서 회화, 조각, 건축 등의 시각예술을 절대정신 구현의 한 형식으로 수용한다. 그럼에도 헤겔에게 예술의 시대는 미숙한 정신의 단계에 머문다. 성숙한 '계몽'의 시대에서 정신의 욕구는 너무 커졌고 예술은 더 이상 비대해진 정신의 욕구를 충족시킬 수 없으며 오직 철학만이 그것을 감당할 수 있다고 보았다. 그리하여 예술의 시대는 끝났다고 말한 것이 헤겔의 유명한 '예술종말론'(Das Ende der Kunst)이다. 키에르케고어는 헤겔 비판자였지만, 시각예술의 영역에서만큼은 헤겔과 크게 다르지 않았다. 그는 절대정신 구현의 한 형식으로서 예술을 개인의 실존 안으로 끌고 들어와 회화, 조각, 건축 등의 시각예술을 감각 차원으로 수용했지만 자기됨의 사유로는 더 이상 발전시키지 않았다. 심지어 그가 모든 감각의 요소를 지양할 때 언어(정신)가 비로소 완벽한 매체가 된다고 말하며 헤겔과 비슷한 방향으로 사유하는 것을 볼 수 있다. 키에르케고어(2009), 『직접적이고 에로틱한 단계들 또는 음악적이고 에로틱한 것』, 68. 이미지에 대한 키에르케고어의 생각은 딱 루터 수준에 머문다. 즉, 신앙생활에 도움이 되는 한에서 이미지를 인정한다. 『그리스도교의 훈련』에서 키에르케고어는 그리스도 십자가의 이미지가 한 아이의 성장 과정에 미치는 영향을 긍정적으로 분석하는데, 이 분석이 키에르케고어가 이미지를 긍정적으로 여기

리쾨르는 초기 의지 철학으로부터 해석학으로 전향하는 길에서 문자 언어를 중심으로 한 상징론, 텍스트 이론, 미메시스론을 정립해갔다. 그러나 그의 말년 인터뷰를 보면, 자신이 구축한 삼중 미메시스론에 시각 언어도 적극 수용하고 있는 것을 볼 수 있다. 자기 이해의 해석학에서 중요한 것은 결국 언어 안에 내재하는 존재의 힘이다. 이를 통해 새로운 자기 이해가 일어나는 것이 핵심이지, 언어적 매개가 문자인지 비문자인지는 부차적이다. 새로운 현실로 나아가는 힘의 원천은 존재의 힘이고 이 힘은 언어적 장르를 초월하여 사실상 모든 예술작품 안에 내재한다. 따라서 리쾨르는 회화, 조각, 사진, 건축 등의 시각 언어도 미학적 자기됨의 길에서 충분히 해석학적 매개가 될 수 있다고 여긴다.[2]

"미적 경험"(Aesthetic Experience)이라는 인터뷰 글에서 리쾨르는 시각예술 장르에서 푸생, 들라크루아, 베르메르, 고흐, 모네, 세잔, 피카소, 샤갈, 몬드리안, 칸딘스키, 클레, 미로, 잭슨 폴록, 술라주, 프란시스 베이컨, 애드 라인하르트, 이브 탕기, 안토니 타피에스 등 시대와

는 유일한 대목이다. 키에르케고어(2005), 『그리스도교의 훈련』, 270 이하. 한편 헤겔의 예언과 달리 20세기에 들어서면 미술 분야에서 강력한 상징성을 지닌 새로운 시각 언어들이 쏟아져 나왔고 오히려 사변적 형이상학의 한계를 폭로하는 계기들로 작용함으로써 철학적 사유의 지평을 넓혀주었다. 이렇게 확연히 달라진 20세기 미술 현상에서 리쾨르는 실존을 해명하는 매개로 시각예술을 바라볼 수 있었고 19세기의 키에르케고어보다는 적극적으로 이미지 언어를 해석학적 지평에 수용하였다.

2 여기서 우리가 일반적으로 쉽게 간과하는 용어 사용의 문제를 지적해야 할 것 같다. 대부분의 사람은 언어라고 하면 곧 문자 언어를 말하고, 미술, 음악, 무용 등은 '비언어'로 취급하는 경향이 있다. 그런데 '비언어'는 엄밀히 말해 잘못된 표현이다. 눈과 귀, 신체 등 다른 감각기관을 통해 전달된다는 점에서는 다른 언어라고는 할 수 있지만, 엄연히 무언가를 표현하고 소통하고자 하는 점에서는 언어인 것이다. 따라서 '비언어'라는 표현은 부적절하고, 그 대신에 '비문자 언어' 내지 '시각 언어', '청각 언어', '신체 언어'라고 표현하는 것이 적절할 것이다.

장르를 넘나드는 다양한 화가를 언급하며 삼중 미메시스의 기능이 시나 소설 등의 문학작품에 국한한 게 아니라는 것을 분명히 보여준다.[3]

미메시스 기능이란 작품을 해석하면서 일어나는 새로운 자기 이해와 이로부터 야기되는 현실의 재구축(re-construction) 기능을 말한다. 현실의 변화는 미메시스 III의 재형상화(re-configuration) 단계에서 일어난다. 미메시스 II에서 형상화된 이야기를 독자가 "다시 이야기"하며 나타나는 기능이다. 이야기를 매개로 한다고 하여 독자가 획득한 새로운 자기 정체성을 "이야기 정체성"이라 부른다. 그만큼 미메시스 기능에서 이야기는 중요한 개념이다. 그런데 삶의 이야기는 문학작품뿐만 아니라 상징의 형태로 모든 예술작품이 사실상 담고 있다. 이 점에서 이야기는 단지 문자 언어에 국한한 것이 아니라 모든 장르의 예술작품이 함축하고 있다.

그러나 시보다 소설이 더 문자적이라는 점에서 회화는 시에 더 가깝다. 회화 중에서도 좀 더 서술적인 구상회화(figurative painting)가 추상회화(abstract painting)보다 더 문자적이라고 할 수 있고 추상화 중에서도 반(半)추상화가 무의 절대 추상화보다 더 문자적이라고 할 수 있다. 그러나 문자나 서술의 양 때문에 작품성이 더 높다고는 절대 말할 수 없다. 중요한 것은 작품이 담고 있는 상징의 깊이이고 해석학적 가치이다. 이 점에 대해 리쾨르는 구상화와 추상화를 예로 들며 다음과 같이 말한다:

---

[3] Ricœur, *Critique and Conviction*, trans. Kathleen Blamey (New York: Columbia University Press, 1998), 171-186; Ricœur, *Kritik und Glaube. Ein Gespräch mit Francois Azouvi und Marc de Launay*, trans v. Ehni, Hans-Jörg (Freiburg/München: Karl Alber, 2009), 233-252; 리쾨르, 변광배·전종윤 옮김, 『비판과 확신』(서울: 그린비, 2013), 315-340.

"콰트로첸토에 이루어진 원근법(perspective)⁴의 발견으로 지난 세기 미술은 대체적으로 구상화였다. 이 때문에 미메시스의 의미를 구상적인 것으로 오해해서는 안 된다. 나는 20세기에 미술이 더 이상 구상적이지 않기 시작했을 때 드디어 미메시스의 의미를 제대로 이해할 수 있게 되었다는 역설(paradox)을 지지한다. 미메시스의 기능은 대상을 인식하는 데 도움을 주는 것이 아니라, 그 작품 이전에는 세상에 존재하지 않았던 새로운 경험의 차원을 발견하게 하는 데에 있다."⁵

---

4 콰트로첸토(Quatrocento)는 이탈리아 르네상스에서 원근법(perspective)이 발견된 1400년대를 지칭하는 말이다. 원근법이란 하나의 소실점(vanishing point)을 그림 안에 임의적으로 설정하여 삼차원 공간의 깊이를 이차원의 평면 위에 재현하는 기술이다. 원근법의 발견이 미술의 역사에서 의미하는 바는 인간이 바라보는 세상을 재현했다는 점이다. 이것은 중세 1천 년에서는 없던 새로운 현상이었다. 중세 미술에서는 인간이 바라보는 삼차원 공간을 재현한다는 개념 자체가 없었다. 따라서 자연주의(Naturalism)의 사실적 묘사는 존재하지 않았고 그림의 배경도 신적 초월성을 상징하는 금빛으로 칠해졌다. 중세인들에게는 인간이 바라보는 삼차원 공간은 중요하지 않았고 오직 신이 거하는 초월적 세계만 중요했던 것이다. 그래서 원근법은 인간이 '다시 태어나다'(re-nascere)라는 의미를 지닌 르네상스 미술의 가장 큰 특징이었고, 신 중심의 관점에서 인간 중심의 관점으로 이행한 것을 상징하는 미술 기법으로 평가되었다. 피에로 델라 프란체스카(Piero della Francesca)가 그린 〈이상적 도시〉([그림 7])는 원근법의 대표적인 예라고 할 수 있다.

[그림 7] 피에로 델라 프란체스카, 〈이상적 도시〉, 1470년경, 마르케 국립박물관.

5 Ricœur(1998), *Critique and Conviction*, 173.

원근법이 발견된 이후 화가들은 인간이 바라보는 삼차원의 현실의 공간을 그럴듯하게 '재현'하는 그림을 그렸고, 그러한 구상화를 '모방'의 의미를 지닌 미메시스에 충실한 그림이라고 여겨왔다. 그러나 리쾨르는 미메시스의 의미를 구상적인 것으로 오해해서는 안 된다고 단호하게 말한다. 다시 말해 삼차원 세계를 재현하는 설명이 많은 그림이 미메시스 기능과 비례하는 것도, 현실의 변화로 이어지는 것도 아니라는 말이다. 즉, 보이는 현실을 그대로 모방하고 재현하는 것보다 현실을 재해석해서 새로운 현실 경험을 담는 데에 미메시스 기능은 더 강하게 작용한다는 뜻이다. 이에 대해 리쾨르는 "작품 속에 재현의 기능이 희미해질수록" 그리고 "실재와의 간격이 벌어질수록" 미메시스의 기능은 더욱 강화된다고 말한다.[6] 즉 그림의 감상자는 화가가 무엇을 그렸는지 모르면 모를수록 더 새로운 경험 세계로 인도되고 더욱 새로운 세상으로 눈뜨게 된다는 것이다.

"미적 경험"이라는 인터뷰 글에서 리쾨르가 나열한 화가 중에 피에르 술라주(Pierre Soulages)와 애드 라인하르트(Ad Reinhardt)의 그림은 아무것도 재현되지 않은 절대 추상화이다((그림 8, 9)). 화면 전체가 까만색으로 칠해져 있을 뿐, 우리가 일반적으로 '이야기'라고 여기는 그 어떤 서술적이고 구체적인 대상이 그림에는 존재하지 않는다. 그럼에도 리쾨르는 그러한 20세기 추상화에서 미메시스의 기능이 제대로 나

---

6 *Ibid.*, 175-176.

[그림 8] 피에르 술라주, 〈무제〉, 324×
181cm, 2008년, 개인 소장.

[그림 9] 애드 라인하르트, 〈Black Paintings〉, 1960s, 데이비드 즈위너 미술관.

타나기 시작했다는 역설을 주장한다. 아무것도 없는 무(無)의 화면에서 새로운 자기 이해가 일어나고 '이야기 정체성'이 정립된다는 것을 우리는 어떻게 이해해야 할까?

리쾨르는 추상화를 음악과 비교한다. 음악은 현실의 그 어떤 부분도 이미지로 재현하지 않으면서 인간의 다양한 느낌(feeling)에 호소하는 음조를 만들어낸다. 음악은 어떤 기의(signifié)도 지니지 않으면서 우리의 내면에 지금까지 없었던 새로운 감정들을 불러일으킨다.[7] 그리고 감상자는 그 음악을 듣지 않고서는 탐구될 수 없는 영혼의 한 영역으로 들어가 자신 안에 잠재해 있던 이야기로 인도된다.

음악의 음(音)에 해당하는 것이 추상화의 색(色)이다. 음의 조합에 음악 본연의 감정의 질서가 있다면, 추상화의 색에도 색이 지닌 본연의 심리적 질서가 있다.[8] 그래서 실재의 그 어떤 부분도 재현하지 않으

---

7 *Ibid.*, 174.
8 낭만주의 문예운동인 '질풍과 노도'(Strum und Drang)의 대표적 작가였던 괴테 (Johann Wolfgang von Goethe, 1749~1832)는 화가이기도 했다. 그는 색에 대한 관심으로 색채심리학(color psychology)의 영역을 탐구한 선구자이기도 했는데 색이 상징하는 인간의 심리를 다음과 같이 도표화했다([그림 10]).

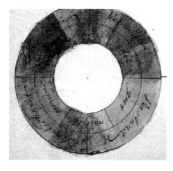

[그림 10] 괴테, 〈색채심리 도표〉, 1809년.

이 도표에 따르면 빨강은 아름다움(schön), 주황은 고귀함(edel), 노랑은 선함 (gut), 초록은 겸손함(nüchtern), 파랑은 공공성(gemein) 그리고 빨강과 보라가 교

면서 인간의 심리를 자극한다. 색과의 심리적 교감을 통해 영혼 속에 잠자고 있는 이야기를 건드린다. 이러한 방식으로 음악을 통해 감동 받듯이 추상화를 통해서도 감상자는 작품 이전에는 세상에 존재하지 않았던 새로운 감정과 경험의 차원을 내면화하게 된다.

음과 색에는 그 어떤 문자적 의미도 없지만, 각자의 방식으로 나름 말을 하고 있다. 이들이 하는 독특한 말에 감정을 이입하면서 감상자는 영혼의 특정 영역으로 들어가 상상 속에서 새로운 경험의 지평을 연다. 그리고 현실로 나와 주변을 새롭게 보고 삶을 다시 이야기하기 시작한다. 이때 미메시스 기능의 역설은 문자적 의미가 적을수록 더 근원적 이야기를 만들어낸다는 점이다.

그래서 리쾨르는 20세기 추상화의 출현을 미메시스 기능의 본격적 이해와 연결한 것이고 나아가 이를 현대 철학에서의 진리 인식의 변화와 연결시키고 있다. 즉, 형이상학이 지배하던 이전 시대에는 실재(the real)와의 합치(adequation)를 진리라고 여겼지만,[9] 현대 철학에서는 진리가 더 이상 실재와의 합치에서 나타나지 않는다는 것이다. 이것을 하이데거적으로 표현하면, 진리는 존재자(Seiendes)의 차원이 아니라 존재(Sein)의 차원에서 나타난다는 것이다.[10]

차하는 곳은 환상(Phantasie), 파랑과 초록이 교차하는 곳은 감성(Sinnlichkeit), 노랑과 초록이 교차하는 곳은 오성(Verstand), 주황과 빨강이 교차하는 곳은 이성(Vernunft)의 심리에 상응한다. 괴테가 분석한 심리적 색은 인간의 내적 경험에 기초한 주관적 색으로 뉴턴(Isaac Newton, 1642-1727)의 자연 과학적 색, 즉 빛이 투사되어 프리즘에 반사되는 객관적 색과는 다르다. 괴테의 색채 분석이 정답이라고 말할 수는 없지만, 색을 심리적으로 분석한 점에서 20세기 현대 미술의 색채 이론의 기원으로 평가된다.

[9] 리쾨르는 이것을 "진리의 고전적 개념"(the classical conception of truth)이라고 부른다. Ricœur(1998), *Critique and Conviction*, 173.

[10] 하이데거는 서구 형이상학이 존재자(Seiende)와 존재(Sein) 사이의 "존재론적 차

화면에서 실재(the real) 대상이 동일시되는 구상화가 '실재와의 합치'를 그린 '존재자'의 차원이라면, 추상화는 보이지 않는 '존재' 차원을 그린 것이다. 그리하여 구상화보다 추상화에 더 근원적인 이야기가 담겨 있다고 말할 수 있다. 추상화는 경계의 회화이다. 존재자와 존재 사이에 놓인 존재론적 차이를 사유하게 한다. 눈에 보이는 구상적 요소를 지움으로써 감상자에게 존재의 새로운 경험 세계를 열어준다. 존재가 나타나는 것은 존재자가 무(無)로 될 때이다.[11] 일상에서 나라고 주장하는 것이 사라질 때 존재의 힘은 스며들어 나를 새로운 존재로 채운다. 무의 추상화는 그러한 무아의 경지를 표상화한 것이다. 보이지 않는 존재 지평을 가시화함으로써 감상자 역시 정체성을 떠나 무아가 되고 존재 가능이 되도록 이끈다. 이것이 진정한 의미의 미메시스이다.

무의 추상화는 리쾨르가 말한 '작품 속에 재현의 기능이 희미해질수록' 그리고 '실재와의 간격이 벌어질수록' 미메시스의 기능이 더욱 강화된다는 생각을 가장 극단적으로 실험할 수 있는 장(場)이다. 미메시스의 기능이 더욱 강화된다는 것은 현실을 새롭게 재구축할 만한 혁신적인 이야기가 나온다는 말이다. 이러한 점에서 추상화는 그 어떤

이"(ontologische Differenz)를 구분하지 못했다고 말한다. Heidegger, *Was ist Metaphysik?* (Frankfurt a. M: Vittorio Klostermann, 1955), 19 이하. 플라톤의 이데아 사상으로 거슬러 올라가는 형이상학은 에네르기아, 실체, 객관성, 주관성, 의지 등의 모두를 존재(Sein)로 참칭해왔지만 이들은 존재자를 근거 짓는 또 다른 존재자에 지나지 않았다. 하이데거는 존재자의 차원에서 진리를 논한 것이 서구 형이상학의 치명적 문제라고 말하며 형이상학이 망각한 존재를 다시 회복하고 그로부터 존재자를 치유하고자 했다.

[11] "As reader, I find myself only by losing myself." Ricœur, *Hermeneutics and Human Sciences* (Cambridge: Cambridge University Press, 1983), 144; Caputo (2016), "Otherness and Singularity in Ricœur's Hermeneutics of Works of Art," In: *Ricœur Studies*, Vol. 7 No. 2, 82.

구상화보다 역동적인 도상(dynamic icon)이다. 추상화는 보이는 세계를 무화(無化)함으로써 보이지 않는 존재의 세계를 열고 그로부터 기존의 현실을 다시 보게 하는 힘을 지닌다.

이렇게 볼 때 추상화 중에서도 반(半)추상화보다 전면 추상화가 더 역동적이고, 술라주나 애드 라인하르트의 색조차 없는 검은 추상화가 더 역동적 힘을 지닌 도상이라고 말할 수 있다. 아무것도 없는 무의 추상 세계로 들어간다는 것은 마치 눈을 감았을 때 아무것도 보이지 않는 것과도 같다. 그 상태는 보이는 현실을 떠난 상태이다. 그리고 그로부터 다시 눈을 뜨면 마치 바울 사도가 개종한 이야기처럼 현실을 근원에서부터 다시 보게 된다.[12] 존재의 차원에서 세상을 다시 보기 때문에, 일상을 다시 이야기하고 현실을 새롭게 재구축할 수 있게 된다.

이 관계를 리쾨르는 "세계 밖으로 물러섬과 세계에로의 붓기"라는 "기호의 이중적 본성"으로 설명한다.[13] 문자 언어에서 기호는 알파벳이고, 시각 언어에서 기호는 점·선·면·색이며, 청각 언어에서 기호는 음(音)이다. 이들은 예술가에게 주어진 기초 재료들이다. 예술가는 이 재료로 작품을 창작한다. 창작 과정에서 상상력을 통해 기호들을 새롭게 조합하여 상징을 산출하고 이 과정에서 예술가는 상상력으로 세계 밖으로 물러나 상징으로 세계를 다시 친다. 그리고 이 "치는 힘"(biting power)으로 세상을 새롭게 변화시킨다.[14]

---

[12] 사도행전 9장 8-18절.
[13] Ricœur(1998), *Critique and Conviction*, 175. "세계에로의 붓기"는 리쾨르가 벤베니스트(Émile Benveniste)의 말인 "문장은 언어를 우주로 다시 붓는다"(the sentence pours language back into the universe)를 인용하며 사용한 표현이다. *Ibid.*, 173.
[14] Ricœur(1998), *Critique and Conviction*, 176.

리쾨르는 기호가 일상으로부터 멀리 후퇴하면 할수록 다시 일상을 치는 힘은 강하다고 말한다.[15] 이 힘이 독자나 감상자가 느끼는 가능성의 충격이다. 가능성의 충격이 독자의 현실적 기대 지평을 "뒤흔들고, 부인하고, 리모델링하면서 독자의 세계를 재구축"한다.[16] 리쾨르에게 예술가는 세계를 그대로 옮겨 적는 사람이 아니라, 세계와 경쟁하며 독창적인 세계를 창조하는 자이다.[17] 그래서 예술가가 산출한 작품은 작품 이전에는 존재하지 않은 새로운 세계의 지평을 열고 기존의 세계를 뒤흔들 수 있는 것이다.[18]

검은색은 알록달록한 세계 밖으로 가장 멀리 물러난 색의 기호이다. 보이는 세계로부터 가장 멀리 물러났기 때문에 세계를 다시 그리는 힘이 가장 강하다. 사람들이 꺼리는 색이지만, 모든 색을 품고 있는 색이다. 아무것도 말하지 않으면서 모든 것을 품고 있다. 어머니의 마음, 신의 마음과도 같다. 모두로부터 물러나 스스로를 내세우지 않으면서 모든 것을 품고 모두의 마음을 위로한다. 술라주나 라인하르트의 검은 추상 앞에서 단지 검은색만 보고 돌아설 수도 있지만, 일상의 복

---

15 예를 들어 "장미꽃이 아름답다"라는 말은 세계로부터 물러난 말이 아니다. 그래서 세계를 다시 치고 재구축할 힘이 그 안에는 없다. 그러나 "하늘이 운다"라는 표현은 '하늘'과 '울다'라는 단어가 익숙한 문장의 문맥에서 떨어져 나가 상상력으로 재조합된 말이다. 따라서 "하늘이 운다"라는 문장에는 기호의 이중적 본성이 내재하고 사유를 불러일으키는 힘이 있다.

16 *Ibid.*, 173. 리쾨르는 상징 언어가 세계와 만나는 순간을 세계에로 "붓다"(pour back into), "치다"(bit into), "물고 늘어지다"(bite) 등의 말로 표현한다. 세계를 혁신하는 힘이 그만큼 크고 충격적으로 다가온다는 말이다.

17 *Ibid.*, 173-174.

18 리쾨르는 세상을 변화시킬 수 없는 예술은 지극히 평범하고 순수한 오락물(sheer entertainment)에 지나지 않고 우리의 관심 밖으로 사라진다고 말한다. *Ibid.*, 175; 김한식(2019), 『해석의 에움길 ─ 폴 리쾨르의 해석학과 문학』, 387-388. 오락물은 금방 잊히지만, 상징은 우리의 현실 가운데로 계속 출현하며 영향을 미친다는 것이다.

잡한 마음을 비우고 그림의 말에 조용히 귀 기울이면, 그 어떤 화려한 색보다 풍부하고 역동적인 이야기를 들을 수 있을 것이다. 이렇게 볼 때 리쾨르가 말하는 "이야기적 이해"와 "이야기 정체성"은 결코 문자 언어에 한정된 것이 아니라, 문자적 의미가 전혀 없는 무의 추상화에서도 얼마든지 일어날 수 있는 것이다.[19]

하이데거가 만년에 어느 전시회에 초대받았을 때의 일화가 있다. 하이데거는 초대받은 전시회에서 파울 클레의 〈문〉(門, A Gate)이라는 작품을 보고, 마치 번개가 번뜩이는 느낌을 받았다고 한다(〔그림 11〕).[20] 자신이 평생 사유한 철학의 모든 이야기가 그 작은 추상화 안에 담겨 있는 것을 보고 충격에 빠진 것이다. 그는 그림에 그려진 문(門)의 형상을 보고 "언젠가 반드시 마주하게 될 죽음 앞에 담담히 홀로 선 자신의 모습"을 경험했다고 말한다.[21]

〈문〉은 클레가 죽기 1년 전에 그린 작품으로 그가 생전에 즐겨 사용하던 아름다운 색채들은 다 사라지고 무채색만 썰렁하게 남은 작은 과슈(Gouache) 추상화이다. 몇몇 도형 모양의 기호를 조합한 것이 전부이지만, 한 사상가의 사상 전체를 품을 수 있는 상징성이 존재의 힘으로 그 안에 내재하는 것이다. 클레는 창작을 통해 세계를 그대로 옮겨

---

[19] 이 문제와 관련해 케이스 푸트는 마크 로스코(Mark Rothko, 1903-1970)의 색면 추상화를 소재로 리쾨르의 미메시스 기능에 대한 역설적 주장을 분석한다. Keith Putt (2016), "Blurring the Edges. Ricœur and Rothko on Metaphorically Figuring the Non-Figural," In: *Ricœur Studies*, Vol. 7 No. 2, 94-110.

[20] Heinrich Wiegand Pelzet, *Encounters and Dialogues with Martin Heidegger 1929-1976*, trans. by Parvis Emad and Kenneth Maly (London: The University of Chicago Press, 1993), 146; 박경숙(2011), "하이데거의 형상과 불안개념을 통해 본 클레(P. Klee)와 데 키리코(De Chirico)의 회화,"「기초조형학연구」 vol. 12 no. 5/통권 47호, 181.

[21] *Ibid.*, 181.

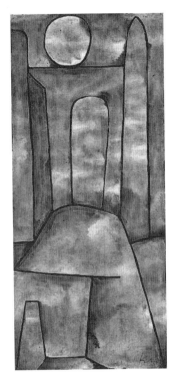

[그림 11] 파울 클레, 〈문〉(門), 1939년 작. 스위스 바이엘러 재단 미술관.

적은 것이 아니라, 세계와 겨루며 일상에서 대중이 간과하고 회피하는 존재의 부름을 표현하고자 했다. 그 때문에 그의 작은 그림 앞에서도 사람들은 가능성의 충격을 받고, 진리 앞에 섬뜩해 하는 것이다.

리쾨르는 건축도 이야기라고 여긴다. 추상화와 이야기의 연결만큼 이나 건축과 이야기의 연결도 생소하다. 그러나 건축물은 사실상 각 시대의 시대정신과 세계관을 담고 있는 상징의 집합소이다. 평면도, 입면도, 내부구조와 작은 디테일까지 모두가 무언중에 무언가를 '말'하고 있다. 일상의 복잡한 마음을 비우고 그 말에 고요히 귀 기울이면 우리는 그 말을 들을 수 있다.[22] 그리하여 하나의 건축물에서 우리는 나와 세계의 연관성을 발견하고 그 연관성 속에서 자기를 새롭게 이해하고 현실을 다시 이야기하기 시작한다.

리쾨르는 건축을 삼중 미메시스의 해석학적 순환 과정에 대입함으로써 이야기를 통해 새로운 자기 이해에 이르는 상징 텍스트로서 건축을 사유한다.[23] 미메시스 1단계에서 그는 하이데거가 말하는 "건축"과 "거주"에 대한 사유를 끌어들이며 전 이해 차원에서 건축의 거주 문제를 논한다.[24] 인간이 산다는 것은 생명을 유지한다(live/leben)는 뜻도 있지만, 건축과 연관해서는 거주하다(inhabit/wohnen)의 의미도 지닌다. 하이데거는 건축의 본질을 '거주'라고 하며 거주가 무엇인지 새삼 묻고 그 본질을 우리가 배워야 한다고 말한다.[25]

거주의 본래적 의미는 나는 어디서 와서 어디로 가는가에 대한 실존 물음에서 시작한다. 그래서 하이데거는 거주의 의미가 실향(Heima-

---

[22] "if the work of art speaks to me and if I let it talk, this encounter will change me. It is the process of reconfiguration (…) it is losing oneself in the work of art (…) because I want to listen, I want to try to understand what it has to tell me." Caputo(2016), "Otherness and Singularity in Ricœur's Herme- neutics of Works of Art," 82.

[23] Ricœur(2016), "Architecture and Narrativity," In: *Ricœur Studies*, Vol. 7 No. 2, 31-42.

[24] 1951년 독일 다름슈타트의 '인간과 공간'을 주제로 열린 심포지엄에서 하이데거는 "건축, 거주, 사유"(Bauen Wohnen Denken)라는 제목으로 강연을 한다. Heidegger, *Gesamtausgabe I. Abteilung: Veröffentlichte Schriften 1910-1976*. Band. 7, Vorträge und Aufsätze (Frankfurt am Main: Vittorio Klostermann, 2000), 144-164. 이 강연에서 하이데거는 건축을 지칭하는 말로 '짓다'라는 의미를 지닌 순수 독일어 'bauen'을 사용한다. bauen의 수동명사인 Gebaute는 '지어진 것' 즉 건축물을 의미하고, Bauer는 '짓는 자'로 농부를 의미한다. 즉, 건축은 농부가 농사를 짓듯이 인간이 땅 위에서 무언가를 짓는 행위를 상징하는 말이며 이 문맥에서 땅 위에서의 '거주'(wohnen)도 이해된다.

[25] Heidegger(2000), *Gesamtausgabe Band. 7*, 163.

tlosigkeit)의 상태에서 비로소 나타난다고 말한다.[26] 사실상 실존은 비유하자면 고향을 잃은 상태이다. 일상과 거리를 두고 존재 앞에 고독히 홀로 선 상태의 실존 상태야말로 고향을 잃은 실향민, 이방인, 난민의 상태로 비유되고 이 상태에서 인간은 궁극적으로 안식할 곳을 구하는 것이다.

궁극적으로 안식할 장소는 거주의 본질을 온전히 실현하는 방식으로 구현된다. 이것은 사방(das Geviert)이 하나로 포개져 조화를 이루는 방식으로 이루어지는데, 사방이란 하늘, 대지, 신 그리고 유한한 인간(die Sterblichen)[27]의 네 요소를 가리킨다. 하늘의 천기 운행을 그대로 영접하고, 땅을 착취하거나 구속하지 않고 자유롭게 내버려두며, 자신의 힘으로 신을 만들어 우상을 섬기지 않고 신을 신으로 기다릴 때 진정한 의미의 거주는 이루어진다. 그렇게 거주할 때 유한한 인간은 죽음을 공허한 끝으로 응시하며 삶을 황폐화시키지 않는다.[28] 그리하여 죽음을 죽음으로 받아들이고 "좋은 죽음"(guter Tod) 즉 의미 있는 죽음으로 인도된다.[29]

인간이 거주한다는 것은 하늘과 땅과 신과 인간의 조화를 보호(schonen)하고 보존(verwahren)하는 것이다.[30] 그리고 이것이 이루어지는 사물(Ding)이 건축이다.[31] 하이데거는 공간이 건축으로 형상화되

---

26 *Ibid.*, 164.
27 여기서 하이데거가 인간을 'Mensch' 대신에 'die Sterblichen'이라고 표현한 것은 하늘과 대지와 신 앞에서 인간 삶의 유한성을 강조한 것으로 볼 수 있다.
28 *Ibid.*, 153.
29 *Ibid.*
30 *Ibid.*, 152-153.
31 *Ibid.*

었기 때문에 우리가 거주하는 것이 아니라, 우리가 거주하기 때문에 공간이 건축된다고 말한다.[32] 이것을 리쾨르는 건축물의 전 이해라고 말하며 미메시스 I에 상응시킨다.[33] 그리고 건축의 본질로서 거주를 모방하고 형상화한 건축물에 미메시스 II를 상응시킨다.[34]

우선 건축이 인간의 거주를 어떻게 모방하고 형상화하고 있는지 이해하기 위해 하이데거가 예로 들고 있는 슈바르츠발트호프(Schwarz-waldhof) 농가를 살펴보자([사진 1]).[35] 사진 속 농가는 비스듬한 산비탈에 밀착해 지어졌는데 이는 외부의 강한 비바람을 막기 위함이며 그 본래적 의미는 '사방'을 보호하고 보존하기 위함이다. 널찍하고 비스듬한 지붕(Schindeldach) 역시 겨울에 수북이 쌓이는 눈을 지탱하기 위한 특수한 형태인데, 이 역시 사방을 있는 그대로 보호하고 보존하려는 거주의 의미를 형상화한 것이라고 한다. 샘 근처에 터를 잡은 것은 삶을 유지하는 데 필요한 식수를 공급하기 위해서인데, 이 역시 땅을 착취해서 물을 끌어오는 것이 아니라 땅을 자유롭게 하는 거주 방식의 본질에 충실한 것이다.

이러한 농가 내부에는 보통 거실 식탁 옆에 성상(聖像) 안치를 위한 모퉁이(Herrgottswinkel)가 배치되는데, 이것은 가톨릭을 믿는 가정에서 일반적으로 볼 수 있는 구조이다. 또한 집 안에는 분만실과 나무로

---

32 *Ibid.*, 150.
33 Ricœur(2016), "Architecture and Narrativity," 32.
34 *Ibid.*, 36.
35 슈바르츠발트호프(Schwarzwaldhof)의 농가는 하이데거가 「건축, 거주, 사유」에서 건축의 본질은 인간을 거주하게 하는 것(Wohnenlassen)이라고 말하는 문맥에서 언급하는 건축물인데 리쾨르의 미메시스 II를 설명하는 데 좋은 예인 것 같아 소개한다. Heidegger(2000), *Gesamtausgabe Band. 7*, 162.

[사진 1] 슈바르츠발트호프(Schwarzwaldhof), 독일 바덴뷔텐베르크 주.

짠 목관을 배치한 방을 특별히 마련하는데, 한 지붕 아래 다양한 세대가 오고 가는 거주의 시간적 의미를 형상화한 것이라 할 수 있다.

거주를 형상화한 건축의 또 다른 예로 스위스 태생의 건축가 르 코르뷔지에(Le Corbusier, 1887-1965)의 〈사부아 빌라〉(Villa Savoye)를 살펴보자(〔사진 2〕). 사부아 빌라는 건축이 땅을 독점하지 않고 지어진 최초의 서양 건물이다. 르 코르뷔지에는 "도미노 시스템"이라는 혁신적 건축 구조를 계발하여 당시 세간의 주목을 받은 스타 건축가였고 사부아 빌라는 그 혁신안이 적용된 그의 대표적 작품이다.[36]

---

36 박유정(2012), "하이데거와 건축의 해석학: 하이데거의 해석학을 통한 현대 건축의 이해," 「철학연구」 제96집, 107-108. 도미노 시스템(Domino system)에서 '도미도'는 라틴어의 '집'을 의미하는 Domus와 '혁신'을 의미하는 Innovation의 합성어로 '혁

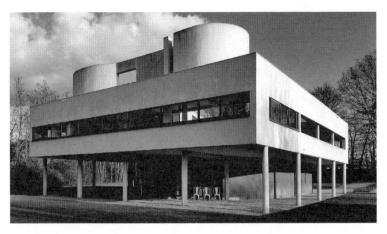

[사진 2] 르 코르뷔지에, 〈사부아 빌라〉(Villa Savoye), 1931년, 프랑스 파리 외곽.

도미노 시스템에 따르면 건축물이 대지를 점령해서는 안 된다. 대지는 인간이 자유롭게 오갈 수 있는 장소여야 하며 이에 따라 르 코르뷔지에는 건축물을 공중에 붕 뜬 것처럼 짓는데, 이것이 필로티스(Pilotis) 건축의 기원이 된다. 거주의 의미는 평면도와 입면도에도 반영된다. 각 층의 평면도가 모두 다른 자유 평면도(free plan)를 취함으로써, 각층마다 다양한 거주의 삶을 살 수 있게 하였다. 이에 따라 옥상도 보이지 않는 곳이라고 소홀히 하지 않고 옥상정원(roof garden)을 만들어 건물이 차지하고 있는 땅을 자연에게 일부 되돌려주었다.

입면도와 창문 형태도 '사방'이 통하는 거주의 환경을 형상화하고 있다. 당시의 빌라 건축은 정면(facade)만 화려하게 강조하고 측면과 후면은 대충 마감하는 것이 일반적이었다. 그러나 사부아 빌라에서는

신적 집 구조안'을 뜻하는 현대 건축 개념이다.

건축의 사면이 모두 공평하고 어느 각도에서 보아도 사방이 서로 통하는 것처럼 보인다. 이를 가능하게 하는 것이 연속 창(long window)이다. 당시의 폐쇄적인 창문에 비하면 파격적 창문 형태로 집의 안과 밖, 즉 거주 공간과 사방 세계가 서로 통하도록 만들었다.

르 코르뷔지에의 사부아 빌라는 지금까지도 건축가들에게 영감을 주고 있는 현대 건축의 표본이다. 이렇게 영향력을 발휘하는 이유는 아마도 사부아 빌라가 이데올로기를 앞세운 건축물이라기보다는 건축의 본질로서 거주의 의미를 투명하게 반영하고 있는 인간을 위한 건축이기 때문일 것이다.[37] 그런데 흥미로운 것은, 서양에서는 20세기의 혁신적 건축 구조로 평가받는 요소들이 동양에서는 이미 오래전에 있었다는 점이다. 안동 병산서원의 만대루(晩對樓)를 보자([사진 3]). 사방이 시원하게 뚫린 건축 구조는 마치 건물이 그냥 자연의 일부 같은 느낌이다. 다듬고자 정을 댄 흔적이 전혀 보이지 않는 투박한 주춧돌 위에 나뭇결을 그대로 살린 목재 기둥을 무심코 얹은 모습에서 한국 자연주의 미학의 진수가 유감없이 드러난다.[38]

---

[37] 이데올로기를 앞세운 건축이란 세속적·종교적 권력의 프로파간다나 재력의 과시 욕구가 반영된 건축들, 주로 시민사회 이전의 화려하고 장식적인 외관의 건축물들을 가리킨다. Ricœur(2016), "Architecture and Narrativity," 38.

[38] 한국 건축의 자연주의 미학에 대해 양명수 교수는 성리학의 자연주의적 인문주의와 연관해 다음과 같이 말한다. "한국의 건축은 수직적인 변증법도 아니고, 앞뒤의 수평적인 변증법도 아니다. 오히려 안과 밖의 변증법이 발달했다. 집 안과 집 밖의 변증법이다. 안은 인위 공간이요, 밖은 자연 공간이다. 인간의 삶은 안팎을 드나들며 이루어진다. 그것은 자연 공간과 인위 공간의 교류를 의미한다. 한국의 건축은 자연과 인간이 교류하고 교통하는 변증법의 반영이다. 콘크리트 벽보다는 흙벽이, 석조나 벽돌보다는 목조가 숨을 쉰다. 안과 밖이 통하고 교류한다. 그래서 집 안이 밖과 단절되지 않고, 집 밖도 집 안과 별개의 공간이 아니다. 집 밖의 우주 공간도 밖이 아니라 안이다. 집 안에 살지만 우주 자연 안에 사는 것이다. 그것이 안과 밖의 변증법이요, 인위와 무위의 변증법이다. 우주 공간 안에 집 안을 따로 마련하여 문화라는 것을 이룩했지만, 집

[사진 3] 안동 병산서원 만대루(晚對樓).

이와 같은 건축들은 건축의 전 이해(미메시스 I)로서 거주의 본질을 모방하고 형상화(미메시스 II)한 것들이다. 그래서 리쾨르는 건축도 문학작품처럼 이야기가 있는 텍스트라고 여긴다.[39] 일상 안에 잠재하는 실존의 순간들을 연대기적인 시간에 적절히 배치하고 나열하여 이해할 수 있도록 형상화한 것이 이야기 텍스트라면, 건축도 일상 속에 잠재하는 거주의 순간을 이해할 수 있도록 형상화한 것이다.[40] 거주는 하늘과 땅, 신과 인간의 사방이 하나로 포개져 조화를 이루는 것으로 그

을 짓는 건축을 가리켜 집을 앉힌다고 했다. 주변 자연이 주인이고, 자연에 거슬리지 않게 그 품에 살짝 인위 공간을 들여 놓았다는 의미다." 양명수, 『생명에서 성명으로: 서구의 그리스도교적 인문주의와 동아시아의 자연주의적 인문주의』(서울: 이화여자대학교출판부, 2012), 364.

[39] Ricœur(2016), "Architecture and Narrativity," 38.

[40] Ibid., 36.

단면은 지속적 시간이 아니라 순간이다. 이 순간은 일상 속에 있지만 일상을 초월한다. 이 점에서 건축물은 시간 속으로 침투한 영원이며 실존의 순간이다. 이 실존의 순간을 포착해 공간으로 형상화한 것이다.

그래서 건축은 상징이고 사유를 불러일으킨다. 독자가 텍스트의 세계 안으로 들어가듯이 사람들은 건축 공간 안으로 들어간다. 텍스트의 세계 안에서 독자의 새로운 자기 이해가 일어나듯이, 건축 공간 안에서도 같은 일이 일어난다. 문학 텍스트가 이야기된 시간이라면, 건축은 "형상화된 공간"이다. 독자의 수용 미학에서 두 영역은 서로 교환될 수 있다.[41] 형상화된 공간에 내재하는 거주의 순간이 영원한 현재로 실존의 분산된(destentio) 시간을 현재로 집중(intentio)시킨다.

누구나 한 번쯤 특정 건축 공간을 거닐며 마치 다른 세계에 들어온 것과 같은 경험을 해본 적이 있을 것이다. 그 순간 흐르는 시간은 멈추고 과거의 기억과 미래의 기대는 현재에서 만난다. 아우구스티누스가 말한 세 겹의 현재가 형상화된 공간에서 교차하며 이야기가 흘러나온다.[42] 하늘과 땅, 신과 인간이 만나는 수직의 시공간에서 감상자는 일상 속에서 영원을 경험하고 자신의 삶을 다시 바라본다. 이때 일상 속으로 영원이 침투하며 현실에는 변화의 틈새가 생겨난다(미메시스 Ⅲ). 이러한 의미에서 건축물은 인간의 실존을 해명하는 해석학적 매개이고 삶을 변화시키는 이야기의 원천이다.

이처럼 가장 덜 문자적인 무의 추상화나 건축의 예를 통해서도 알 수 있듯이, 리쾨르에게 해석학적 가치가 있는 예술작품은 언어적 측면에서는 탈장르적이다. '미학적 자기됨'을 실천하는 지평에서는 미술작

---

41 *Ibid.*, 38.
42 *Ibid.*, 32. 본문 130쪽 이하 참조.

품이나 건축물도 충분히 해석학적 매개가 될 수 있으며 미메시스 기능의 담지자로서 새로운 현실성을 산출하는 미학적 가능성의 텍스트이다.

1. 성(聖) 미술과 세속 미술

신학이 회복할 미술작품과 관련해 중세 '빈자(貧者)의 성서'와 종교개혁 때 루터 성서의 삽화 같은 성 미술 작품들을 '미학적 자기됨'의 문맥에서 어떻게 이해해야 하는지의 문제를 집고 넘어가고자 한다. '빈자의 성서'(biblia pauperum)나 루터 성서의 삽화는 처음부터 문맹자들의 '교화'를 목적으로 제작된 이미지들로 기독교 도상학(Christian Iconography)과 예표론(Typology) 도상 같은 중세 세밀화(illuminated manuscript) 전통에 기초한 깊은 신학적 내용들을 담고 있다.[43] 루터 성서의 삽화가 종교개혁 정신을 강조하며 특정 이미지는 빼고 특정 이미지는 추가하는 점에서 차이가 있지만, 문맹의 '교화'라는 목적으로 제작된 교회 미술이라는 점에서는 같다.

그러나 이 책에서 마련한 '미학적 자기됨'의 길은 교회의 성(聖) 미

---

[43] 기독교 도상학(Christian Iconography)은 그리스도의 일생을 유년기, 공생기, 수난기의 주기로 나누어 대략 50여 가지로 이미지화한 도상들을 가리킨다. 그리고 예표론(Typology) 도상은 기독교 도상학에 속하면서 더욱 심오한 신학적 내용을 담고 있다. 즉, 50여 가지의 그리스도 사건이 이미 구약성서에 예표되어 있다고 보고 하나의 그리스도 도상에 두 개의 구약 사건을 대조하는 방식으로 각 장면이 구성된다. 한 예로 '최후의 만찬' 장면에는 구약의 만나 장면과 멜기세덱이 아브라함에게 빵과 포도주를 주는 장면이 함께 그려지는 식이다. 이에 대해서는 신사빈, 『미술사의 신학 1. 초기 기독교미술부터 이탈리아 르네상스 미술까지』(서울: W미디어, 2021), 134-170 참조.

술뿐만 아니라 소위 말하는 세속적(secular) 미술까지 모두 수용하는 차원에서 이루어졌다. 성 미술과 세속 미술의 관계는 리쾨르가 종교와 예술의 관계에 대해 말한 것을 빗대어 설명할 수 있다. 리쾨르에게 예술은 인간이 느낄 수 있는 모든 감정의 질서를 담지하고 있는 매체이다. 그러한 감정의 질서 가운데 숭배(veneration)와 같은 종교적 감정이 교차할 수는 있지만, 이 감정이 모든 인간의 감정을 가로챌 수는 없다고 리쾨르는 말한다.[44]

즉 리쾨르는 종교와 예술에는 각각의 고유한 영역이 있으며, 예술에는 예술만이 할 수 있는 일이 있다고 여긴다. 숭배의 감정들처럼 둘 사이에 교차하는 부분이 있을 수는 있지만, 하나가 다른 하나를 독점하거나 두 가지가 뒤섞이면 안 된다는 견해이다. 리쾨르는 또한 성서 안에도 〈시편〉이나 〈아가서〉 같이 시적이고 은유적인 미학적 글들이 존재하는데 이들이 지닌 수수께끼 같은 의미를 성서 주석가들이 현학적 자세로 일방적으로 해석해서는 안 된다고 말한다.[45]

리쾨르의 이러한 생각을 빌려 말하면, 전체 미술사에서 교회 미술은 숭배의 감정을 유발하는 종교 미술이다. 그러나 '미학적 자기됨'은 종교 미술만 수용의 대상으로 여기지 않는다. 오히려 성과 속을 나누기보다는 예술의 고유한 역할과 질서를 인정하고 미술사 전체의 작품

---

44 "I should not like to sanction of confiscation of the aesthetic in the name of the religious (...) art opens us to entire range of feelings among which can appear feeling that could be called religious, such as veneration. Between the aesthetic and the religious, I would say that there is a zone of overlap rather than domains that are coexistence." Ricœur(1998), *Critique and Conviction*, 184.

45 *Ibid.*, 185-186.

들을 신학적으로 해석하고 수용한다. 이 점에서 '미학적 자기됨'은 프로테스탄트적 예술의지(Kunstwollen)를 구현하는 길이다. 프로테스탄트교는 종교개혁 때 성(聖) 미술을 크게 한번 배척했기 때문에 세속의 영역에서 종교성을 발견하려는 경향이 강했고, 화가들은 전통적인 기독교 도상보다 주관적 미적 경험에 근거한 독특한 작품들을 제작하였다. 그 결과 종교개혁은 아이러니하게도 새로운 표현 영역을 창조하는데에 미술사적으로 크게 기여하였다.

대표적인 예가 신교 국가인 네덜란드 미술이다. 종교개혁 이후 성화를 더 이상 그리지 못했던 네덜란드의 화가들은 우화를 주제로 한 그림이나 풍속화, 정물화, 풍경화, 초상화, 일상화 등 유래 없는 세속적 미술 장르를 개척하였고 일상의 소소한 순간들에 종교적 의미를 빗대어 그림으로써 성 미술의 패러다임을 세속적 지평으로 대거 전향시킨 것이다. 그리고 그 결과 근현대에 우후죽순으로 나타난 주관적 미술 현상에 크게 기여한다. 틸리히가 현대 표현주의(Expressionism) 미술에서 종교성을 발견한 것[46]도 종교개혁 이후 프로테스탄트 지역에서 나름 개척한 독창적인 미술 장르의 결과라고 할 수 있다. 이처럼 종교개혁 이후에는 성 미술 내지 교회 미술과 세속 미술 사이에 구분이 사실상 사라지며 일상의 이미지 안에 종교적인 2차 의미를 함축한 준(準)종교화들이 새로운 미술 현상으로 나타나게 된다. 이 문맥에서 '미학적 자기됨'은 소위 말하는 성 미술과 세속 미술을 구분하기보다는 개인의 실존 문제를 해명하고 존재를 회복하는 데에 상징의 힘으로 다가오는 작품에 해석학적 가치를 둔 미와 예술의 회복 방식이다. 그리고

---

46 본문 26쪽 이하 참조.

이 방식이 또한 일상에서의 계시를 강조한 프로테스탄트 정신에 상응하는 미와 예술의 회복 방식이라고 할 수 있다.

2. 미적 경험과 보편성

마지막으로 예술작품을 통한 미학적 자기됨의 길과 '보편성'의 문제를 살펴보고자 한다. 이는 예술작품이 지닌 보편성의 문제이고, 미적 경험에 근거한 '미학적 자기됨'이 개인의 구원에만 관련된 길인가와 관련된 문제이다. 이 문제는 독창성(Singularity)과 보편성(Universality)의 문제이기도 하다. 리쾨르는 예술가를 가리켜 자신에게 주어진 독특한(singular) 질문을 독특한 방식으로 답하는 자라고 말한다.[47] 그렇게 창작된 예술작품은 세상에 단 하나뿐인 독창성을 특징으로 하고, 그 작가만이 표현할 수 있는 고유한 양식(Style)을 지니게 된다.

이 점을 설명하기 위해 리쾨르는 폴 세잔(Paul Cezanne)의 연작〈생 빅투아 산〉을 예로 든다([그림 12]). 세잔은 생 빅투아 산을 수십 장 반복해서 그린다. 이때 누구에게나 똑같이 보이는 산을 그리는 것이 아니라, '지금' '여기' 매번 독특한 분위기(mood)와 느낌(feeling)으로 화가를 부르는 산을 그린 것이라고 리쾨르는 말한다.[48] 그래서 세잔은 똑같은 산을 수십 장 그리며 매번 다르게 그릴 수 있었고, 그 결과 자신만이 그릴 수 있는 하나의 도상적 '양식'을 산출할 수 있었다. 이미 미술사적으로 알려진 바와 같이, 세잔이 산출한 독창적 양식은 사물을 다

---

47 Ricœur(1998), *Critique and Conviction*, 179.
48 *Ibid.*, 178.

[그림 12] 폴 세잔, 〈생 빅투아 산〉, 1904년 작, 필라델피아 미술관.

양한 시각에서 바라보는 시각적 혁명을 야기했고 수백 년간 지속된 원근법(perspective) 기술을 해체하기에 이른다. 그리고 그 결과 입체파 탄생의 근거를 마련하며 20세기 아방가르드 미술과 추상으로 가는 길에 기반을 놓게 된다.

한 화가가 창조한 독창적 양식은 하루아침에 이루어진 것이 아니다. 오랜 세월을 거쳐 다듬고 다듬어 생겨나는 것이다. 리쾨르는 이를 가리켜 화가 자신이 지고 있는 "빚"(debt)을 청산하는 것과 같다고 말한다.[49] 예술가는 타고난 특별한 재능(genius)으로 인해 일반인들이 볼

---

49 *Ibid.*, 179.

수 없는 독특한 것을 볼 수 있고, 그것을 가시화해야 한다는 엄청난 의무(incredible obligation)를 지닌다.[50] 이 의무를 이행하고 해결함으로써 예술가는 비로소 책임을 다했다고 느낀다. 그렇게 창조된 작품은 독창성으로 빛나고 그 안에는 존재의 힘이 내재한다. 독창성이 보편성으로 연결되는 경험은 여기서 일어난다. 우리는 이 경험을 특별히 미적 경험(aesthetic experience)이라고 부른다.

미적 경험은 어떤 외적이고 객관적인 규범이나 규칙에 근거해 일어나는 것이 아니라 작품의 독창성에 내재하는 존재의 힘에 의해 일어난다. 존재의 힘이 작품을 매개로 나(감상자)에게 말을 걸고 나는 그 말을 듣는다. 이 경험은 아무도 대신해줄 수 없는 유일하고 독창적인 경험이다.[51] 이러한 것으로서 미적 경험은 작품과 타자(other), 즉 독자와 감상자 사이에 일어나는 최초의 소통 행위이다. 미적 경험을 통해 작품은 최초로 한 사람의 독자, 한 사람의 감상자와 소통한다. 그리고 이 소통은 사실상 모든 사람에게 확장된다.[52] 이에 대해 리쾨르는 예술작품을 가리켜 "나에게 이르고 나를 넘어서 전체 인류의 보편성으로 이르는 화염"과 같다고 말한다.[53] 그리하여 그는 독창성의 요구를 끝까지 따라가는 것은 최고의 보편성에 이르는 최고의 기회라고 말하며, 예술작품의 독창성과 보편성의 역설적인 양립에 대해 말한다.[54]

---

50 *Ibid.*, 179.
51 "미적 경험에는 매번 한 명의 관객, 한 명의 청취자, 한 명의 독자를 포함한다. 이들 역시 작품의 독창성과 더불어 독창적 관계 속으로 끌려 들어간다." *Ibid.*, 331.
52 "It(aesthetic experience) is the first act of a communication of the work to others and, virtually, to all." *Ibid.*, 180.
53 *Ibid.*, 180.
54 *Ibid.*, 180.

위대한 예술가들은 자신이 속한 시대에 자신에게 주어진 독특한 과제를 선구적으로 수행한 사람들이다. 그래서 그들의 작품은 독창적인 동시에 보편적이다. 독창성은 주관적이다. 예술가의 주관적 경험이 작품을 통해 감상자의 주관적 경험과 지평 융합을 이룬다. 작품에는 예술가의 독특한 경험이 표현되어 있다. 관객이나 감상자는 그 작품을 매개로 자신의 독특한 경험을 이야기하고 자신에 대한 새로운 이해에 도달하며, 세상을 새롭게 그린다. 이처럼 한 위대한 예술가의 주관적 경험이 시대정신을 표현할 때 그 작품은 보편성을 띠게 되고 작품의 감상자는 한 개인에서 인류 전체로 확대된다. 그리하여 하나의 작품을 통해 일어나는 개별적 소통(communication)들이 모여 공동체(communion)가 형성된다.[55] 그런데 이 공동체는 어떤 객관적 규범이나 규칙으로 포섭되지 않는 잠재적 공동체이다. 미적 경험은 그 어떤 외적 규율이나 규범에 근거하지 않고 오직 작품의 독창성에 근거해 '자발적'으로 일어나기 때문이다. 이렇게 미적 경험에 바탕한 잠재적 공동체는 자발적 방식으로 보이지 않게 세상에 아름다움을 확산한다.

리쾨르는 미적 경험이 지닌 보편성을 칸트의 미적 판단(Asthetischer Urteil) 개념으로 설명한다. "미적 판단"은 칸트의 제3 비판서인 『판단력 비판』의 핵심 개념이다. 칸트에 따르면 우리가 무언가를 아름답다고 판단한 경우, 그 판단이 아무리 주관적이고 개별적이라도 그

---

[55] 카푸토는 소통(communication)을 나누다(share)라는 의미에서 공동체(communion)라고 말한다. Caputo(2016), "Otherness and Singularity in Ricœur's Hermeneutics of Works of Art," In: *Ricœur Studies*, Vol. 7 No. 2, 82. 이 논문에서 카푸토는 리쾨르가 타자 간에 대화(Dialog)와 소통(Communication)을 중시하는 사상가라고 말하며, 철학의 입장에서는 미술이 타자(Other)이며 타자로서의 미술과 리쾨르가 대화하고 소통하려는 노력은 철학의 지평 확대를 위해 중요하다고 여긴다.

안에는 반드시 보편성이 내재한다. 그는 인간의 판단을 "규정적 판단" (bestimmender Urteil)과 "반성적 판단"(reflektierender Urteil)으로 구분 하는데, 전자가 인간의 오성(Verstand)에 근거한 판단이라면, 후자는 인간의 상상력(Einbildungskraft)과 자유로운 유희(Spiel)에 근거한 판 단이다. 후자가 미적 판단이다. 이는 옳고 그름을 판단하는 것이 아니 라, 쾌(Lust)와 불쾌(Unlust)를 판단한다. 그런데 '쾌'를 판단했다는 것 은 이미 오성의 규범과 규칙이 목적하는 바를 이루었다는 것을 의미한 다. 이것이 미적 판단이 야기하는 "목적 없는 합목적성"이다. 즉, 오성 적 규범이나 규율에 의존하지 않고도 오성이 목적하는 '보편적' 판단 즉 특수한 상황에 얽매이지 않는 판단과 객관성을 미적 판단이 이룬 다.[56] 리쾨르는 이러한 칸트의 미적 판단이 "전체를 고려하는"(zusa-menfassen)[57] 능력에 부합한다고 여기며 예술작품의 독창성 안에 이미 보편성이 내재한다고 주장한다.

작품은 소통 불가능한 것을 소통하게 한다. 고흐의 〈오베르-쉬르-우아즈의 교회〉라는 작품을 보자(〔그림 13〕). 리쾨르는 이 그림에서 고 흐가 재현한 것은 오베르 쉬르 우아즈에 가면 누구나 볼 수 있는 시골 의 한 교회가 아니라, 고흐가 그 장소에서 겪었을 독특한 경험이었을 것이라고 말한다.[58] 고흐가 그 장소에서 "날 것"으로 경험한, 아마도 미 칠 것 같았던 그것은 소통 불가능한 것이다. 그러나 그 경험을 고흐는 자신만의 독창적 언어로 형상화했고 그 작품은 이제 하나의 "증언" (testimony)으로 세상에 출현한다.[59] 이 증언을 통해 고흐가 겪은 독특

---

56 본문 137-138쪽, 각주 167 참조.

57 리쾨르(2000), 『시간과 이야기 2』, 128-129.

58 Ricœur(1998), *Critique and Conviction*, 179-180.

[그림 13] 빈센트 반 고흐, 〈오베르-쉬르-우아즈의 교회〉, 1890년, 파리 오르세 미술관.

---

59 *Ibid.*, 182; 김한식(2019), 『해석의 에움길 ─ 폴 리쾨르의 해석학과 문학』, 390.

한 경험은 소통 가능한 경험으로 가시화되었고, 누구는 그 작품에서 위로를 받고, 누구는 공감하며 각자의 방식으로 미적 경험을 하게 된다.[60]

예술작품은 실존의 증언이며 새로운 세상을 여는 초석이다. 실존은 말로 다 표현할 수 없는 주관적 영역이지만, 작품이 그 영역을 형상화함으로써 보이지 않는 실존은 가시화되고 소통 가능해지며, 소통을 통해 보편성을 획득한다. 이러한 의미에서 리쾨르는 한 작가가 창조한 양식(style)을 가리켜 "인간의 불가능한 가능성을 실험하는 거대한 상상의 장"이라고 말한다.[61] 예술작품과의 소통을 통해 내가 모르고 있던 실존이 일깨워지고 새로운 자기 이해에 이르며, 잠재적 공동체를 형성하고 좀 더 아름다운 세상을 만들어간다. 이 모든 것이 그 어떤 구호나 집단 활동 없이 개인의 미적 경험에 의해 보이지 않게 조용히 일어난다.

'미학적 자기됨'은 미적 경험을 통해 예술과 소통하며 나를 변화시키고 현실을 변화시키며 더 나은 세상으로 나아가는 길이다. 삼중 미메시스를 통한 '미학적 자기됨'의 길은 개인의 독특한 경험에 바탕을 둔 실존의 한 방식이고 예술을 통한 자기 구원의 길이다. 그리고 이 자기 구원이 나에게 한정되지 않고 나를 넘어 전체 인류로 확장된다는 점에서 예술이 존재하는 한 그 구원의 가능성은 무궁무진하다 하겠다.

---

60 Ricœur(1998), *Critique and Conviction*, 179.
61 "예술은 불가능한 가능성들을 실험하는 거대한 상상의 장이다. 바로 이러한 점에서 예술 양식(Stil)은 인간에 대한 간접적 탐험이다." Ricœur(1957), "Der Ort des Kunstwerkes in unserer Kultur," In: Martin Hähnel (hrsg.)(2003), *Memoria und Mimesis*, Paul Ricœur zum 100. Geburtstag, 105.

맺음글

인간이 하나의 온전한 인간으로 형성되어가는 데에는 진선미의 세 요소가 골고루 갖추어져야 한다. 그런데 서구 사상에서는 이성의 출현과 함께 늘 미의 요소는 간과되거나 배제되었고 미는 진과 선을 위한 보조 역할로 여겨져왔다. 플라톤의 '예술 추방론'이 그 대표적인 예이다. 이성에 근거한 이상 국가를 설립하고자 했을 때 플라톤은 미에 근거한 예술이 이성을 통해 이르고자 하는 이데아 진리의 반대편에 있음을 주장하며 이상 공동체에서 예술을 추방한다.

신학의 영역에서도 미와 예술은 구약의 우상숭배와 성상 금지 율법과 연관되어 공공연하게 금기시되었고, 그리스도교 역사 속에서도 이코노클라즘(iconoclasm)의 갈등으로 늘 배제의 대상이 되어왔다. 이러한 문제의식으로 필자는 신학에서 미와 예술의 위상을 어떻게 하면 회복할 수 있을지 고민했고 그 해결책으로 예술작품을 통해 신과 존재에 이르는 '미학적 자기됨'의 길을 마련하였다.

미학적 자기됨의 길을 마련하기 위해 무엇보다 시급한 문제는 미와 예술의 독립적인 '범주'를 확보하는 것이었다. 이는 미와 예술에게 집을 지어주는 것과 같은 작업이다. 집이 부재했기 때문에 미는 진과 선을 위한 보조 수단으로 사용된 후 지양되고 사라지는 운명을 거듭해왔던 것이다. 그러나 미와 예술의 독립적 범주가 확보되면 미가 지양되거나 사라지더라도 돌아올 자신의 집이 생기고 그로부터 다시 미와 예술만이 할 수 있는 고유한 역할을 수행할 수 있게 된다.

이를 위해 필자는 키에르케고어의 실존 사상에서 '가능성' 범주를 주목했다. 키에르케고어에게 가능성은 미학에 할당된 범주로 존재의 근원으로서 비존재에 상응한다. 즉, 존재하지 않는 것이 아니라 존재 가능으로 존재한다. 아직 존재하지는 않지만 존재하지 않는다고도 말할 수 없는 실존의 미세한 감정들이 비존재이며 이를 키에르케고어는 미학의 영역으로 여긴다. 그에게 미학은 예술 이론이 아니라 실존의 형태이다. 신 앞에서 자기가 되고 온전한 인간이 되기 위한 실존의 한 형태이다. 실존의 궁극적 목적은 자기 자신이 되는 것이고 이것이 참 그리스도인의 실존이다. 그래서 키에르케고어는 미학의 영역에서 참 그리스도인이 되는 길을 연 업적을 남겼다.

그러나 이 길이 그의 사상 안에서는 실현되지 못했다. 가능성 범주를 통해 미학적 실존을 신학적 사유로 끌어들이기는 했지만, 자신이 만든 높은 벽에 스스로 걸려 넘어지며 비존재가 존재로 이행하고 존재 가능성이 현실성으로 이행하는 데에 한계를 드러낸다. 즉, 그리스도인의 실존이 지닌 믿음을 그는 '비약'과 '반복' 개념으로 사유했는데 믿음이 지닌 초월성의 벽을 넘지 못한 것이다. 그 결과 키에르케고어의 미학적 실존은 가능성 범주에 고립되어 현실성으로 나갈 때 이루어지는 자기됨에 실패한다.

이러한 키에르케고어 미학의 한계 지점에서 필자는 리쾨르의 삼중 미메시스론을 연결해 미학적 실존이 미메시스의 미학적 방식으로 자기가 되는 길을 제시했다. 실천 불가능한 높은 초월적 믿음의 자리에 실천 가능한 해석학적 믿음을 대체해 신학적 지평에서 불가능한 일을 문화적 지평에서 모색했다. 물론 이 길은 초월적 믿음에서 야기되는, 단번에 수직적으로 도약하는 효과를 가져올 수는 없다. 삼중 미메시스에서 전개되는 작품 창작과 해석의 과정을 끊임없이 지속하며 서서히 나선형으로 상승하는 '우회'의 길이다. 그러나 수직적 도약이든 점차적인 우회의 상승이든 두 길이 도달하는 목적지는 같다. 즉, '자기'가 되는 것이다. 자기가 되는 것은 인문학적 지평에서 이루어지는 '구원'이다.

필자는 이 책에서 키에르케고어의 가능성 범주와 리쾨르의 삼중 미메시스론을 연결하여 그 '미학적 자기됨'의 길을 확보하였다. 이는 가능성이 현실성으로 변화 · 생성 · 이행하는 것으로 설명되고, 존재론적으로는 '가능과 현실의 존재론'으로 이론화된다. 키에르케고어가 미학적 실존을 가능성의 영역에서 탐구하고 개척하였다면, 리쾨르는 그것을 현실성으로 연결하는 데 성공했다. 즉, 미학적 실존의 가능성을 해석의 지평으로 수용하여 해석학적 믿음을 통한 새로운 자기 이해의 길로 연결하였다. 그리하여 해석학적 순환이 일어날 때마다 새로운 현실이 산출되고 가능성은 현실성으로 이행한다.

가능성이 현실성으로 이행하는 것은 비존재가 존재로 되는 것이며 이는 가능과 현실의 존재론으로 이론화할 수 있다. 이 이론의 중심에는 '해석'이 자리한다. 따라서 가능과 현실의 존재론은 '해석학적 존재론'이라고 부를 수 있다. 미학적 언어 안에 내재하는 존재의 힘에 의해 해석이 일어나고 해석학적 순환이 일어나면서 비존재는 존재로 변화하고 그만큼 인간은 더 많이 존재하게 된다.[1]

'해석학적 존재론'은 미학적 실존이 예술작품을 매개로 존재에 이르는 길이다. 진 · 선 · 미의 근원자이신 하나님과 관계하는 길이 하나일

---

[1] 존재의 정도(degree)를 말한 아우구스티누스의 용어를 사용해보았다. 본문 215쪽, 각주 8 참조.

수 없을 때, 해석학적 존재론은 예술작품을 통해 미학적 방식으로 신과 존재에 이르는 길이다. 이 길의 산출로 신학은 더욱 풍부해진다. 진과 선이 밝힐 수 없는 실존의 '가능성' 영역을 탐구하고 그로부터 새로운 현실로 이르는 길을 제시하며 현실 역시 더욱 풍부해진다.

미학적 자기됨의 길은 또한 프로테스탄트 신학이 잃어버린 미와 예술을 회복하는 길로 평가될 수 있다. 종교개혁이 인간의 '내면'에서 일어나는 개인의 신앙을 강조하였듯이, 미학적 자기됨도 인간의 내면에서 일어나는 개인의 개별적인 미적 경험을 통해 자기가 되는 길이기 때문이다. 이는 가톨릭의 신학적 미학에서 간과하는 '미학적 신학'의 길로도 평가된다.[2] 신학적 미학이 미학의 지평에서 일어나는 계시를 부정한다면 미학적 신학은 오히려 작품 안에 내재하는 존재의 계시를 통해 신과 관계하는 길을 열기 때문이다. 즉, 신의 영광을 미의 기준으로 삼아 미와 예술을 수용하는 것이 아니라, 실존하는 개인의 내면에서 일어나는 미적 경험이 종교적 경험으로 연결되며 미와 예술을 신학으로 수용하는 길이다. 그리하여 신학적 미학에서 제약하고 있는 미의 수용 기준을 낮추어 미적 경험이 일어나는 만큼 예술의 수용 범위도 무한히 확장된다. 진과 선의 관점에서 미의 기준을 정하는 것이 아니라, 개인의 주관적인 미적 경험을 기준으로 미를 판단하는 것이다. 그리하여 미술의 수용 범위에 있어 신학적 미학이 언급하는 고딕 양식의 성당 건축이나 중세 이콘화에 한정되는 것이 아니라 모든 시대의 미술 양식과 장르로 확장된다. 미적 경험이 어디서 어떻게 일어날지는 아무도 모르기 때문이다. 그로부터 일상 차원에서 새로운 미의 기준은 지

---

2 본문 17-18쪽 참조.

금도 계속해서 산출된다고 볼 수 있고, 그 잠재적인 미의 가능성은 지금도 보이지 않게 세상을 아름답게 만들고 신학을 풍요롭게 하는 것이다.

이 책에서 마련한 '미학적 자기됨'의 길은 다음과 같은 몇 가지 효과를 기대할 수 있다. 첫째, 미학의 독립 범주인 '가능성'을 확보한 점에서 기대되는 효과이다. 이전에는 신학 내에 미학의 독립적 범주 같은 것은 존재하지 않았다. 그래서 신학 내 미학 연구가 체계적으로 이루어지는 것은 불가능했고 간간이 이루어지는 시도도 진과 선의 논리에 잠식되어버리는 경우가 대부분이었다. 그러나 가능성 범주의 확보로 이제 미학과 예술의 영역은 신학과 철학의 동등한 대화 파트너가 될 수 있고, 그로써 지속적인 연구가 이루어질 수 있는 토대가 마련되었다.

둘째, '미학적 자기됨'을 통해 신학적 미학이 간과한 '미학적 신학'의 길을 마련함으로써 가톨릭 신학과 차별되는 방법으로 미와 예술을 수용하고 회복할 수 있게 되었다. 즉, 개인의 미적 경험으로부터 미와 예술을 회복한다는 점에서 개인의 내적 신앙을 강조한 종교개혁의 정신을 해치지 않는 방식으로 이루어진다는 점에서이다. 그리고 이로부터 소위 성(聖) 미술뿐만 아니라, 탈신성화(desacralized) 내지 세속화(secularized)된 근현대 미술도 개인의 미적 경험에 근거하여 다양하게 수용할 수 있는 길이 열렸는데 이 역시 일상 속에서의 신앙을 강조한 종교개혁 정신과 통하는 것이다.

셋째, 미학의 영역에서 기대되는 효과이다. 종교개혁으로 인해 프로테스탄트 신학에서의 탈미학화 경향이 강화되며, 미학도 나름대로 신학을 배제하고 자신만의 영역을 구축해왔다. 그리하여 현대의 미학은 미를 위한 미의 이론으로 빠져 아무도 이해할 수 없는 난해한 이론을 남발하는 엘리트 학문으로 되었다. 이것이 오늘날 미학의 현주소이다. 이러한 상황에서 예술작품을 매개로 신과 존재 앞에서 인간이 되고 자기가 되는 길을 마련한 것은 자체 논리에 빠져 메말라가는 현대 미학이 신학, 인간학, 해석학과 소통하며 입지를 넓힐 수 있는 계기로 작용할 것이다.

미와 예술이 가능성에만 고립되어 있으면 현실에서의 존재 이유는 사라진다. 마찬가지로 미와 예술을 배제한 현실은 새로운 현실을 위한 가능성을 망각해버린다. 미와 예술이 지닌 새로운 세상에 대한 가능성 그리고 우리의 현실은 서로 관계하고 상생해야 하는 상호적 관계를 지닌다. 이러한 점에서 필자는 신학과 미학이 각각 처한 한계 지점에서 다시 상생할 수 있는 하나의 길을 해석학적 지평에서 제시했다. '미학적 자기됨'의 길의 궁극적 의미는 진과 선을 통해서뿐만 아니라, 미와 예술을 통해서도 존재를 회복하고 신과의 관계에 이를 수 있다는 것이며, 그로써 진·선·미를 골고루 갖춘 온전한 인간으로 형성되는 길이 해석학적 지평에서 열렸다는 점에 있다.

참고문헌

〈원전〉

1. 키에르케고어 단행본: 한글

키에르케고어/황필호 역.『철학적 조각들: 혹은, 한 조각의 철학』. 서울: 집문당, 1998.

_____/임춘갑 옮김.『그리스도교의 훈련』. 서울: 다산글방, 2005.

_____.『공포와 전율/ 반복』. 서울: 다산글방, 2007.

_____.『이것이냐 저것이냐 2』. /서울: 다산글방, 2008.

_____.『죽음에 이르는 병』. 서울: 치우, 2011.

_____.『불안의 개념』. 서울: 치우, 2011.

_____.『관점』. 서울: 치우, 2011.

_____.『이것이냐 저것이냐 1』.서울: 치우, 2012.

_____/임규정 옮김.『죽음에 이르는 병』. 서울: 한길사, 2007.

_____.『불안의 개념』. 서울: 한길사, 2008.

_____.『직접적이고 에로틱한 단계들 또는 음악적이고 에로틱한 것』. 서울: 지식을만 드는지식 고전선집, 2009.

2. 키에르케고어 단행본: 외국어

Kierkegaard, Søren. *Philosophische Brosamen und Uuwissenschaftliche Nachschrift.* hrsg. v. Hermann Diem und Walter Rest mit Mitwirkung von Niels Thulstrup. München: Dtv., 1976.

_____. *Der Begriff Angst.* übers. v. Emmanuel Hirsch. Gütersloh: Gütersloher Verlagshaus Mohn, 1981.

_____. *Krankheit zum Tode.* übers. v. Emmanuel Hirsch. Gütersloh: Gütersloher Verlagshaus Gerd Mohn, 1982.

_____. *Eine literarische Anzeige.* übers. v. Emmanuel Hirsch. Gütersloh:

Gütersloher Verlagshaus, 1983.

_____. *Die Tagebücher 1-5*. Gesammelte Werke und Tagebücher, 38/I-V.
Abt. von Hayo Gerdes und Emanuel Hirsch, Hans M. Junghans, 2003.

_____. *Die Schriften über sich Selbst*. Gesammelte Werke und Tagebücher,
33. Abt. von Emanuel Hirsch und Hayo Gerdes, 2003.

3. 폴 리쾨르 단행본: 한글

리쾨르, 폴/김한식 · 이경래 역. 『시간과 이야기 1』. 서울: 문학과지성사, 1999.

_____. 『시간과 이야기 2』. 서울: 문학과지성사, 2000.

_____/김한식 옮김. 『시간과 이야기 3』. 서울: 문학과지성사, 2004.

_____/김웅권 옮김. 『타자로서 자기 자신』. 서울: 東文選, 2006.

_____/양명수 옮김. 『악의 상징』. 서울: 문학과 지성사, 2006.

_____. 『해석의 갈등』. 한길사, 2012.

_____/김동규 · 박준영 역. 『해석에 대하여: 프로이트에 관한 시론』. 고양: 인간사랑,
2013.

_____/변광배 · 전종윤 옮김. 『비판과 확신』. 서울: 그린비, 2013.

4. 폴 리쾨르 단행본: 외국어

Ricœur, Paul. *Die Interpretation. Ein Versuch über Freud*. German trans. by
Eva Moldenhauer. Frankfurt am Main: Suhrkamp, 1969.

_____. *Zeit und Erzählung, Bd. 1: Zeit und historische Erzählung*. Fink,
München, 1988.

_____. *Zeit und Erzählung, Bd. 2: Zeit und literarische Erzählung*. Fink,
München, 1989.

_____. *Zeit und Erzählung, Bd. 3: Die erzählte Zeit*. Fink, München, 1991.

_____. *Reflexion faite: Autobiographie intellectuelle*. Paris: Diffusion Le Seuil,
1995.

_____. *Critique and Conviction*. trans. Kathleen Blamey. New York:

Columbia University Press, 1998.

_____. *Die lebendige Metapher*. Übergänge Band 12. Paderborn: Wilhelm Fink, 2004.

_____. *Das Selbst als ein Anderer*. german trans. Jean Greisch, Wilhelm Fink Verlag, 2005.

_____. *Vom Text zur Person. Hermeneutische Ansätze (1970-1999)*. Übers. u. hrsg. v. Peter Welsen. Hamburg: Felix Meiner Verlag, 2005.

_____. *Das Böse. Eine Herausforderung für Philosophie und Theologie*. übers. u. herg. v. Anna Stüssi. Theologischer Verlag Zürich, 1986/2006.

_____. *An den Grenzen der Hermeneutik. Philosophische Reflektion über die Religion*. übers. v. Beronika Hoffmann. München: Verlag Karl Alber, 1972/2008.

_____. *Kritik und Glaube*. Ein Gespräch mit Francois Azouvi und Marc de Launay. trans v. Ehni, Hans-Jörg. Freiburg/München: Karl Alber, 1995/2009.

_____. *Das Willentliche und das Unwillentliche*. Übergänge Band 67. Paderborn: Wilhelm Fink, 2016.

5. 폴 리쾨르 논문: 외국어

Ricœur, Paul. "Der Ort des Kunstwerkes in unserer Kultur." In: Hähnel, Martin (Hrsg.) *Memoria und Mimesis*. Paul Ricœur zum 100. Geburtstag. Dresden: Text & Dialog, 2013.

_____. "From Existentialism to the Philosophy of Language." In: *Philosophy Today*. Summer 17, 2(1973).

_____. "Creativity in Language." In: *Philosophy Today*. Summer 17, 2(1973): 97-111.

_____. "The Task of Hermeneutics" In: *Philosophy Today*. Summer 17, 2(1973): 112-128.

_____. "The hermeneutical Function of Distanciation." In: *Philosophy Today*. Summer 17, 2(1973): 129-175.

_____. "Der Text als Modell: Hermeneutisches Verstehen." In: *Seminar: Die Hermeneutik und die Wissenschaften*. Hrsg. v. Hans-Georg Gadamer und Gottfried Boehm, Frankfurt a. M.: Suhrkamp, 1978.

_____. "Sur un autoportrait de Rembrandt." In: *Lectures 3 – Aux frontieres de la philosophie*, Seuil, 1994.

_____. "Philosophy after Kierkegaard." In: Jonathan Ree, Jane Chamberlain. *Kierkegaard: A Critical Reader*. New Jersey: Wiley— Blackwell, 1998.

_____. "Architecture and Narrativity." In: *Ricœur Studies*. Vol. 7. No 2 (2016): 31-42.

〈2차 문헌〉

1. 국내 단행본

김산춘.『발타살의 신학적 미학 — 감각과 초월』. 경북: 분도출판사, 2003.

김종두.『키에르케고르의 실존사상과 현대인의 자아이해』. 서울: 엠애드, 2002.

김한식.『해석의 에움길 — 폴 리쾨르의 해석학과 문학』. 서울: 문학과지성사, 2019.

멘케, 크리스토프/신사빈 역.『예술의 힘』. 서울: W미디어, 2015.

_____/김동규 역.『미학적 힘: 미학적 인간학의 근본개념』. 서울: 그린비, 2013.

빌라데서, 리차드/손호현 옮김.『신학적 미학. 상상력, 아름다움, 그리고 예술 속의 하나님』. 서울: 한국신학연구소, 1999/2007.

손호현.『아름다움과 악 1권: 신학적 미학 서설』. 서울: 한들출판사, 2009.

신옥희.『실존, 윤리 신앙 — 동서양 사상을 중심으로』. 서울: 한울아카데미, 1995.

심광섭.『예술신학』. 서울: 대한기독교서회, 2010.

아리스토텔레스/김한식 옮김.『시학』. 서울: 펭귄클래식코리아, 2010.

_____/최명관 옮김.『니코마코스윤리학』. 서울: 창, 2008.

양명수.『어거스틴의 인식론』. 서울: 한들출판사, 1999.

_____. 『근대성과 종교』. 서울: 이화여자대학교출판부, 2001.

_____. 『욥이 말하다』. 경북: 분도출판사, 2003.

_____. 『생명에서 성명으로: 서구의 그리스도교적 인문주의와 동아시아의 자연주의적 인문주의』. 서울: 이화여자대학교출판부, 2012.

_____. 『토마스 아퀴나스의 『신학대전』 읽기』. 서울: 세창미디어, 2014.

_____. 『한국교회, 인문주의에서 배운다』. 서울: 도서출판 kmc, 2014.

_____. 『폴 리쾨르의 『해석의 갈등』 읽기』. 서울: 세창미디어, 2017.

유장환. 『폴 틸리히 조직신학연구』. 서울: 한들출판사, 2013.

지라르, 르네/김진식 · 박무호 역. . 『폭력과 성스러움』. 서울: 민음사, 1972/2009.

테일러, 찰스/박찬국 옮김. . 『헤겔철학과 현대의 위기』. 서울: 서광사, 1988.

카푸토, 존 D./임규정 역. 『How to read 키르케고르 』. 파주: 웅진지식하우스, 2005.

칸트, 임마누엘/백종현 옮김. . 『판단력 비판』. 서울: 아카넷, 2009.

_____/신옥희 옮김. . 『이성의 한계 내에서의 종교』. 서울: 이화여자대학교출판부, 2003.

타타르키비츠, W./김채연 역. 『예술개념의 역사: 테크네에서 아방가르드까지』. 서울: 열화당, 1986.

틸리히, 폴/유장환 역. . 『조직신학 III』. 서울: 한들출판사, 2005.

_____/남정우 역. . 『문화의 신학』. 서울:대한기독교서회, 2009/1959.

_____/송기득 역. . 『19-20세기 프로테스탄트사상사』. 제5판. 서울: 대한기독교서회, 2009/1967.

_____/이정순 역. . 『프로테스탄트 시대』. 서울: 대한기독교서회, 2011.

표재명. 『사랑과 영혼의 철학자 키에르케고어를 만나다』. 서울: 치우, 2012.

하이데거, 마르틴/오병남 · 민병원 역. . 『예술작품의 근원』. 서울: 경문사, 1986.

2. 국내 논문

김산춘. "발타살과 신학적 미학의 구상." 「미학예술학연구」 9권(1999): 103-119.

_____. "미와 영광의 유비." 「미학예술학연구」 10권(1999): 57-67.

_____. "폴 틸리히, 예술의 신학." 「미학예술학연구」 32집(2010): 227-249.

김영한. "리꾀르의『의지의 철학』에 전개된 해석학적 착상."「철학논총」제33집
　　(2003): 115-139.

김율. "토마스 아퀴나스의 존재론적 미 개념."「미학」43집(2005): 67-90.

＿＿＿. "도덕적 선과 미의 존재론적 유비."「가톨릭철학」Vol. 24(2015): 107-133.

김태경. "플라톤의『국가』에 나타난 미메시스 개념."「범한철학」제52권(2009):
　　61-88.

김한식. "문학과 카타르시스 ― 아리스토텔레스의『시학』을 중심으로."「프랑스어문
　　교육」No. 18(2004): 441-466.

＿＿＿. "미메시스 해석학을 위하여."「불어불문학연구」79집/가을호(2009):
　　149-189.

＿＿＿. "미메시스, 재현의 시학에서 재현의 윤리학으로."「불어불문학구」88집 겨울
　　호(2011): 231-272.

＿＿＿. "이야기의 논리와 재현의 패러다임."「프랑스어문교육」34집(2010):
　　331-359.

＿＿＿. "회화적 재현을 위한 해석학적 시론."「프랑스어문교육」36집(2011):
　　323-356.

김휘택. "폴 리꾀르의 이론에서 '재형상화re-figuration'의 개념."「한국프랑스학논
　　집」제74집(2011): 47-64.

박경숙. "하이데거의 형상과 불안개념을 통해 본 클레(P. Klee)와 데키리코(De
　　Chirico)의 회화."「기초조형학연구」Vol.12 no.5, 통권 47호(2011):
　　175-186.

박유정. "하이데거와 건축의 해석학: 하이데거의 해석학을 통한 현대건축의 이해."
　　「철학연구」제96집(2012): 103-127.

서정욱. "모두스(Modus)와 모달리타스(Modalitas)."「대한철학」제2집(1998):
　　205-224.

신사빈. "키에르케고르가 본 미적 실존과 윤리적 실존에 관한 연구. 신학적 미학을
　　위하여." 이화여자대학교 기독교학과 석사학위 논문, 2012.

양명수. "현대기술 산업사회에서의 새로운 문화윤리."「신학사상」제75집(1991):

956-976.

_____. "말뜻과 삶의 뜻 ― 리쾨르의 상징론 이해."「문학과 사회」. 겨울호 제8권 No. 4(1995): 1549-1566.

_____. "말과 욕망: 욕망의 의미론 ― 리쾨르가 본 프로이드."「기독교언어문화논집」 통권 제1집(1997): 266-279.

_____. "프랑스 현대 해석학의 흐름: 한국사회를 위한 리쾨르 철학."「해석학연구」 4권(1997): 333-345.

_____. "은유와 구원."「기호학연구」Vol. 5 No. 1(1999): 24-39,

_____. "은유와 인문학."「애산학보」Vol. 22(1999): 83-103.

_____. "해석학적 순환에 대하여."「애산학보」26집(2001): 3-23

_____. "폴 리쾨르의 해석학과 신학: 텍스트이론을 중심으로."「신학사상」127집 (2004): 167-197.

_____. "인간의 자기이해는 어떻게 일어나는가?."「철학과 현실」통권 제66호 (2005): 95-107.

_____. "태초에 말씀이 있었다 ― 언어에 대한 신학적 이해."「본질과 현상」4호/여름 (2006): 33-43.

_____. "『고백록』11권에 나타난 아우구스티누스의 현상학적 시간론."「신학사상」 169집(2015): 207-238.

_____. "인간, 죽음을 향한 존재: 하이데거의 죽음 이해."「신학사상」175집(2016): 241-279.

유기환. "미메시스에 대한 네 가지 시각. 플라톤, 아리스토텔레스, 벤야민, 리쾨르." 「세계문학비교연구」제33집(2010): 376-406.

윤성우. "리쾨르의 회화론 ― 실재에 대한 또 다른 탐구."「프랑스학연구」43집 (2008): 315-333.

_____. "리쾨르의 문학론 ― 언어와 실재에 대한 탐구."「현대유럽철학연구」Vol. 15(2007): 327-352.

_____. "자유와 자연-리쾨르의 경우."「철학과 현상학 연구」Vol. 19(2002): 79-104.

_____. "폴 리쾨르에게서 주체물음." 「철학과 현상학 연구」 Vol. 18(2001): 291-320.

_____. "리쾨르의 코기토들. 근거리와 원거리의 관점에서." 「철학과 현실」 통권 66호 (2005): 80-94.

_____. "리쾨르의 자기 동일성 이론, 그 의의와 한계." 「불어불문학연구」 56권 1호 (2003): 329-357.

_____. "미메시스, 재현 그리고 해석." 「해석학연구」 14권(2004): 207-234.

이명곤. "키르케고르의 실존적 권태와 심미적 실존의 의의." 「철학연구」 127집 (2013): 135-168.

_____. "키르케고르의 실존주의 예술관과 이념으로서의 미학적 실재." 「동서철학연구」 73호(2014): 295-317.

임규정. "키에르케고르의 실존철학 서설." 「현대윤리연구소」 제5집(1990): 65-88.

_____. "철학적 단편에서 분석되고 있는 가능성과 필연성에 대한 논리적 고찰. 생성 (werden)에 관하여." 「철학연구」 16집(1993): 123-145.

_____. "가능성의 현상학 ─ 키르케고르의 실존의 삼 단계에 관한 소고." 「범한철학」 제55집(2009): 281-325.

_____. "키에르케고르의 절망의 형태와 삶의 단계의 상응에 관한 연구." 「철학연구」 105집(2008): 351-372.

_____. "시인의 실존. 키르케고르의 시인과 시의 개념에 관한 연구." 「철학, 사상, 문화」 제14호(2010): 185-213.

정기철. "리쾨르의 의지의 철학. 의지적인 것과 비의적인 것을 중심으로." 「해석학 연구」 Vol. 23(2009): 265-289.

_____. "리쾨르의 해석학적 문화신학." 「한국조직신학논총」 26집(2009): 41-71.

정항균. "종교적 예외의 반복에서 미학적 창조의 반복으로: 키에르케고르와 니체의 반복개념 연구." 「카프카연구」 제19집(2008): 233-263.

조형국. "인간 존재, 가능성 그리고 시간." 「철학과 문화」 제12집(2006): 193-216. (K. J. Vanhoozer의 Biblical narrative in the philosophy of Paul Ricœur 중 일부 번역물)

최성만. "발터 벤야민의 미메시스론."「독일어문화권연구」5권(1996): 176-206.
황필호. "키에르케고르의 작품세계."「종교연구」4집(1988): 99-112.

3. 외국어 단행본

Adorno, Theodor W.. Kierkegaard. *Konstruktion des Ästhetischen.* Frankfurt
a. Main: Suhrkamp, 1974.

Augustinus. *Bekenntnisse.* Frankfurt a. Main: Insel Verlag, 1987.

Arendt, Hannah. *Was ist Existenz-Philosophie?.* Frankfurt a. Main: Hain, 1990.

Axt-Piscalar, Christine. *Ohnmächtige Freiheit: Studien zum Verhältnis von
Subjektiv und Sünde bei August Tholuck, Julius Müller, Søren Kierke-
gaard und Friedrich Schleiermacher.* Tübingen: Mohr Siebeck Verlag,
1996.

Balthasar, Han Urs von. *Herrlichkeit. Eine Theologische Ästhetik Bd. 1: Schau
der Gestalt.* Einsiedlen: Johannes Verlag, 1961.

_____. *Word and revelation.* Essays in theology, vol. 1, trans. by A. V.
Littledale. New York: Herder and Herder, 1965.

_____. T*he Glory of the Lord: A Theological Aesthetics. vol. I: Seeing the Form.*
San Francisco: Ignatius Press, 1998.

Brown, Frank B.. *Good Taste, Bad Taste and Christian Taste. Aesthetics in
Religious Life.* Oxford University Press, 1995.

Dunning, Stephen D. *Kierkegaard's Dialectic of Inwardness. A Structural
Analysis of the Theory of Stages.* New Jersey: Princeton University Press,
1985.

Farley, Edward. *Faith and Beauty. A Theological Aesthetic.* Vanderbilt
University USA: Ashgate, 2001.

Gadamer, Hans Georg. *Wahrheit und Methode. Grundzüge einer philosophischen
Hermeneutik.* Tübingen: J. C. B. Mohr, 1975.

Garff, Joachim. *Søren Kierkegaard. A Biography.* trans. Bruce H. Kirmmse.

Princeton and Oxford: Princeton University Press, 2005.

Glöckner, Dorothea. *Kierkegaards Begriff der Wiederholung: Eine Studie zu seinem Freiheitsverständnis.* Berlin: de Gruyter, 1998.

Guarda, Victor. *Wiederholung: Analyse zur Grundstruktur menschlicher Existenz im Verständnis Søren Kierkegaards.* Regensburg: Hanstein, 1980.

Hähnel, Martin (Hrsg.). *Memoria und Mimesis.* Paul Ricœur zum 100. Geburtstag. Dresden: Text & Dialog, 2013.

Heidegger, Martin. *Was ist Metaphysik?.* Frankfurt a. M: Vittorio Klostermann, 1955.

_____. *Sein und Zeit.* Tübingen: Max Niemeyer Verlag, 1967.

_____. *Holzwege.* Frankfurt am Main: Vittorio Klostermann, 1977.

Holmer, Paul L. *Thinking the Faith with Passion.* Selected Essay. ed. David I. Gouwens and Lee C. Barrett. Eugene Oregon, 2012.

Huskey, Rebecca Kathleen. *Paul Ricœur on Hope. Expecting the Good.* New York, Berlin: Peter Lang, 2009.

Jonathan Ree, Jane Chamberlain. *Kierkegaard: A Critical Reader.* New Jersey: Wiley-Blackwell, 1998.

Jothen, Peder. *Kierkegaard, Aesthetics, and Selfhood. The Art of Subjectivity.* England: Ashgate, 2009.

Liebsch, Burkhard (Hg.). *Hermeneutik des Selbst-Im Zeichen des Anderen. Zur Philosophie Paul Ricœurs.* München: Karl Alber Freiburg, 1999.

Paezoldt, Heinz. *Ästhetik des deutschen Idealismus. Zur Idee ästhetischer Rationalität bei Baumgarten.* Kant, Schelling, Hegel und Schopenhauer. Wiesbaden: Franz Steiner Verlag, 1983.

Palmer, Michael. P. *Paul Tillich's Philosophy of Art.* Berlin, New York: Walter de Gruyter, 1984.

Pattison, George. *Kierkegaard: The Aesthetic and the Religious. From the Magic*

Theatre to the Crucifixion of the Image. SCM Press, 1999.

Pieper, Annemarie. *Geschichte und Ewigkeit bei Søren Kierkegaard: das Leitproblem der pseudonymen Schriften*. Meisenheim am Glan: A. Hain, 1968.

_____. *Gut und Böse*. München: Verlag C. H. Beck, 2002.

Richter, Liesolette. *Existenz im Glauben: Aus Dokumenten, Briefen und Tagebüchern Søren Kierkegaards*. Berlin: Evangelische Verlagsanstalt, 1956.

Ringleben, Joachim. *Aneignung: Die spekulative Theologie Søren Kierkegaards*. Berlin and N. Y.: Walter De Gruyter, 1983.

_____. *Die Krankheit zum Tode von Søren Kierkegaard. Erklärung und Kommentar*. Vandenhoeck und Ruprecht: Göttingen, 1995.

Rudd, Anthony. *Self, Value, and Narrative. A Kierkegaardian Approach*. Oxford University Press, 2012.

Scharfenberg, Stephan. *Narrative Identität im Horizont der Zeitlichkeit. Zu Paul Ricœurs Zeit und Erzählung*. Würzburg: Königshausen & Neumann, 2011.

Schrey, Heinz-Horst (Hg.). *Søren Kierkegaard*. Wege der Forschung. Darmstadt, 1971.

Sløk, Johannes. *Die Anthropologie Kierkegaards*. Kopenhagen: Rodenkilde und Bagger, 1954.

Stefanie Blaeser. *Erzählte Zeit – erzähletes Selbst. Zu Paul Ricœurs Begriff der narrativen Identitäet*. Berlin: Pro universitate Verlag, 2015.

Taylor, Mark C. *Kierkegaard's Psedonymous Authorship. A Study of Time and the Self*. Princeton: Princeton University Press, 1975.

Theunissen, Michael. *Der Begriff Ernst bei Søren Kierkegaard*. Symposion 1. Freiburg i. Br: Karl Alber, 1958.

_____. *Das Selbst auf dem Grund der Verzweiflung – Kierkegaards negativistische Methode.* Frankfurt a. M.: Anton Hain, 1991.

_____. *Der Begriff Verzweiflung,* Frankfurt a. M.: Suhrkamp, 1993.

Theunissen, Michael und Greve, Wilfried (hrsg.). *Materialien zur Philosophie Søren Kierkegaards.* Frankfurt a. M.: Suhrkamp, 1979.

Tillich, Paul. *Symbol und Wirklichkeit.* Göttingen: Vandenhoeck & Ruprecht, 1962.

_____. *Systematische Theologie I, II, III.* Berlin, N. Y.: Walter de Gruyter, 1987.

_____. *On Art and Architecture.* N. Y.: The Crossroad Publishing Company, 1989.

Walsh, Sylvia. *Living Poetically. Kierkegaard's Existential Aesthetics.* Pennsylvania: The Pennsylvania State University Press, 1994.

4. 외국어 논문

Anz, Wilhelm. "Philosophie und Glaube bei S. Kierkegaard. Über die Bedeutung der Existenzdialektik für die Theologie." In: Heinz-Horst Schrey (hrsg.). *Søren Kierkegaard.* Wege der Forschung 179. Darmstadt: Wissenschaftliche Buchgesellschaft, 1971.

_____. "Selbstbewusstsein und Selbst: Zur Idealismuskritik Kierkegaards." In: Anz, Heinrich (hg.). *Kierkegaard und die deutsche Philosophie seiner Zeit.* Kopenhagen: Fink, 1980.

Boehm, Gottfried. "Zu einer Hermeneutik des Bildes." In: Hans- Georg Gadamer und Gottfried Boehm (hrsg.). *Seminar: Die Hermeneutik und die Wissenschaften.* Frankfurt a. M.: Suhrkamp, 1978.

Bourgeois, Patrick L. "Ricœur and Gabriel: An Alternative to Postmodern Deconstruction." In: *Journal of French and Francophone Philosophy.* 2010. 7(2010): 164-175.

Caputo, Annalisa. "Otherness and Singularity in Ricœur's Hermeneutics of Works of Art." In: *Ricœur Studies.* Vol. 7 No. 2(2016): 74-93.

Damgaard, Iben. "The Archimedean Point – Kierkegaard on History and Identity. In: Niels Jørgen Cappelørnn, Richard E. Crouter, Theodor Jørgensen and Claus-Dieter Osthovener (ed.). *Schleiermacher und Kierkegaard. Subjektivität und Wahrheit*. De Gruyter, 2006.

_____. "Passion for the Possible: A Kierkegaardian Approach to Subjectivity and Transcendence." In: Arne Grøn, Iben Damgaard, Søren Overgaarded (ed.). *Subjectivity and Transcendence*. Mohr Siebeck, 2007.

_____. "Kierkegaard's rewriting of Biblical narratives." In: ed. by Lee C. Barrett, Jon Stewart. *Kierkegaard and the Bible: Old Testament*. Ashgate, 2010.

_____. "Kierkegaard on Self and Selflessness in Critical Dialogue with MacIntyre's, Taylor's and Ricœur's Narrative Approach to the Self." In: Ingolf U. Dalferth (red.). *Self or No Self? Claremont Studies in Philosophy of Religion*. Tübingen: Mohr Siebeck, 2015.

Eagleton, Terry. "The Ideology of the Aesthetic." In: *Poetics Today*. Vol. 9, No. 2(1988): 327-338.

Evans, C. Stephen. "Kierkegaard on Subjective Truth: Is God an Ethical Fiction?." In: *International Journal for Philosophy of Religion*. Vol. 7, No. 1(1976): 288-299.

Figal, Günter. "Verzweiflung und Uneigentlichkeit: Zum Problem von Selbstbegründung und Misslingender Existenz bei Kierkegaard und Heidegger." In: Anz, Heinrich (hrsg.) *Die Rezeption Søren Kierkegaards in der deutschen und dänischen Philosophie und Theologie*. Kopenhagen: Fink. 1983.

Garff, Joachim. "My Dear Reader! Kierkegaard Read with Restrained Affection." In: *Studia Theologica* 45(1991): 127-147.

_____. "What did I find? Not my I. On Kierkegaard's Journals and the

Pseudonymous Autobiography." In: *Kierkegaard Studies*. Yearbook, 2003.

_____. "A Matter of Mimesis: Kierkegaard and Ricœur on Narrative Identity." In: *Kierkegaard Studies*. Yearbook Vol. 20(2015): 311-324.

Golomb, Jacob. "Kierkegaard's Ironic Ladder to Authentic Faith." In: *International Journal for Philosophy of Religion*. Vol. 32, No. 2(1992): 65-81.

Gregor, Brian. "Selfhood and the three R's: Reference, repetition, and refiguration." In: *International Journal for Philosophy of Religion*. Vol. 58, No. 2(2005): 63-94.

_____. "Thinking through Kierkegaard's Anti-Climacus: Art, Imagination, and Imitation." In: *The Heythrop Journal*. 2009: 448-465.

Greve, Wilfried. "Wo bleibt das Ethische in Kierkegaards Krankheit zu Tode?." In: Emil Angehrn (hrsg.) *Dialektischer Negativismus*. Frankfurt a. M.: Suhrkamp, 1992.

Grøn, Arne. "Imagination and Subjectivity." In: *Ars Disputandi*. Vol. 2(2002): 89-98.

Heidegger, Martin. "Bauen, Wohnen, Denken." In: Heidegger. *Gesamtausgabe I. Abteilung: Veröffentlichte Schriften 1910-1976*. Band. 7. Vorträge und Aufsätze. Frankfurt am Main: Vittorio Klostermann, 2000.

Jothen, Peder Joshua. "Moral Moments: Søren Kierkegaard and Christian Aesthetics." A Dissertation from the Faculty of the Divinity School. Chicago, 2009.

Lübcke, Poul. "Modalität und Zeit bei Kierkegaard und Heidegger." In: Heinrich, Anz (hrsg.) *Die Rezeption Søren Kierkegaards in der deutschen und dänischen Philosophie und Theologie*. Kopenhagen: Fink, 1983.

Putt, Keith. "Blurring the Edges. Ricœur and Rothko on Metaphorically Figuring the Non-Figural." In: *Ricœur Studies*. Vol. 7, No. 2(2016):

94-110.

Reimer, Louis. "Die Wiederholung als Problem der Erlösung bei Kierkegaard." In: Theunissen, Michael und Greve, Wilfried (hrsg.) *Materialien zur Philosophie Søren Kierkegaards.* Frankfurt a. M.: Suhrkamp, 1979.

Rohrmoser, Günter. "Kierkegaard und das Problem der Subjektivität." In: Schrey. *Heinz-Horst (Hg.)*, 1971.

Schweidler, Walter. "Die Angst und die Kehre. Zur strukturellen Verbindung Heideggers mit Kierkegaard." In: *Zeitschrift für philosophische Forschung.* Bd. 42, H. 2(1988): 198-221.

Slök, Johannes. "Die griechische Philosophie als Bezugsrahmen für Constantin Constantinus und Johannes de silentio." In: Theunissen und Greve (hrsg.) *Materialien zur Philosophie Søren Kierkegaards.* Frankfurt a. M.: Suhrkamp, 1979.

Stokes, Patrick. "Naked Subjectivity: Minimal vs. Narrative Selves in Kierkegaard." In: *Inquiry.* Vol. 53, No. 4(2010): 356-382.

Theunissen, Michael. "Das Menschenbild in der Krankheit zum Tode." In: Theunissen/Greve (Hg.). *Materialien zur Philosophie Søren Kierkegaards.* Frankfurt a. M.: Suhrkamp, 1979.

Tillich, Paul. "Zur Theologie der bildenden Kunst und der Architektur." In: Christian Danz, Werner Schüler, Erdmann Sturm (hg.). *Paul Tillich Ausgewählte Texte.* Frankfurt a. M: Walter de Gruyter, 2008.